KB220310

캘리포니아
예수

캘리포니아 예수

차명권 지음

이담 Books

"오호라, 너희 모든 목마른 자들아. 물로 나아오라.
돈 없는 자도 오라. 너희는 와서 사 먹되 돈 없이,
값없이 와서 포도주와 젖을 사라.
너희가 어찌하여 양식이 아닌 것을 위하여 은을 달아 주며
배부르게 하지 못할 것을 위하여 수고하느냐 내게 듣고 들을지어다.
그리하면 너희가 좋은 것을 먹을 것이며
너희 자신들이 기름진 것으로 즐거움을 얻으리라."
(이사야 55장 1~2절)

|머리말|

　　캘리포니아 남부에 위치한 탈봇신학교에서 유학한 지 1년 즈음 지나 저는 한 달에 두어 번 유학생활 가운데 일어나는 영적인 이야기들을 글로 쓰기 시작했습니다. 이 글은 매번 이메일을 통해 세계에 있는 지인들에게 발송이 되어 함께 공유되었습니다. 이메일 구독자 중한 분이신 어바인의 어느 목사님께서 더 많은 사람들과 나누고 싶다는 바람으로 교회 홈페이지에 <차명권의 영혼의 창>이라는 코너를 만들어주셨는데, 저는 아직도 그 일을 신비한 일 가운데 하나로 생각하고 있습니다. 한 교회의 담당 목사님이 어느 작은 작가에게 유사한 영역에 관한 글을 홈페이지에 싣도록 먼저 요청하는 모습은 형식뿐인 권위보다 예수님께 초점을 맞추고 교회의 질서를 성령에 맡기는 겸손한 목회자가 아니면 정말 쉽게 할 수 없는 제안임이 분명하기 때문입니다.

　　탈봇신학교에서 신학을 하면서 이루어진 글쓰기는 신학 자체와 끊임없이 상호교통하면서 그리스도에 대한 지혜와 지식을 더욱 넓혀주는 역할을 했습니다. 사실 신학을 한다고 하면 신학교를 수도원 같은 곳으로 여기는 사람들이 간혹 있지만 제가 탈봇신학교에서 본 학생들은 주부로서, 변호사로서, 건축가로서, 경찰로서, 정치인으로서 각자가 부름 받은 영역에서 열심히 일을 하면서 신학이라는 영적인 지도책을 통해 삶 가운데 작은 그리스도로 더욱 변모되기를 뜨겁게 갈망하는 사람들이었습니다. 같은 의미에서 저 또한 신학 속에서 글을 쓰면서 계속해서 예수님께 삶을 내어드림이 병행되었고, 그 과정에서 신학적인 질문과 답변, 나아가 영적 성장이 자연스럽게 상호교통하면서 이뤄지게 된 것 같습니다. 조직신학이 학문의 왕관이라는 말이 있는데, 그렇더라도 그 신학이 한 인간을 그리스도를 닮도록 하지 못한다면 무슨 소용이 있겠습니다.

신학을 한 해 두 해 하면서 더욱 견고해진 것은 절대적인 참된 진리에 대한 믿음과 그것을 지켜야 한다는 강한 열망이었습니다. 그 단계에 이르기까지 사실 먼저 이뤄진 것은 하나님에 대한 많은 경험이었습니다. 마치 예수님께서 내 곁에서 속삭이시고, 내 발을 씻기시는 것 같은 인격적인 경험을 많이 하였습니다. 하지만 시간이 지날수록 그러한 영적 경험이 놀라운 성숙으로 이어지기 위해서는 말씀을 통해 하나님께서 계시해주신 절대적인 진리에 대한 지식과 그 지식에 대한 확고한 믿음이 경험의 기초가 되어야 한다는 것을 깨닫게 되었습니다. 경험 없는 진리가 메마를 수 있지만 진리에 기초하지 않은 경험은 그것이 아무리 크다 할지라도 진리가 지향하고 있는 아름다운 항구에 정박하기도 전에 만나게 되는 엄청난 풍파에 난파할 가능성이 크기 때문입니다. 확실한 진리 가운데 거하기를 힘쓰는 자는 말씀이 너희 안에 풍성히 거하게 하라는 말씀처럼 우리가 메마른 사막을 지나고 있을 때에라도 우리를 견디게 하고 결국 그리스도의 모든 부유함을 거짓 없이 누리도록 할 것입니다.

　진리 가운데 거한다는 태도를 가질 때 가장 유의해야 할 것은 다시금 율법의 노예로 되돌아가지 않고 지속적으로 예수님의 은혜를 바라보고 그 가운데서 발견하는 비밀을 누리는 것입니다. 이 말은 어떤 의미에서 믿는 자의 인생을 흑과 백처럼 완전히 갈라놓는 중대한 기준이라고 말할 수 있을 것 같습니다. 복음서에서 예수님을 은혜와 진리가 충만한 분이라고 표현하고 있는데, 이 안에는 결코 '그래도 율법에는 장점이 있다'라는 속뜻이 전혀 없음을 항상 깨달을 필요가 있습니다. 물과 기름이 섞일 수 없는 것처럼 은혜와 율법은 멍에를 함께 질 수 없습니다. 예수님을 통해 은혜가 도래하면서 율법이 폐하였다는 말씀을 기억할 수 있기를 바랍니다. 은혜라는 말은 이 시대에 너무나 언어적으로 과소비되고 있다는 느낌을 받습니다. 그래서 은혜라는 말을 들어도 별 감흥을 느끼지 못하는 시대가 되었습니다. 그 결과 많은 믿는 자들이 은혜를 이야기하면서도 율법을 쉽게 떠나보내지 못하고 있습니다. 조금만 늦잠을 자고 일어나도, 악한 마음이 조금이라도 들라치면 자신이 그리스도에게서 멀어진 사람이 된 것처럼 여기는 것이 한 예가 될 수 있겠지요. 이와 유사한 일이 일어날 때 비슷한 생각을 갖고 있다면 아직 율법에서 자유롭지 못하다는 한 증거가 될 것입니다. 영적 전쟁에서 치명적인 약점으로 작용하는 면입니다. 복음서에서 은혜와 진리는 묶어서 단수로 취급되고 있는 것처럼 진리를 통해 율법에서 벗어나 자유에 이르기 위해서는 예수님이 이루신 은혜를 지속적으로 묵상하고 맛보고 선언하는 것이 유일한 길이라고 말할 수 있겠습니다. 이번 책은 유학생활 가운데 맛본 그리스도의 풍부한 경험에서 시작하여 진리에 이르게 된 길이 잘 그려져 있습니다. 유학생활이 아니더라도 참된 진리를 찾아 자신의 나태한 삶에서 일어나 출발한 사람이라면 누구라도 공감할 수 있는 영적 여정을 독자들은 발견하게 될 것입니다. 자신의 영적 상태를 거울처럼 비춰보면서 자신이 어디에 서 있는지, 어디로 가고 있는지, 어디로 가야 하는지를 글을 읽어나가면서 흥미롭게. 체험하게 될 것입니다.

끝으로 한 가지 덧붙이고 싶은 것이 있습니다. 그것은 결코 포기하지 말라는 것입니다. 하나님은 각 사람들을 참으로 다양하고 특별하게 창조하셨습니다. 하나님의 형상을 따라 만드셨으니 사람들마다 받은 독특한 선물들이 얼마나 다양하겠습니다. 살다보면, '아, 이것은 하나님이 나에게 준 특별한 선물이구나'라고 느끼게 되는 자신의 소질 같은 것이 보이기 시작할 때가 있을 것입니다. 그런 직감을 무시하지 말기를 바랍니다. 다른 사람들이 하는 말이 이 국면에서 중요하지 않을 수 있다는 것은 각자의 독특한 소명 때문일 것입니다. 내면에서 발견한 소질은 하나님과 이웃들을 돕고 기쁘게 하도록 하나님께서 심어두신 것입니다. 비록 그 소질이 작은 씨앗과 같이 보잘것없어 보일지라도 그 씨앗이 아름다운 나무가 될 수 있도록 도전하고 가꾸고 포기하지 않기를 간절히 바랍니다. 인생의 많은 눈물이 사실은 낭비되고 있고, 하늘로부터 내려온 많은 씨앗들이 말라 없어지고 있다는 사실을 깊이 깨닫는다면 오늘의 작은 국면을 그냥 지나치지 않기를 바랍니다. 어바인의 사랑하는 한 멘토께서 언제나 제가 주신 격려가 '절대 포기하지 말라'는 것이었습니다. 삶을 깊이 들여다보면 포기하지 않는 것이 순종의 다른 표현일 때가 무척 많다는 것을 알게 될 것입니다. 이것이 히브리서 11장의 다른 호소입니다.

세상에는 신학적으로도 경험적으로도 저보다 훨씬 뛰어난 분들이 많은 것을 압니다. 이와 더불어 폭포수같이 쏟아지는 영적 감흥을 글을 옮겨 적었음에도 시간이 지난 뒤에 읽어보면 부끄러울 때도 많습니다. 그래서 이 글을 내놓으면서 드는 생각은 적절하지 않은 관점이 있으면 하나님께서 앞으로 더욱 고쳐주시기를 바라는 것입니다. 두렵고 떨리는 마음도 있습니다. 하지만 어린아이가 할 수 있는 최선은 그 나이에 맞게 열심히 먹고 열심히 놀고 열심히 부모님의 사랑을 누리는 것인 것처럼 저에게 주어진 환경에서 최선을 다하려고 애썼습니다. 나머지 일은 초월적이고 신비한 하나님의 손에 맡겨드립니다.

2011년 5월
캘리포니아 탈봇신학대학원에서
차명권

목 차

겨울나기
─릴케의 나무

신비한 라욜라 해변, 그리고 생명

　화요일 찾아간 샌디에이고(San Diego) 라호야(La Jolla) 해변은 지중해의 한 토막을 떼어놓은 듯했다. 카뮈의 스승 장 그르니에가 숨을 고르며 정직하게 내뱉었던 북아프리카 알제리 해안의 신비감 같은 것.

　쏟아지는 빛은 곱절의 세기로 시야를 자극했다. 몇 해 전 출생의 심경으로 흠뻑 흡수했던 이스라엘 텔아비브의 지중해 빛보다 더욱 깊이 내면을 파고들었다. 그 빛 때문에 라호야 해안으로 밀려드는 파도는 온통 순결한 옥의 장막으로 춤을 추며 올랐다가 한순간에 투명한 거품이 되어 스러졌다.

　해안가에는 수많은 물개들이 죽어 있었다. 내 첫인상이 그랬다. 아니, 처음에는 바위덩어리들이라고 생각했다. 물보라가 들이치는 작은 방죽을 따라 걸어 가보니 평화로운 오수에 인기척도 아랑곳하지 않는다.

원 교수님은 높은 파도 때문에 멀지 감치 서서 그쪽을 손가락으로 가리켰다.

"물개들은 잘 때 주변의 바위와 같은 색깔로 바뀝니다."

방금 보고 나온 씨월드에서의 개인기 화려한 물개들과는 너무나도 다른 부류들이다. 씨월드에 사는 인기 많은 물개들의 모든 묘기들은 간간히 먹여주는 먹이 때문이지 않은가. 씨월드 물개들도 보호색을 이용하는지 궁금해졌다. 보호색을, 그리고 거대한 대양의 무대를 하루 두세 번 있는 공연의 대가로 주어지는 물고기 몇 마리와 바꿔버린 것은 아닐까.

샌디에이고 거리에 서서 아들 영찬이는 미국생활 8개월의 영어로 표지판의 의미를 물어왔다.

"아빠, '죽어야 간다(*Die Go*)'가 무슨 뜻이야?"

샌디에이고(*San Diego*)의 뒤쪽 단어를 끊어 읽은 까닭이다.

중세의 존경하는 수사 로렌스 형제의 글을 대할 때마다 나도 죽어야 한다고 생각했었다. 그해 겨울 갓 병원에서 나온 뒤 양재 우면산 숲속을 거닐 때, 영광의 주님이 내게 요구하신 것이 바로 그 죽음이었다. 로렌스 형제는 손가락 하나를 이용해 땅에 떨어진 먼지 하나를 들어 올리는 작은 행동 하나에도 완벽한 감사의 고백을 바쳤다. 그 성화(*Sanctification*)는 십자가의 완전한 죽음을 통과한 백성만이 경험할 수 있는 것이었다.

겨울을 견뎌야만

우면산의 벗은 나무들은 추운 겨울을 절망과 불평 없이 통과하고 있었다. 그 당시 내 손에 들려 있던 릴케의 책 <젊은 연인들에게 보내는 편지> 중 한 페이지에서는 '겨울을 지나는 나무에게 요구되는 것은 그 겨울을 견디는 것뿐이다'라고 말하고 있었다.

하나님의 더욱 깊은 세계를 알고 싶어 몸살이 날 정도였지만, 그러한 내 의도는 십자가를 통과하지 않았다는 이유로 욕망에 지나지 않았다. 고요한 시간을 좋아하는 편이었지만 그 고요가 몇 시간씩 이어질 때면 욕망의 출구를 찾았고, 누군가의 불의한 공격을 받을 때면 어느 순간부터 미움이 편했다. 해석되지 않는 고통이 삶의 중앙을 향해 돌진해 올 때면 남몰래 숨겨두었던 자아의 두꺼운 방패를 꺼내 십자가 앞에 씌어 놓았다. 뜻대로 되지 않는 아들을 향해 세상의 성급한 지혜로 땜질을 하려 했지, 뜻하신 날이 오면 아들을 영광으로 관 씌우실 주님의 플랜을 바라보지 못했다.

겨울을 견디지 못하고 온기 서린 곳을 찾아 이리저리 방황한 결과, 내 신앙은 밟으면 바스락 가루가 되어 버릴 것 같은 얇디얇은 신앙이 되어 갔다.

그러나 유난히 춥던 그해 겨울, 성령님은 천사의 날개를 동원해 나를 겨울 끝자락까지 걸어갈 수 있도록 도우셨다.

"시험을 견디는 자는 복이 있나니, 이는 시련을 견디어 낸 자가 주께서 자기를 사랑하는 자들에게 약속하신 생명의 면류관을 얻을 것이기 때문이라." (야고보서 1:12)

J 자매가 보내온 편지를 읽으면서 그 겨울을 생각했다. 어린 두 딸을 이 낯선 땅에서 홀몸으로 키워야 하는 육중한 부담과 끝이 보이지 않는 엄습한 계곡을 나 홀로 걸어가는 것 같은 외로움의 시간이 얼마나 고통스러울까. 자매가 그 겨울을 순종으로 걸어가겠다고 한 말을 주께서 기뻐하셨으리라 생각한다.

요즘 멕시코는 죽음을 통과하기는커녕 죽음을 신이라고 받들어버렸다. 얼마 전 전화로 한의사 김솔로몬 집사님이 "교회 앞에 해골이 걸려 있으면 조심하셔야 합니다"라고 한 말이 이렇게까지 심각한 상황인 줄은 몰랐다.

멕시코의 버려진 인생들이 이 죽음의 신 '산타 무에르테'를 숭배한다. 따르는 자들이 200만 명에 이른다고 한다. 천주교에서 희망을 찾지 못한 하층민들이 모든 인생을 평등하게 만드는 죽음을 동경해 해골신을 만든 것이다. 산타 무에르테는 실제적으로 사탄의 능력을 발휘하고 있는 것 같다. 아픈 자들이 낫고, 쓰러져 가던 사업이 번창하고, 20년 형기가 3년으로 줄어드는 이적들이 산타 무에르테를 통해 일어나고 있다.

죽음을 숭배하던 아즈텍 문명이 쫓겨난 뒤 그 영혼이 십자가를 통해 온전히 정결케 되지 못한 까닭으로 더욱 참혹한 귀신들이 자리를 틀고 일어난 형국이다.

젊음이여, 꿈으로 무성하라

시계가 새벽 4시를 알린다.

유난히 많이 내렸던 캘리포니아의 비가 오늘 밤에도 내리고 있다. 태양마저 메말라 비틀어졌던 아프가니스탄에 이 비를 나눠주고 싶다. 대학을 졸업하고서도 갈 곳이 없어, 풀만 무성하던 국립 카불대 교정에 꿈을 파묻었던 젊은이들의 고통이 떠오른다. 2007년 아프가니스탄을 갔을 때, 어린 아이들은 선생님과 간호사 대신, 총을 든 군인을 도화지에 그려 자신의 꿈이라고 했었다. 카불대 농대 우수학생이었던 자커와 하이버는 어떻게 지내고 있을까.

아프간이 칠흑 같은 겨울을 견디고 마르지 않는 생명의 땅이 되기를 이 시간 기도한다.

겨울은 고통스러운 것만은 아니다.

내가 사망의 음침한 골짜기를 다닐지라도 해를 두려워하지 않는 것은 주의 지팡이와 막대기가 나를 지켜주시기 때문이다.

겨울에 나는 영광스러운 주님의 눈 빛깔까지 구분해낼 정도로 그분과 가까이 앉아 있다. 예수님의 들숨이 나의 날숨이 되고, 나의 날숨이 예수님의 들숨이 된다. 예수님의 못 자국을 만지며 나는 그분과 숯불을 지피고 있다. 내 더러운 입술에 예수께서 숯불을 갖다 대시자 나는 어느새 음침한 골짜기를 벗어나 있고, 지혜의 관을 쓰고 있다.

내가 위험한 적들 속에 피곤에 지쳐 잠들었을 때 편히 쉴 수 있었던 까닭은 주께서 보호색으로 나를 숨겨주셨기 때문이었다.

장로님과 집사님 몇 분과 이름 모를 기도의 용사가 입금을 해 주셨다. 영광의 주님께서 그 손길을 기억하시리라 믿는다.

일주일간의 짧은 봄 방학이 끝나고 내일부터 다시 수업이다. 성서해석학 남은 과제를 미리 다 해뒀고, 신약개론 파이널 프로젝트도 거의 끝내고 다시 수업에 들어가려니 마음이 훨씬 가볍다. 2학기 헬라어수업을 위해 미리 틈틈이 공부하고 있다. 아들을 더욱 잘 키우고자 제임스 답슨의 <내 아들을 남자로 키우는 법>(*Bringing up boys*)을 사서 읽고 있다. 큰 도움이 되고 있고, 권하고 싶다.

2010년 4월 11일
탈봇에서

사막
—탕자의 귀환

비밀스런 성소로 이끌림

열어놓은 창가로 따갑게 내리쬐는 캘리포니아의 태양빛을 침대 위에서 맞고 있는데, 성령이 내 심장 안으로 들어와 한 줌 정도의 피를 멎게 했다. 도저히 누워 있을 수 없는 갑갑함이다. 몇 해 전 홀로 한 달 동안 국토를 순례하러 떠나기 전 나를 떠밀던 그 성령의 내밀함 같은 것.

책가방을 급히 들쳐 메고 집을 나섰다. 수업이 시작되려면 아직 1시간 반이나 남았다. 평소 같으면 자동차를 이용했을 터인데 주께서 걷기를 원하신다.

"학교까지 거리가 어느 정도인 줄 알고 걸어가려고 그러세요?"

아내의 걱정스런 눈길이 등에 꽂힌다.

어제는 새벽까지 몇 시간이고 책상머리에 앉아 있었다. 프뉴마(*Pneuma*, '성령'이란 뜻의 헬라어)가 레바논 삼나무로 지은 비밀스런 성소로 내 영혼을 이끌고 가셨기 때문이다. 내 영혼은 상처 받아 있었는데, 하나님께서 내 영혼을 긍휼히 보시고 향기로운 성령님을 급파하셨다.

가끔 찾아오는 우울증. 얼마 전 상담에서 나의 내성적인 성격이 간헐적인 우울증의 원인이 아닐까 하고 자책했을 때, 송 교수님은 밝은 면을 보여주셨다.

"내성적인 것은 달란트가 될 수 있습니다. 어거스틴을 기억해 보세요. 그가 얼마나 내성적이었습니까. 차명권 님의 내향성은 하나님을 깊이 만나고, 좋은 글을 쓰기에 합당하도록 하나님께서 주신 선물일 수 있습니다."

사실 그 말의 진실성을 인정하고 또한 그 말이 상당한 격려를 내게 쏟아주었지만, 한편으로 내 영에 부정적인 영향 또한 미쳤다. 되짚어 보면 '나 스스로'를 자신감 있게 만들려고 하는 이 같은 내적이고 영적인 모든 '성취'들이 차곡차곡 쌓여 내 영혼에 묵직한 우울의 그림자를 드리웠던 것 같다.

몇 주 전 예배 중에 눈물을 멈추지 못했던 그 시간, 나도 좌중에 앉아 통곡에 가까운 눈물을 흘려야 했다. 그때 주님께서 "네게 평생을 두고 명하는 권고"라며 주신 말씀이 빌립보서 3장 7~9절(유진 피터슨의 메시지역)이었다.

"나는 저들이 자랑스럽게 내세우는 조건들을, 내가 명예롭게 여겼던 다른 모든 것과 함께 갈기갈기 찢어 쓰레기통에 내던졌습니다. 왜 그랬을까요? 그리스도 때문입니다. 그렇습니다. 내가 전에 그토록 중요하게 여겼던 모든 것이 내 삶에서 사라져 버렸습니다. 그리스도 예수를 내 주님으로 직접 아는 특권에 비하면, 내가 전에 보탬이 된다고 여겼던 모든 것은 하찮은 것, 곧 개똥이나 다름없습니다."

그리고

"나는 그리스도 안에서만 발견되기를 원합니다."

그 말씀을 마음 판에 새기고 집으로 돌아왔다. 그런데 오늘 주께 이끌려 걸음으로 학교를 향하려 나오는데 집 앞 쓰레기장을 뒤지는 노숙자를 보게 되었다.

내 모든 자랑과 의를 쓰레기통에 갈기갈기 찢어버렸음에도 불구하고, 어느 순간 그 버려진 쓰레기 더미를 아쉬운 마음으로 뒤지는 내 모습이었다.

고흐의 〈아이리스〉, 치유의 힘

마음에 찔림을 받고 스테이지 로드(Stage Road)변을 걸어 올랐다. 좌측으로 누군가의 욕망을 채워줄 방대한 물자를 실은 기차가 한바탕 기적소리를 내며 지나간다. 내 발길엔 인도까지 겁 없이 웃자란 청초한 익명의 식물들이 정겹게 느껴진다. 아내도 아침이면 이 길을 걸어

어덜트 스쿨(*Adult School*)을 가곤 한다. 이 식물들이 저마다 머리를 풀어헤치고 도열해 흔들리고 있다. 영광의 승리를 거둔 명예로운 영웅에게 바치는 백성들의 환영 퍼레이드 같다.

이내 풀들은 자취를 감추고 단조로운 길이 이어진다. 40분이 지났는데도 학교까진 거리가 조금 더 남았다. 다리보다 어깨가 더욱 저리다. 가방끈을 다시 조이고 정신을 바짝 차리고 걸었다. 작은 마을을 통과하는 지름길을 접어들 때 즈음, 요즘 다리가 불편해 잘 걷지 못하는 한 형제님의 쾌유와 몇 주 전 목 안에 구멍이 뚫린 채 이 지상으로 내려온 그의 소중한 딸 진리를 위해 기도를 했다.

갑자기 건조한 바람이 불어온다. 그 건조한 바람은 잔금으로 남아있는 내 영혼의 우울을 향해 불어온다. 내가 사랑하는 헨리 나우웬도 성취 뒤에 겪게 되는 이러한 우울을 고백했던 적이 있었다.

나우웬은 <탕자의 귀향>(*The Return of the Prodigal*)이라는 그의 책에서 칠흑 같았던 자신의 인생을 투명하게 고백했었다.

"신부 서품 30주년 기념 파티를 마친 뒤 몇 달 동안 나는 조금씩 영적으로 우울해지면서, 엄청난 내적 아픔으로 씨름하기 시작했다. 결국 나는 더 이상 내가 속한 공동체에서 안식을 느끼지 못할 만큼 상태가 악화되었고, 나를 치료하는 데만 집중하기 위해서 그 자리를 떠날 수밖에 없었다."

나우웬은 우울에 빠진 영적인 회복을 위해, 화가 렘브란트의 <탕자의 귀향>을 묵상했었다. 성과가 있었다. 그는 하루 종일 그 성화 앞에 서서 하나님의 사랑을 묵상했고, 우울의 늪에서 벗어나는 힘을 얻었다. 산타모니카 해변까지 다 내려다보이는 로스앤젤레스 게티 (Getty) 미술관에는 내게 <탕자의 귀향> 같은 치유의 힘을 주는 그림 한 점이 걸려 있다.

고흐의 <아이리스>이다. LA에 정착하기가 무섭게 나는 게티로 달려갔고, <아이리스> 앞에 한참을 앉아 있었다. 아들 영찬이와 아내가 따라오지 않았더라면 하루 종일 그림 앞에 머물러 있을 터였다.

평신도로서 탄광촌으로 들어가 광부들과 똑같은 가난의 옷을 입고 그들과 기도하고 말씀을 전했던 고흐. 짓밟힌 이들을 화폭에 담았다. 그는 미가서 6장 8절을 손과 발로 실천한 착한 사마리아인이었다. 세상에서 소외된 빈센트는 결국 병이 들어 생 레미 정신병원에 보내지게 되었고, 그곳에서 회복을 꿈꾸면서 그렸던 그림이 바로 <아이리스>이다.

<아이리스>를 볼 때마다 그 화폭에 수놓아진 물결치는 풀들이 마치 공포와 수치의 기억을 씻어냈던 오순절 성령강림의 형상으로 비쳐진다. 프뉴마(Pneuma). 성령은 그 화폭의 경계를 뚫고 나와 상처 입은 내 영혼의 빗장을 열고, 물결치고 물결치다가, 종국엔 내 모든 우울과 두려움을 수장시켜 버린다. 오, 할렐루야. 되짚어보니 아까 집을 나설 때 영웅처럼 나를 반겼던 그 풀들이 흡사 <아이리스> 그림 속의 그 풀들과 같다.

사막은 축복으로의 초청

로스크랜(Rosecrans) 길로 빠져나왔다. 10여 분이면 학교에 도착할 수 있을 것이다.

또 한 번의 메마른 바람이 옷 사이를 헤집고 지나간다. 두 번째 불어온 이 바람은 내가 몇 해 전 마찬가지의 건조한 바람을 얼굴로 맞으며 걸었던 시내산 초입 카타리나 수도원으로 기억을 이끌고 간다.

기울어진 빛을 받아 예수의 붉은 피를 연상시키던 시내산 바위 언덕을 배경으로 우두망찰하게 서 있던 수도원. 세상에서 가장 오래된 수도원이다. 비잔틴 문명을 상징하면서 지난 1500년 동안 하나님의 은혜 속에 사막의 영성을 간직해 온 위대한 곳이다. 이곳에는 6세기에 형성되었던 의식과 일과가 지금도 변함없이 반복되고 있다.

카타리나 수도원에 도착하기 전에 사실 내 마음을 더 일찍 붙잡았던 것은 광야 곳곳에 점처럼 나 있던 동굴들이었다. 수도사로 보이는 한 사람이 그 동굴에서 나오는 것을 보고 적지 않게 놀랐었다.

모세가 신을 벗었던 불붙은 가시덤불을 찾아 두리번거렸었는데, 나중에 알고 보니 카타리나 수도원 안에 그 덤불이 있다고 한다.

그 길고도 긴 세월을 이어온 카타리나를 생각할 때마다 놓칠 수 없는 유익은 수도사들의 군더더기 없는 경배의 삶이다. 당시 수도원 앞 무너진 낮은 담장 위에 걸터앉아 온갖 목표와 지향으로 가득가득 넘쳐나던, 현대를 살아가는 내 삶의 비만과 초점 없음에 가슴이 저려왔었다.

며칠 전 인생의 중요한 고비를 지나고 있는 한 형제님은 순모임에서 중요한 고백을 했다.

"내 인생이 낭비된 느낌입니다."

그 고백은 문 밖에 서서 노크하는 예수 그리스도의 초청이다. 그럴 때마다 인생은 사막으로 가야 한다. 분주함을 통해 인생을 노략질해 온 사단을 한 발로 걷어차고 사막의 고요함으로 향해야 하는 것이다. 내 영혼이 시나이반도를 걷고, 사막 한가운데서 영광의 주님 앞에 신을 벗을 때 깨닫는 것이 있다.

"우리는 축복받을 만한 자격이 전혀 없다."

축복받을 만한 구석이 전혀 없는데 예수가 피를 흘려 신의 정의로 움으로 나를 옷 입히셨다.

시계를 들여다보니 1시간을 걸었다. 수업을 마치고 나오는 손미경 전도사님과 인사를 했고, 나는 학교에 부속해 있는 '21번 극장' 앞 벤치에 앉아 물을 마셨다.

오늘 성령께서 나를 걷도록 하신 이유를 조금 이해할 듯하다. 우울한 마음에서 벗어나지 못하고 인생의 쓰레기 더미를 뒤지는 이 불쌍한 영혼을 위로하시기 위함이 아닌가. 나는 축복받을 만한 아무런 자격이 없다는 고백을 벤치에 앉아 주께 드리고 또 드렸는데, 영혼에 치유의 불이 붙었다. 치유하신 주님께서 또 영적인 용기를 불어넣어 주신다.

가방에서 책 한 권을 꺼내 아빌라의 테라사가 던지는 격려를 묵상했다.

"우리 주님께서는 용기 있는 영혼을 찾고 사랑하신다. 우리가 내적 욕구에 대해 너무 조심스럽고, 겁을 내면 자신의 운명을 다 경험할 수 없다. 왜냐하면 너무 적은 것만을 구하기 때문이다."

고마운 친구의 편지

저녁엔 수업을 마치고 집에 와 메일을 열어보니 탈봇신학교에서 동문수학하는 김사만 집사님의 편지가 와 있다. 그의 고백과 격려에 말할 수 없는 사랑과 그리스도의 흔적을 느꼈다. 그의 고백은 이렇다.

"차 집사의 글을 읽었는데 지금도 그때도 동일한 느낌은 '이 친구는 글을 쓰는 것이 아니고 그림을 그리는구나!'라는 것입니다. 한 문장을 읽어도 현장의 생생함을 그대로 전달하는 것이 한 폭의 섬세한 자연주의 그림을 보는 것 같나 너무 좋습니다.

한때 문학 소년의 꿈을 꾸었던 나이지만 대학원 졸업 후 마음속 깊은 속에 있는 한 줌의 감정도 허락하지 않는 혹독한 글을 요구했던 애널리스트의 길, 순간순간 치열한 경쟁과 이익을 다투는, 그래서 한 가닥 휘어짐도 허락하지 않는 사업의 현장에서 일을 하다 보니 어느덧 물 한 방울 얻을 수 없는 사막 같은 글과 말들만이 나에게 남아 있다는 것을 알았습니다. 늘 분석적이고 논리적이고 완벽함을 추구하는 삶 속에서 이제는 좀 더 여유를 가질 만도 한데 아직은 멀었나 봅니다.

최근 우리 집에서 있었던 일입니다.

며칠 전 딸아이 일로 가족 모두 시카고를 다녀왔습니다. 토요일 오전에 아들 녀석이 학원에 가야 하는데 피곤하다는 핑계로 빈둥거리다가 그만 시간을 놓치고 말았지요. 아내는 이내 아들을 나무라기 시작했고, 흥분한 아들은 아내와 한바탕 전쟁을 불사하더군요. 그 가운데에서 이러지도 저러지도 못하고 있는 나 자신이 참 힘이 들었습니다.

그래도 잘 참았습니다. 누구의 편에도 서지 않고 그냥 묵상을 했지요.

매주 일요일 저녁 아이들과 예배 겸 성경공부 겸 한 두어 시간을 할애해서 이야기를 하는 시간을 갖고 있습니다. 순간 나는 그 시간을 활용해서 아이들에게 도덕적이라는 것, 상대방을 배려할 줄 안다는 것이 무엇인지를 가르치고 싶었습니다. 유혹이라 할까요? 율법을 강요하는 것은 너무 쉽고 일시적으로 잘 먹히기도 하기 때문에 늘 사탄이 나를 유혹하는 도구입니다. 그리고 많은 경우 사탄의 요구를 들어 아이들에게 하나님의 말씀을 빙자해서 율법적인 것을 요구하고, 좀 더 도덕적이고, 열심히 살아가라고 훈계(?)를 해 왔던 터라 이번에도 적극 활용하기로 마음먹었습니다.

주일 저녁이 되었고 아직 아내는 성이 덜 풀려서 아예 성경공부 자리에 나오질 않았습니다. 그래도 아들 녀석은 어제의 잘못을 조금이라도 갚아야 한다는 생각 때문인지 잔뜩 풀이 죽은 자세로 눈을 들지 못하고 성경에만 눈을 고정하고 있더군요. 이내 한 시간 이상 들을 도덕과 훈계의 말을 들을 준비를 하고 있는 듯했습니다. 마치 피할 수 없는 운명인 것처럼…

나도 단단히 각오를 하고 있었는데 그때 성령님이 이런 말씀을 하시는 것 같았습니다.

'너와 너의 조상과 어느 누구도 메지 못한 멍에를 네 아들에게 메게 하려 하느냐?'

사도행전 15장 10절 말씀이 나에게 적용되어 나의 귓전을 때렸습니다. 순간 나는 말을 잃었습니다.

잠시 후 스스로의 죄책감으로 고뇌에 빠진 아들에게 이런 질문을 던졌습니다.

"은기야. 하나님이 김정일을 사랑하실까? 그 희대의 살인마라고 하는 강호순은?"

아들은 대답을 하지 못했습니다. 표정을 보니 'NO'라는 생각을 가지고 있는 것 같았습니다. 재차 묻는 질문에 아들은 '사랑하지 않으실 것'이라고 대답했습니다. 그때 내가 이야기했습니다.

"그들도 사랑하셔. 예수님께서 사랑으로 흘린 피는 그들도 구원하시기 위한 것이지. 하나님은 누구도 저주를 하거나 나무라거나 그러질 않으셔!"

아들의 얼굴이 밝아지기 시작했고 조금씩 나와 눈을 맞추기 시작했습니다.

"어제의 일도 나와 엄마는 너를 나무랄 수 있지만 하나님은 너를 그래도 사랑하시고 감싸 주신단다. 그것이 하나님의 사랑이야."

멀리 소파에서 우리의 이야기를 듣고 있던 아내의 얼굴도 조금씩 환한 모습으로 변했습니다. 예수 그리스도 안에 있음을 확인하는 순간 정죄는 어느덧 사라지고 사랑만이 가득하게 되었습니다.

"그래도 죄송합니다."

아들은 아내와 저에게 죄송하다는 말을 했습니다. 그것으로 일은 마무리되었습니다. 성령님의 음성을 듣는다는 것이 얼마나 중요한지를 알게 해 준 한 주였습니다.

차 집사와 여러 가지 이야기를 나누고 싶습니다. 가끔은 사랑의 교제가 우리 안에 있는 선을 알게 한다는 말씀처럼 교제가 그리울 때가 있거든요. 주 안에서 평안하시고, 좋은 그림 감상할 수 있어 너무 좋았습니다.

그리스도로 말미암아 함께 형제 된 자가."

UCSD 교환교수로 와 계시는 원 교수님은 제자를 만나러 미국 중부에 가셔서 아직 샌디에이고로 돌아오지 않으셨고, 어바인 부목사로 계시는 김형회 목사님이 다음 주에 맛있는 회를 사주신다고 연락이 왔다. 이달 말부터 있는 가을 학기 수강신청을 위해 시간표를 짜느라 분주했다. 홀로만 교수님의 신학1을 듣고자 했으나, 구약개론과 시간이 겹쳐 다음을 기약해야겠다. 성령께서 내 마음을 더욱 뜨겁게 하시고, 내 입술을 주장해주시길 기도한다.

2010년 4월 15일
탈봇에서

거울
—포틀랜드의 거대한 파도

탈봇신학교의 영적 비밀, 기도실

며칠 전 어바인 남쪽 어느 식당에 마주 앉은 김형회 목사님은 신학을 논하다 탈봇신학교가 꽤 괜찮은 학교라고 평했다. 조명은 부드러웠고, 낮은 음악이 감미로웠다. 어떻게 탈봇으로 오시게 됐는지에 대한 내 물음에 답하기 위해 목사님은 5년여 전 어느 페이지를 들췄다.

"어느 날 신학을 하기로 결심을 하고 하용조 목사님(온누리교회 담임목사)을 뵈었는데, 탈봇이나 고든 콘웰, 트리니티, 셋 중에 한 곳을 가라고 하셨지."

나는 셋의 공통점을 물었고, 모두 보수적인 신학교라는 답이 돌아왔다. 신학교는 보수적인 곳을 선택해야 한다는 하 목사님의 본뜻은 그랬다.

"목회를 위해 세상에 나와 보면 복음을 흔드는 환경이 얼마나 많은지 모릅니다. 보수에 기초해 있어야 폭풍 속에서도 제자리를 찾아올 수 있습니다."

내가 탈봇신학교의 이러한 보수 성향을 이해하게 된 것은 시간이 좀 더 지나서였다. 그러나 그에 앞서 물리적으로 이 학교의 영적 구조를 알아차리게 된 것은 바이올라 대학교 도서관 우편에 아담스레 자리한 기도실 덕분이었다.

"종합대학교 안에 기도실이라니…."

얼마 전, 몹시도 세찬 바람이 지나가는 남녀의 얼굴과 우거진 거목을 거칠게 때리고, 교정의 묻혀 있던 모래와 흙먼지들을 비밀스럽게 흩날리게 하던 날, 나의 걸음은 기도실 앞에 있었다.

그동안 지나치기만 했는데, 이날 사위가 어둑어둑해지는 폭풍우 속에서 성령님께서 기도실로 나를 인도하셨다.

문을 열고 들어간 기도실. 밖의 소요와 안의 고요가 극단적으로 대비됐다. 그곳은 요나가 사흘 밤낮을 보냈던 물고기 뱃속처럼 따뜻하고, 임재가 충만했다. 그날은 한 백인 청년이 십자가 불빛 아래서 조용히 기도하고 있었는데, 경영학을 공부하는 '프린스'라는 학생이었다. 금식 중이라고 했다.

"탄식하는 중입니다."(*I am lamenting.*)

십자가 불빛이 스테인드글라스에 반사되어 이 백인 학생의 얼굴을 발갛게 비췄다. 그의 얼굴에서 나는 투명한 거울 하나를 캐낼 수 있었다. 영혼이 투명한 사람에게는 언제나 거울 하나가 발견되는 법. 그 거울은 결코 기쁨의 시간만으로는 조형되지 않고, 고난과 탄식 가운데서 하나님을 신뢰하는 법을 터득한 자에게 창조되어지는 어떤 새로운 선물 같은 것이었다. 이 거울이 발견되지 않는 사람은 언제나 엄청난 도덕적, 영적 장애의 길을 걸으며 고통스러워했다.

내 눈에 발견되어지는 이 거울에 이름을 붙여준 사람이 피켓 교수님이다.

얼마 후 영성수업 시간에 피켓 교수는 '더블 날리지'(*Double Knowledge*)를 언급함으로써 그 백인학생의 얼굴에서 찾은 거울의 의미를 밝혀주었다.

하나님을 깊이 알수록 나를 더욱 알 수 있고, 반대로 나의 실체를 명징하게 알 때에 비로소 하나님과 깊은 관계를 맺을 수 있다는 것이 뼈대가 되는 내용이라는 것. 교수님의 이야기를 들으면서 든 생각은 아마도 그 거울은 '하나님과 나, 이 둘을 동시에 볼 수 있는 양면 거울이 아닐까'라는 것이었다.

이런 관점에서 나의 사랑하는 헨리 나우웬의 고백도 같은 것이었다. 그는 <데이 브레이크로 가는 길>이라는 책에서 말했다.

"우리는 자신에게 정직해지고 실체를 직면하기 위해 위에서 내리는 능력을 받고, 용서받고 새로워지기 위해 하나님께 다시 돌아가 고백하고 회개하는 것입니다."

고요한 포틀랜드의 추억

영성 수업을 듣고 되돌아오는 길에 낯선 번호가 휴대폰에 뜬다. 받을까 말까 잠깐 망설이다가 하나님이 주시는 마음은 두려움이 아니라는 말씀으로 통화 버튼을 눌렀다.

"박창준입니다. 그때 6년 전 포틀랜드에서 만났던…"

포틀랜드 온누리교회가 창립예배를 드리던 2004년 3월 말 나는 포틀랜드에 있었다. 여름이 시작될 때까지도 눈발이 시들지 않는 마운틴후드(Mt. Hood)에서 스키를 가르쳤던 박 집사님은 하객들의 눈과 귀 역할을 했었다.

당시 설렘과 두려움으로 뒤섞인 채 태평양을 건너 오리건(Oregon)주에 내렸을 때 나를 처음 맞은 건 어떤 거대한 강이었으며, 하늘까지 솟은 위대한 침엽수림이었다.

하용조 목사님과 비전교회 목사님들은 창립 축하를 겸해 서로의 얼굴에 감사하고, 진실한 사랑을 나누기 위한 시간을 보냈다. 기자로 동행한 나는 울창한 오리건 숲속 나무로 지어진 어느 별장에서 목사님들이 주고받던 그 사랑어린 대화의 잔잔함과 진실을 아직도 잊을 수 없다.

첫날 늦은 일정을 파한 뒤에도 그들은 삼삼오오 모여 숲속의 정기에 대해, 오리건의 신비에 대해, 자신의 과거에 대해, 죄에 대해, 축복과 애정에 대해 이야기가 깊어져 갔다.

당시 나는 얼마 전까지 당회서기로 섬기신 김종인 장로님의 아내

되시는 정우영 권사님과 첫 조우를 갖고, 오리건 숲이 선사하는 막역한 관대함의 기운을 힘입어 자정이 넘도록 대화를 했었다. 눈빛은 모든 죄를 포용하는 것 같았고, 조건 없는 사랑의 옷자락을 만지는 것 같았다. 그분은 내 교만을 씻어주었고, 내 자랑을 다정으로 풍화시켰다.

다음날 안개 방울이 똑똑 떨어지는 미세한 소리에 잠을 깬 나는 자욱한 안개로 한 치 앞도 분간하기 힘든 숲길을 걸어 나갔다. 그 길 끝에서 나는 성령님이 건네주시는 작은 거울 하나를 받아들고 아파했었는데, 그 거울은 고요와 침묵 가운데 나의 은밀한 내면구조를 직시하게 했고, 하나님의 조건 없는 함께하심의 본성을 비춰주었다.

둘째 날, 우리가 큰 버스를 세운 곳은 어느 해변 언덕에 위치한 호텔이었다. 새벽을 지나 동틀 무렵, 이번엔 귓전을 때리는 엄청난 파도 소리에 눈을 떠 해변으로 걸어 나갔다. 전날 품은 작은 거울을 간직한 채로.

"이렇게 큰 파도는 진실로 본 적이 없어."

태풍이 몰려드는 시기는 아니었는데도, 그 아침에 목격한 파도는 모래 언덕을 성큼 건너와 호텔을 집어삼킬 태세로 키가 컸고, 위용이 높았다. 그 힘에 해안가 큰 나무들도 뿌리째 뽑혀 쓰러져 있었고, 곳곳에 모래 언덕이 상처를 입고 파헤쳐져 있었다. 나는 파도가 높아졌다가 부서져 안착하는 지점에 꼿꼿이 서서 거대한 파도가 가져다주는 무서움과 두려움과 한편의 안도감을 피부로 느끼고 이식했다.

소중한 거울, 폭풍

　그때 그 무서우리만치 대단하던 파도는 오리건을 떠난 뒤에도 영원히 내 영혼 속에 파도쳤다. 나는 그 파도를 영적 여정의 표상이라고 여겨 왔다.

　그 후로 만난 수많은 그리스도인들. 나를 포함해야 정직할 터이다. 그들 중 많은 이들이 영적인 장애로 고통스러워했다. 대단한 비전은 수없이 많은데도 성품에는 변화가 없고, 기쁨과 감사가 누구보다도 충만하면서도 십자가는 따를 수 없다고 했다. 시련을 견디지 못하고, 인내를 이루지 못했다.

　거센 파도가 밀려올 때가 있다. 그 두려움이 폭풍처럼 내 영혼의 해안으로 밀려올 때 온실로 숨는 자는 거울을 가슴 속에 결코 품을 수 없다. 견디기 힘든 두려움, 참기 힘든 외로움은 기독교 작가 필립 얀시의 말처럼 위장된 축복의 시간이다. 그 시간은 내 두려움의 실체가 드러나는 때요, 동시에 내 달란트가 발견되는 때이다. 하나님에 대한 탄식이 가득한 때요, 동시에 믿음이 자라나는 때다. 믿음(*Faith*). 고난 가운데서도 눈에 보이지 않지만 하나님 아버지께서 우리와 함께하시고 계심을 고백하는 것이다.

　오늘도 늦은 밤, 차에서 내려 집으로 들어가기 전에 집 앞을 서성거렸다. 거울을 들여다보기 위함이다. 늘 그렇다. 집 앞 걸터앉을 만한 높이의 낮은 벽에 기대어 하늘을 바라본다. 캘리포니아의 밤은 참 별빛도 밝다. 적막한 가운데 밤하늘을 바라보고 있노라면 내게 어떠한 행동, 어떤 종류의 과업도 요구하지 않는 진실한 하나님의 사랑 속에 빠져든다. 세상은 날더러 전진하라고 하고, 끓는 피는 날더러 성취의 수위를 높이라고 했다.

얼마 전 YWCA에 근무하는 한 자매는 보내온 메일에서 '진실을 잃어버린 24시간'이 힘들고 괴롭다고 했다. 하루의 한 순간이라도 내 연약함과 실체를 수치심 없이 내려놓을 수 있는 시간이 없다고 했다. 그 자매만의 일이 아닌 것이다. '주 안에서의 안식'을 잃어버린 시대다.

벤신 교수님은 시편 150편 가운데 103편이 탄식과 관련이 있다고 했다. 그 말을 들으면서 나는 "인생은 탄식의 순간이 더욱 많다는 것"과 "그 고통의 순간에 가면을 쓰지 말고 있는 모습 그대로, 연약한 모습 그대로 주 앞에 탄식하는 진실의 중요성"을 생각했다.

그 탄식의 중간 중간마다 하나님께서는 찾아오셔서 우리의 탄식이 궁극적인 의미에서 이겨낼 수 있는 어떤 것이라고 가르쳐 주시는데, 그때에는 시편 8편과 같은 노래가 터져 나온다.

"여호와 우리 주여, 주의 이름이 온 땅에 어찌 그리 아름다운지요. 주의 영광이 하늘을 덮었나이다. 주의 대적으로 말미암아 어린 아이들과 젖먹이들의 입으로 권능을 세우심이여. 이는 원수들과 보복자들을 잠잠하게 하려 하심이나이다. 주의 손가락으로 만드신 주의 하늘과 주께서 베풀어 두신 달과 별들을 내가 보오니 사람이 무엇이기에 주께서 그를 생각하시며 인자가 무엇이기에 주께서 그를 돌보시나이까. 그를 하나님보다 조금 못하게 하시고 영화와 존귀로 관을 씌우셨나이다. 주의 손으로 만드신 것을 다스리게 하시고 만물을 그의 발아래 두었으니 곧 모든 소와 양과 들짐승이며 공중의 새와 바다의 물고기와 바닷길에 다니는 것이니이다. 여호와 우리 주여, 주의 이름이 온 땅에 어찌 그리 아름다운지요."

"하나님께서 나를 영광과 존귀로 관 씌우셨다. 할렐루야."

사랑하는 이를 그리워하며

집에 들어와 메일을 열어보니 한규승 목사님의 반가운 소식이다. 제목은 '사랑하는 이에게.'

태안에 기름 재앙이 났을 때 현장에서 서로의 우애를 확인하고, 지금껏 마음으로 기도하고 사랑하는 목사님이다. 나보다 훨씬 나이가 많지만 나를 친구처럼 대해주셨고, 나의 내면을 살펴주셨다. 미국으로 유학 오기 얼마 전, 양재동 어느 고기 집에 나를 데리고 가서는 두려움과 씨름하고 있는 내 영혼을 위로해주고, 책을 사보라며 돈을 봉투에 넣어주셨다.

"샬롬! 차 전도사님의 편지를 받고 문득 84년도 대학 1학년 때 첫 연인에게 불러주었던 '사랑하는 이에게'라는 노래가 생각났습니다. 장문의 글에 배어나는 고뇌와 사랑, 그리고 삶. 저의 얕은 영성으로는 표현할 수 없지만 글을 대하는 것 자체로도 안식이 됩니다. 특히 차 전도사님의 인생의 구절이라고 하신 빌립보서 3장 7~9절. 그 다음 다섯 구절(3:10~14)이 제 인생의 요절인 거 아시나요? 늘 보아도 보지 못하는 사람이 있고, 보지 못해도 그리운 사람이 있습니다. 언젠가 얼굴을 대하고 볼 날이 오겠지만, 새봄에 강건하시고 주로 인해 행복하세요. 늘 새로운 사랑을 꿈꾸는 이에게서."

김창옥 전도사님이 사랑이 담긴 격려를 보내오셨고, 수에즈 운하를 건너고 있다면서 배 집사님이 멀리서 감동의 문장을 보내오셨다. 성령의 민감함으로 한량없는 사랑의 목회를 하고 계신 박종길 목사님이 내 글을 어바인 온누리교회 홈페이지에 고정란을 만들어 나누기를 원하셔서 '차명권의 영혼의 창'이라고 코너를 달았다.

홈페이지팀장님인 조은영 집사님의 격려가 하루 종일 공동체의 기쁨을 깨닫게 했고, 커피 잔을 배경으로 도입부 디자인을 멋지게 해주신 것에 너무 감사해 눈물이 핑 돌았다. 교회의 능력이 '순결'과 '서로 용납함'에 크게 기초하고 있다는 생각을 다시 하는 시간이었다.

2010년 4월 25일

탈봇에서

비상
─베를린 천사의 시

성서해석학 수업, 시공간을 넘어 던진 질문

102년의 거대한 축복의 땅에 뿌리를 박은 바이올라 교정의 아름다운 고목들. 그 무성한 잎사귀들이 봄바람 결에 섞인 쇼팽의 '폴로네이즈'에 맞춰 바다 속 해초처럼 춤추던 아침, 벤신 교수는 '성서해석학' 수업에서 '쉐마'(*Shema*)를 논했다.

"이스라엘아, 들으라. 우리 하나님 여호와는 오직 한 분인 여호와시다."(신명기 6:4)

젖과 꿀이 흐르는 땅을 눈앞에 두고, 영원한 축복을 약속하면서 여호와께서 이스라엘 백성에게 듣고(쉐마) 지키라고 주신 준엄한 명령이 수천 년의 넘실거리는 시공간을 관통해 마이어스(*Myers*) 102호 강의실에 부드럽게 울려 퍼졌다.

세계적인 신학자 러셀 교수의 제자인 벤신 교수는 학기 초에 구약의 어떤 구절이 '오늘날에도 적용되는지'(*Prescriptive*), 또 어떤 구절이 '당시의 특수한 배경에서 기록되었는지'(*Descriptive*)를 분별하는 잣대를 밝혔다.

"구약의 텍스트가 신약에도 반복되면 *Prescriptive*로 해석할 여지가 큽니다."

마가가 성령의 감동으로 쓴 가스펠의 12장 29절에도 반복되는 신명기 6장 4절. 그 구절이 이끌고 나가는 9절까지의 힘찬 덩어리는 참 좋으신 하늘 아버지께서 지금 이 시대에 동일하게 내 영혼을 향해 쏟아부어주시는 사랑의 명령이다. 이날 초점은 신명기 5~7절에 맞춰졌다.

"너는 네 온 마음을 다하고 영혼을 다하고 힘을 다해서 네 하나님 여호와를 사랑하여라. 내가 오늘 너희에게 주는 이 명령들을 네 마음에 새겨 너희 자녀들에게 잘 가르치되 너희가 집에 앉아 있을 때나 길을 걸을 때나 누울 때나 일어날 때 그들에게 말해주라."

벤신 교수는 강의 도중에도 가슴에 거룩한 하나님의 불이 붙으면 눈빛과 목소리에도 불꽃이 튄다. 그의 강조는 많은 경우 질문의 형식으로 학생들에게 되돌아왔다.

"여러분은 자녀들을 어떻게 가르칩니까. 집에 앉아 있을 때나 길을 걸을 때나 누울 때나 일어날 때 자녀들에게 하나님의 말씀을 새겨줍니까?"

우리들은 침묵으로 대답을 대신했다. 잘못된 길을 걸어온 것 같기도 했고, 고장 난 자동차에 몸을 의지해 우둔한 여정을 겁도 없이 달려온 느낌도 들었다.

벤신 교수가 의미심장한 한마디를 덧붙인다.

"아이들과 함께 보내는 시간의 질(*Quality Time*)만을 중요하게 생각하는 경향이 있는데, 그것이 영향력을 가지려면 아이들과 함께 보내는 시간의 양(*Quantity Time*)도 중요합니다."

지성이 세상을 변화시킬 수 있을까

아들 영찬이 손에 이끌려 고든 베티 초등학교(*Gorden Beatty Elementary School*)로 나온 건 벤신 교수의 가르침이 내내 가슴에서 떠나지 않아서이기도 했다. 영찬이는 이 학교에 3학년으로 들어와 반년을 낯선 언어, 낯선 문화와 사투를 벌였다. 그를 지켜준 건 마음속에 뿌려진 말씀의 씨앗이었고, 그의 눈물을 닦으며 격려해주신 분은 모태에서부터 그의 장기를 경이롭게 지으신 여호와셨다.

영찬이는 푸른 잔디로 뒤덮인 넓은 운동장 위에 야구 배트를 들고 섰다. 자신만만한 표정이다.

"홈런을 때릴 거니까 잘 받아야 돼~."

작은 체구, 방망이질을 한 것도 얼마 되지 않으면서 '홈런'을 때린다고 으름장을 놓는다. 그의 표정에서 남자아이가 가지고 태어나는 어떤 용기를 느꼈고, 아버지 앞에서 보란 듯 날갯짓 하는 소년의 신비를 보았다. 나는 마치 프로선수처럼 공을 던졌고, 공은 경쾌한 소리를 내며 배트에서 떠나 하늘 높이 치솟았다.

어쩜 하늘은 저렇게 아름다울까. 저녁 7시라 하늘에는 이미 휘황찬란하게 달이 떴고, 공은 흑백사진처럼 거뭇해진 하늘을 가로질러 희미한 궤적을 그었다.

영화의 한 장면처럼 시간이 갑자기 느리게 흘렀고, 궤적은 95년 서울대학교 아크로폴리스 광장에 내려앉았다.

매운 최루탄과 살벌한 구호로 점령당하지 않을 때마다 나는 아크로폴리스 잔디 광장에 몸을 눕히고 나른한 봄 햇살을 맞았다. 친구처럼 지내던 후배 홍순녕은 가끔 적의가 가득한 시조를 지어 최루탄을 옹호하기도 했고, 볼이 항상 홍조를 띠었던, 한국외대를 다니던 어떤 친구는 전철을 타고 서울대까지 와 붉은 깃발을 흔들어댔다.

아크로폴리스에 누워 나는 "지성이 세상을 변화시킬 수 있을까"를 생각했다. 교정에 가득 찬 미움의 바이러스를 가까스로 헤쳐 나가면서 나는 지성을 미움과 등식관계에 놓았다.

"누군가를 저렇게 미워한다면 그 누군가는 결코 변화되지 않을 거야."

생각은 확신이 되어갔다. 깃발을 흔들고 돌아온 친구들의 삶은 낡고 닮은 군더더기 종류로 보였다. 술을 게워냈고, 눈빛 속엔 칼이 있었고, 미움보다 더 큰 두려움이 그들의 삶을 지배하고 있었다. 병든 저들이 변화시킬 세상은 분명 병든 세상에 불과할 것이라는 생각이 참 끔찍했다.

학생회관에 있던 영화감상실에서 빔 벤더스 감독의 <베를린 천사의 시>를 보고 나오면서 나는 서울대가 참된 신을 잃어버린 암울한 베를린이라고 못을 박았다.

그러던 어느 날 서울대 C.C.C.의 순장이라고 자신을 소개한 전자공학과에 다니는 한 분이 내 손을 잡았다. 우리는 일대일 성경공부를 했고, 그 형제로부터 받은 사랑이 나를 거룩하신 하나님의 사랑에 눈 뜨게 했다. 그 형제분은 언제나 같은 찬양으로 일대일을 시작했었다.

"문들아, 머리 들어라. 들릴지어다. 영원한 문들아. 영광의 왕이 들어가시도록, 영광의 왕 들어가신다."

그해 즈음에 성수대교가 무너졌고, 삼풍백화점이 내려앉았다. 나는 내 삶의 영원한 목표를 '내면을 살피는 것'에 둘 것이라고 결심했다. 세상은 우주 끝을 정복하느라 여념이 없었지만, 하나님이 원하시는 것은 그것이 아니라고 생각했다. '우주의 우주' 끝을 정복하더라도 하나님은 털끝만큼도 기뻐하지 않으실 것 같았다. 성경 어디를 찾아봐도 우주 정복에 대한 명령은 없었다. 오히려 욕망의 바벨탑은 천벌을 받아 무너졌고, 세상의 지극히 작은 한 사람이 하나님께 돌아오는 것으로 인해 하나님은 춤을 추셨다.

우주보다 더 넓고 신비한 것이 내 마음이었고, 내 마음속에서 일어나는 미움과 두려움, 시기, 음란, 교만 같은 것들이 대체 어디서부터 비롯되며, 이 모든 죄가 십자가의 능력으로 다스려지고 통치되지 않는다면 인생은 아무런 의미가 없을 것이라고 생각했다.

테레사와 티아라, 두 여인

날이 저물어 영찬이의 손을 잡고 집을 향했다. '내면을 살피는 것'(시편 139:24)으로 돌아선 것이 나를 지금 이 아름다운 은혜의 항구에 머물게 한 것이라는 생각이 감사를 자아냈고, 저녁을 행복하게 했다.

아내가 잠들고 나는 아빌라의 테레사(*Teresa of Avila*)가 쓴 <아무것도 그분을 향한 마음을 방해하지 못하게 하라>(*Let Nothing Disturb You*)와 클레르보 버나드(*St. Bernard of Clairvaux*)가 쓴 <하나님의 사랑에 대해>(*On the Love of God*)를 폈다. 주님과 함께 보내는 고요한 여정은 나를 천국의 가장 은밀하고 아름다운 곳으로 데려간다.

아빌라의 테레사가 한 기도문을 따라 읊조렸다.

> "오 주여, 이 밤 주님과 함께 있는 이 고요한 시간을 어떤 것도 방해하지 않게 하소서. 어떤 것도 나를 두렵게 하지 않게 하시옵소서. 나는 당신의 음성을 들으며, 당신은 평화를 약속하십니다."

티아라가 떠올랐다. 영성수업 소그룹모임에 나오는 흑인여성이다. 결핍과 단절로 점철된 가정환경에서 하나님은 그녀의 영혼을 보호해 주시고 탈봇신학교로 부르셨다.

몇 주 전 눈이 발목까지 쌓인 어느 산장에서 보낸 소그룹모임에서, 티아라는 가슴 아픈 성장의 이야기를 눈물로 털어놨고, 우리는 그녀 위에 안수하고 함께 기도했었다. 그녀는 자신이 경험한 것을 바탕으로 여성학대에 관한 책을 쓴다고 내게 말했고, 그녀는 헤밍웨이로부터 글쓰기를 배웠다는 내 말에 우리는 좀 더 대화가 필요하겠다며 구김 없이 웃었다.

그녀가 오늘 소그룹모임에서 한 번의 눈물을 더 흘렸다. 어떤 사고로 낡은 차를 쓸 수 없게 되었고, 그 일로 안경을 망가뜨렸다고 했다. 안경 맞출 150달러가 없어 가족에게 도움을 청했는데 절망만 확인했다고 했다. 블랙홀이 그녀로부터 한 오라기의 희망도 다 앗아간 듯했다. 그녀는 가족에 대한 분노로 일주일을 보냈고, 극도의 대인기피로 지난 수업시간에도 나오지 못했다고 했다. 그런데 그 뒤의 간증이 귀했다.

> "분노와 증오의 시간 속에서 한 친구가 제게 도움의 손길을 내밀었어요. 그 친구는 제가 사역할 수 있는 교회를 알아봐주고, 함께 있어주고, 마음을 받아주었어요. 그 친구를 통해 나는 내가 하나님으로부터 사랑 받고 있는 존재라는 생각을 깊이 하게 되었어요."

티아라는 내면으로부터 증오의 감정이 다시 올라온 것이 놀라웠고, 폭풍 속에 찾아오신 하나님의 사랑을 다시금 붙잡았다고 했다.

그녀의 고백을 들으면서 나는 '내면의 영혼을 온갖 죄로부터 지키는 것'이 얼마나 중요한지 재인식하고, 하나님께서 이 성화(Sanctification)로 영광 받기 원하시기에 허락하시는 '참된 자신의 발견'의 축복을 생각했다.

솔로몬의 지혜도 같은 고백을 했다.

> "무엇보다도 네 마음을 지켜라. 네 마음에서 생명의 샘이 흘러나
> 오기 때문이다." (잠언 4: 23)

얼마 전 나는 누군가를 도와주고 내 안에 있는 죄를 발견했다.

재정이 부족해 카드로 생활을 하고 있는 자매였다. 하나님께서 도
서관을 지나치다 그 자매의 사연을 듣게 하셨고, 나는 그 자매가 바
닥난 잔고로 인해 학교까지 그만둘 수 있는 상황이 안타까워 몇 주를
함께 기도하자고 했다. 기도 중에 하나님께서는 어바인의 박종길 목
사님을 생각나게 하셔서 찾아가도록 권했다. 그날 수요여성예배가 끝
나고 얼마의 시간이 흐른 뒤 전화가 왔다.

> "차명권 전도사님, 고마워요. 박종길 목사님께서 저를 도와주시겠
> 다고 하셨어요."

순간 나는 식은땀을 흘렸다. 기도가 응답됐다는 기쁨을 비집고 올
라오는 그 어떤 시기심. 그런 마음이 내 영혼에 잠자고 있었다는 사
실을 알고 고통이 거대하게 밀려왔다. 매일 고해성사를 하지 않으면
잠들 수 없었던 잔 다르크의 심정처럼 갑작스럽게 거대한 골리앗 앞
에 선 기분이었다.

사단이 속삭였다.

> "그래, 네 속에 있는 시기심을 보았느냐. 그게 너의 실체야. 이게

네 오랜 내면의 성찰의 현주소야."

꿈에 나타난 천국, 은혜로 세우시네

사단은 내 옛 자아가 기억하고 있는 죄성을 *끄집어내* 나를 예수 그리스도의 사랑에서 끊어버리려고 했다. 나는 이 경험을 아내에게 털어놓았고, 순에서 고백하고 기도를 당부했다.

그날 밤 나는 한 꿈을 꾸었는데, 엄청난 군대가 나를 에워싸고 있었다. 한줌의 바람도 지나갈 틈 없이 *빽빽한* 군대는 위용 있는 장검과 불 병거로 진치고 죽음의 나팔을 불었다. 나는 키 작은 소년이었고, 갑작스럽게 나를 둘러싼, 지옥으로부터 진군해 온 죽음의 군대 앞에서 두려움에 떨었다. 나는 니느웨 성이 하나님의 축복을 받게 된 모습을 언덕 위에서 지켜보면서 자신의 마음속에 솟아난 시기의 마음에 분노해 "내가 사는 것보다 죽는 것이 낫겠습니다"라고 고백했던 요나처럼 스스로에게 칼을 겨누었다.

그때 나는 소리가 있어 하늘을 올려다보았는데, 천사가 *뿔* 나팔을 불며 손을 내밀고 있었다. 나는 예수 그리스도를 향한 사랑을 갈망하며 그 손을 잡았는데, 천사는 나를 죽음의 군대 속에서 *끄집어내* 큰 도성의 문 앞으로 인도했다.

그 도성은 금과 각종 보석으로 지어진 찬란한 나라였는데, 입구에는 하나님의 나라(*Kingdom of Heaven*)라고 쓰여 있었다. 그 도성에는 유일한 출입문이 하나 있었는데, 예수님이셨다. 예수께서는 죄로 인한 두려움의 늪에서 녹초가 된 나를 일으켜 세우시며 말씀하셨다.

"나는 문이다. 누구든지 나를 통해 들어오는 사람은 구원을 얻고 들어오고 나가면서 꼴을 얻을 것이다." (요한복음 10:9)

"하나님의 나라는 네 안에 있다." (누가복음 17:21)

나는 예수님을 통과해 하나님의 나라로 들어갔고, 그 나라는 나의 내면에 이미 와 있었다.

꿈에서 깬 나는 아빌라의 테레사의 책 <아무것도 그분을 향한 마음을 방해하지 못하게 하라>(*Let Nothing Disturb You*)의 일곱째 날 묵상 편을 읽었는데, 하나님께서는 내가 죄악 중에 있을 때 '십자가를 향해 날아오르는 것'이 무엇인지 가르쳐 주셨다.

"많은 사람들이 겸손하게 하나님 앞에 나아간다는 것을 잘못 알고 있습니다. 당신은 그들처럼 하나님 앞에 수줍어하지 마십시오. 하나님께서 주시는 은혜를 거절하는 것은 겸손이 아닙니다. 참된 겸손은 당신이 아무런 자격이 없다는 사실을 인식하면서, 하나님이 주시는 은혜를 받고, 그 은혜로 인해 기뻐하는 것입니다." (32쪽)

나는 내 안에 발견된 죄악의 모습을, 그 약한 모습을 그대로 하나님의 은혜 앞으로 가져갔다.

"오, 주님. 나는 내 죄악을 숨기지 않겠습니다. 더 좋은 모습으로 위장해 주님 앞에 나아가지 않겠습니다. 내가 내 안에 발견한 연약함과 죄악을 가지고 주님 앞에 나아가지 않는다면 내가 어찌 고침을 받겠습니까. 내 연약함을 아시오니, 이 모든 죄를 가져가 주시옵소서."

데이빗 베너(*David G. Benner*)는 <사랑에 모든 것을 맡기라>(*Surrender to Love*)라는 책에서 연약함을 가진 진짜 자아를 가지고 나아오는 것의 중요성을 강조하고, 이 솔직하고 연약한 자아가 하나님의 사랑에 비추임을 받을 때 진정한 변화(*Transformation*)가 일어난다고 강조하고 있다.

"우리 자신의 두렵고, 분노하고, 상처 입은 모습 그대로 하나님의 사랑을 만나지 못하면 결코 치유함이란 없습니다. 이것이 바로 우리가 강하고 온전한 것 같은 모습이 아닌 취약하고 부서진 채로 하나님의 사랑을 만나야 하는 이유입니다." (82쪽)

이번 학기 영성수업에서 발견한 보배로운 글귀다.

"십자가를 향해 날아오르기"

분노가, 미움이, 교만이, 외로움이, 게으름이, 음란한 마음이 광풍과 함께 파도처럼 덮쳐올 때 그리스도인들이 해야 할 것은 숨는 것(*Hide from it*)이 아니다. 좀 더 잘해 보겠다고 애쓰는 것(*I can do it!*)도 아니다. 고치는 것(*Correct it*)도 아니다.

주님을 사랑하는 마음으로 십자가를 향해 날아오는 것이다. 주님은 이러한 우리의 모습을 무척 기뻐하신다. 우리에게는 숨기고, 더 잘하고, 고칠 수 있는 능력이 전혀 없다. 십자가에서 보여주신 놀라운 사랑이 내 죄악을 태워버렸다.

가벼워지는 거대한 슬픔

저녁 11시에 주님과 함께 떠난 묵상과 글쓰기의 여정이 기쁨(*Joy*) 가운데 새벽을 지나 동이 텄다. 오전 6시가 넘었다. 가끔 이러한 달콤한 여정은 나를 하나님의 깊은 곳으로 이끌고 가고, 추상으로가 아닌 경험으로 만난 하나님과의 이러한 친밀한 관계는 내 영혼에서 모든 '의심'을 몰아낸다.

주 안에서 좋은 친구가 된, YWCA에서 근무하시는 어느 여자 집사님이 '견딘 자에게 창조되는 거울'이라는 제목의 나의 지난 글을 읽고 메일을 보내오셨다. 하나님과의 관계 속에서 경험하는 영적 성숙이 묻어났다.

"가끔 어바인 기차역(*Irvine Train Station*)에서 풀러턴(*Fullerton*) 사무실까지 기차를 타고 출근하는 짧은 시간 속에서 많은 사건들을 보며 영, 혼, 육으로 겪게 되는 것이 신기 할 때가 있어 즐기고 있지요. 운전 할 필요가 없어 마음의 여유가 있고 많은 생각을 하나님 안에서 정리하는 기회가 됩니다.

똑같은 사람들 속에 겪는 똑같은 일만 집중하다 보면 좁은 시야로 매일이 똑같은 그날인데 새날을 주시는 하나님 안에서 세상을 보면 넓은 생각으로 새로운 것을 깨닫게 하시기 때문이지요.

해 아래 새것이 없는 우리의 짧은 인생, 마른 풀과 같은 연약한 인생이 하나님을 만나면 고난을 축복으로 속사람이 강건 해지는 것을 깨닫게 됩니다. 이럴 때 믿음이 자라는 기분은 예전에는 몰랐는데 알아지는 지혜, 하나님이 주시는 선물이지요.

시력이 약해서 '오두막'을 아직도 읽고 있는 중입니다. 맥이 죽음보다 깊은 잠 속에서 경험하는 성부, 성자, 성령은 우리가 듣고 배워서 알고 있는 것과는 좀 다릅니다. 삼위일체의 하나님이 함께, 사랑으로 연결된 하나, 자연스런 부드러움, 친절한 진실, 서로를 존중하고 인정하는 그 사랑으로 맥의 거대한 슬픔 속으로 스며듭니다. 이 사랑으로 맥은 혼란 가운데서 서서히 갇혀있던 거대한 슬픔이 가벼워짐을 느낍니다. 삶에서 이런 일이 이뤄지는 것이 하나님의 나라가 아닐까 합니다."

나를 '명권 예수'라고 부르며 지극히 작은 자를 사랑으로 섬겨주신 원 장로님이 미국 중부지역 방문을 마치고 샌디에이고 주립대학으로 돌아오셨고, 김형회 목사님이 향기로운 제물로 화관을 씌어 주셨다. 가을학기 1차 수강신청을 마쳤고, 5월호 신문을 은혜 가운데 마감했다. 변호사로 목회학 석사를 공부하고 있는 샘킴 형제님에게서 워싱턴을 중심으로 펼치고 있는 탈북사역을 전해 들으면서 샘킴 형제님의 신실함을 느꼈고, 탈북사역을 통해 일하고 계신 하나님의 주권을 보았다.

2010년 4월 30일
탈봇에서

상사병
−헤밍웨이와 오스카 와일드

고통, 그리고 아무도 방해하지 못하는 마음

앨런이 수영장에서 조심스런 걸음으로 내게 다가왔을 때, 캘리포니아의 태양은 중천에서 막 기울고 있었다.

붉은 꽃잎이 비처럼 쏟아져 내리던 지난 시월의 수영장은 이제 말끔하게 정돈되어 이번 여름을 빛낼 어린아이들의 웃음소리와 의무감에서 벗어난 부모들의 여유를 기다리고 있었다.

아직 수영장의 물은 변덕스런 밤공기만큼이나 차가웠으나, 이에 아랑곳없이 아이들은 연방 물속으로 몸을 던지며 초여름의 오후를 즐겼다.

나와 앨런은 아파트에 부속한 수영장 한쪽의 자쿠지 따뜻한 물에 함께 몸을 담그고 햇볕을 맞았다. 거품을 따라 흐르는 물줄기가 가슴을 스치고 지나가며 피를 더욱 뜨겁게 만들었다. 사실 그의 본명은 앨런이 아니다. 하지만 그의 다가오는 걸음이 성소를 향해 흩어진 꽃 잎을 밟는 듯 아주 특별하고 조심스러워 이 글에서는 숨기는 편이 낫다고 생각한다.

"저는 인생에서 가장 힘든 시간을 보내고 있습니다."

앨런이 힘들게 말을 꺼냈다. 아니 정확히 그렇게 말을 한 것은 아니지만 앨런이 내게 고백한 많은 이야기들을 한 줄로 표현하자면 그랬다. 하지만 앨런은 고통 가운데서도 하나님의 도우심을 갈망하고 있었고, 자신을 향한 예수 그리스도의 사랑이 결코 끊어질 수 없는 영원한 것이라는 믿음이 있었다. 그래서 나는 입을 열었다.

"고통의 시간이 얼마가 걸리든 지금 이 시간 하나님을 만나는 것이 중요하다고 생각합니다. 가장 빠르고 세상에서 평가 받는 속도로 자신의 인생을 짓밟듯 지나간 뒤에, 그 모든 추구와 성취가 바람을 좇는 것처럼 무의미한 것이었음을 깨닫게 된다면 그 고통은 더욱 크겠지요."

나와 함께 탈봇신학교에서 동문수학하고 있는 앨런은 최근 자신의 내면 가운데 발견된 뜻밖의 폭력성과 더 이상 방치할 수 없는 어떤 위기를 털어놓으면서 내 마음의 손을 잡았다. 그때 든 생각은 앨런이 말을 걸고 있는 대상은 사실 내가 아니었으며 진정한 의미에서의 예수 그리스도였다. 그의 진실한 고백은 성령님의 위로를 바라는 것이었으며, 거룩한 하나님의 보좌와 사랑으로 가득 찬 예수 그리스도의 임재를 갈망하는 것이었다.

나는 어제 나를 그리스도를 향한 사랑으로 충만하게 이끌었던 오스왈드 챔버스의 고백을 인용해 그에게 위로를 대신했다.

"나그네 같은 인생에서 가장 중요한 것은 주님과 사랑에 빠지는 것입니다. 우리가 하나님과 진실한 사랑에 빠진다면 하나님께서 우리를 어떤 목적지로 이끌고 가실지는 전혀 우리의 관심사가 아니게 됩니다." (<주님은 나의 최고봉> 중에서)

앨런은 힘들지만 용기 있는 결정을 했다. 자신의 인생을 하나님께 완전히 내려놓고, 그분의 인도하심을 따라 새롭게 시작하기로 한 것이다. 나는 앨런 목사님을 정회성 선교사에게 소개했고, 하나님께서 앨런을 통해 이루실 영광스러운 계획이 아름답게 펼쳐지고 있음을 직감했다.

하나님이 중심이 되지 않는 삶은 얼마나 고통스러운 것인가. 사실 사람의 인생의 축복은 이러한 고백을 드리며 날마다 성령님으로 채워지는가에 달려 있는 것이리라. 이런 의미에서 오늘 앨런의 비움과 내어맡김(Surrender)의 결정은 축복의 다른 얼굴이다.

오늘 아침 아빌라의 테레사의 <아무것도 그분을 향한 마음을 방해하지 못하게 하라>라는 글을 묵상하면서 주님께서 내게 주신 감동도 그러했다.

"내가 가치 있게 여겨온 것들을 떠나보내는 것은 얼마나 고통스러운가. 그러나 하찮은 것에 집착하고, 무가치한 것을 가치 있게 여겼을 때 우리가 겪게 되는 상실은 얼마나 크며, 이로 인해 우리의 눈이 봉사가 되며, 또 우리에게 미칠 재앙은 얼마나 클 것인가." (94쪽)

앨런과 대화를 마치면서 우리는 고난을 통한 축복도 축복이지만, 하나님께서 허락하시는 영적인 축복을 맛있게 그리고 온전히 누리는 것도 중요하다는 이야기를 나눴다. 나는 지난 토요일 어바인에서 열린 성령집회를 마치고 집으로 돌아오는 차 안에서 아내와 나눈 이야기를 다시 꺼냈다.

"한 크리스천이 레스토랑 식사권을 선물로 받았습니다. 그 식사권을 주신 분은 하나님이셨습니다. 하나님은 그분이 친히 진설한 레스토랑으로 이 크리스천을 초대해 목마르지 않는 샘물로 적시고, 배고프지 않는 양식으로 채우실 생각이셨습니다. 그런데 안타깝게도 이 크리스천은 하나님께서 주신 식사초대권을 다른 사람에게 줘 버렸습니다. 아마도 어려운 사람을 돕기 위해서였겠지요. 하지만 똑같은 초대를 받은 다른 크리스천은 식사권을 주신 하나님을 너무나 사랑하여 레스토랑으로 달려갔답니다. 어떻게 되었을까요. 놀랍게도 하나님께서는 잔치를 온전히 누리고 돌아가는 크리스천에게, 다른 이들을 초대할 수 있는 또 다른 식사권을 쥐어주었습니다."

나와 앨런은 이 순간 말은 안 했지만, 옥합을 깨뜨린 여인을 향해 가난한 사람을 먼저 생각하라며 비웃던 가룟 유다를 떠올렸고, 본질을 놓치고 있던 마르다를 기억했다. 우리는 인생에서 무엇보다 중요한 것은 주님 자체를 추구하는 것이라는 데 마음으로 동의하며 헤어졌다.

집으로 돌아와 보니 반가운 메일이 나를 기다리고 있었다. 늘 내가
기도하는 자매님인데, 내가 띄우는 글을 읽고 마음을 전해왔다.

"매일 확인하는 메일에 낯익은 이름이 들어와 있을 때마다 반갑고
감사하다. 오늘은 또 어떤 글로 나의 마음을 채워주실까 기대가 된
다. 외롭고 힘들 때에도 늘 마음에 평안함을 느끼게 해주시는 글들
을 읽을 때마다 전도사님의 얼굴이 아니고 그의 등 뒤에서 나를
바라보고 계시는 하나님의 사랑을 느낀다.
나의 사랑하는 딸아!! 힘들어하지도 말구, 외로워하지도 말구, 두
려워하지도 말구. 내가 이렇게 너를 꼭 안고 있잖니. 내가 쌓았던
내 안의 바벨탑이 무너져 버렸을 때 무섭고 두렵고 힘들었지만, 바
벨탑이 무너져 버리고 난 후에도 내 손을 놓지 않으시는 그 힘과
그 사랑으로 다시 일어나서 한 걸음 한 걸음 걸어 나갈 것이다.
요즘의 마음 상태에 대해, 요즘의 생활에 대해, 요즘의 기도에 대해
걱정스럽게 물어 오시는 분들이 있다. 아직도 믿지 못하는 눈으로.
하나님!!
하나님도 아직 제가 정신을 못 차린 것 같아 보이세요?
하나님도 아직 저를 믿지 못하는 눈으로 바라보시나요?
아니죠?
하나님은 아니죠?
사람들에게 보여지는 모습이 중요하지 않다고, 오직 하늘만 바라
보라고 말씀해주신 분이 당신이잖아요.
그렇게 하면 되는 거죠?
지난밤 울면서 기도 했는데… 억울하기도 하고 또다시 힘들기도 했고…

아침에 일어나 전도사님의 영혼의 창을 읽어 내려가며 또다시 나를 위로해 주시는 하나님을 만났다."

　J자매님의 삶 속에 최근 하나님께서 역사하고 계신 부분이 크다. 하나님께서는 J자매님이 하나님을 향한 온전한 순종을 통해 사람의 음성에 요동치지 않는 삶, 그리하여 모든 억울함과 오해로 비롯된 상심에서 해방된 삶을 살 것을 원하고 계심을 느낄 수 있다. J자매님의 이러한 영적 여정은 분명히 열매를 맺어가고 있다.

　며칠 전 수업을 마치고 학교 앞 로스크랜 길에 있는 스타벅스에 보라 간사님, 태호 집사님과 함께 커피잔을 기울이며 앉아 나누었던 대화에서도 '온전한 순종과 이로 인해 받기 쉬운 오해'에 대해 나누었던 기억이 난다. 나는 오스왈드 챔버스가 2월 28일 묵상편에서 고백한 내용을 나누었다.

　"우리는 어떤 것을 일이나 의무감으로 행하게 될 때마다 다른 사람들에게 그 이유를 설명하는 태도를 보이게 됩니다. 그러나 만일 우리가 주님을 향한 온전한 순종의 마음으로 어떤 것을 하게 될 때에는 다른 사람에게 억지로 설명할 필요를 느끼지 않게 됩니다. 이것이 온전한 순종입니다. 이런 이유로 얼마나 많은 성인들이 오해를 받고 심지어 억울한 일을 당했습니까."

　J자매님에게 이 내용을 메일로 답하지는 못했지만, 하나님께서 동일한 마음으로 자매님의 영혼과 마음을 흔들리지 않는 반석 위에 세워주실 것을 믿는다.

예술 중심에 있는 하나님

내가 아장아장 글쓰기를 배우기 시작했을 때, 위대한 모델과 지침으로 삼았던 작가들의 글을 다시 꺼내 읽었다.

괴테, <이탈리아 기행> <파우스트>
칼릴 지브란, <예언자의 노래>
카뮈, <이방인> <페스트>
헤밍웨이, <노인과 바다>

헤밍웨이에게서 받은 영향이 가장 크지 않나 싶다. "죽을 수는 있지만, 패배할 수는 없다. 인간은 패배하기 위해 태어난 것이 아니다." '노인과 바다'에서 자기 인생의 모토처럼 부르짖던 헤밍웨이의 이러한 표현들은 아프리카의 푸른 언덕과 쿠바의 고히마르 포구를 거닐던 그의 취향과 자유의 풍모와 결합되어 채워지지 않은 여백이 많았던 젊은 시절의 나를 매료시키기에 충분했다. 헤밍웨이는 기자 출신이었고, 그는 다음과 같은 원칙을 그의 글에 철저히 적용했었다.

"짧은 문장을 사용하라."
"힘찬 용어를 사용하라."
"적극적이어라."
"동사를 사용하라."
"낡은 속어를 쓰지 마라."
"과대한 형용사를 피하라."

당시 받은 매혹은 컸고, 내 인생을 끌어당기던 흡인력은 대단했으나, 지금에 와서 이 작품들을 다시 읽으며 반응하는 내 영혼은 달라져 있음을 느낀다. 예수의 흔적이 없으며, 인간의 지성과 변화무쌍한 감정에 의지해 써내려간 이들 작가들의 작품들은 인문학적으로는 높은 의미가 있겠으나, 영적으로는 메마른 사막과 광야 같으며, 해와 달을 잃어버린 날들처럼 소망의 문을 찾기 힘들었다.

칼릴 지브란이 자신의 작품 속 주인공을 통해 이야기 했듯이 이 작품들을 읽노라면 "내 심장의 피를 말려버리고, 내 생명력을 고갈시키는 듯한" 느낌을 받은 적도 있었다. 슬픔의 사원에서 길을 잃어버린 어떤 가녀린 짐승의 울음 같은.

어떤 음악이든, 어떤 글이든, 어떤 공연이든, 그 내용에 복음의 흔적이 있어야 '생명을 맺는 살리는 작품'이라고 벤신 교수는 가르쳤다. 벤신 교수는 그 근거 구절로 골로새서 4장 16절을 들었다.

> "그리스도의 말씀이 여러분 안에 풍성히 거하게 하십시오. 모든 지혜로 서로 가르치고 권면하며 시와 찬미와 신령한 노래를 부르며 하나님께 감사하는 마음으로 찬양하십시오."

교수는 중간고사에도 이 문제를 냄으로써 그 중요성을 재확인했다. '모든 지혜로 가르치고 권면하는 것'이 벤신 교수가 제시한 일종의 '기독교 예술론'인 것이다. 오스카 와일드, 릴케 같은 인물들이 예술론이라는 이름으로 기술했던 글에서 이러한 명징한 밝힘을 찾지 못해 아쉽다. 내가 사랑하는 오스카 와일드조차도 거룩한 예수 그리스도의 이름을 탐미주의라는 십자가에 못 박고 이리저리 끌고 다녔다. 그가

예술론을 밝힌 '옥중기'를 읽다보면 그가 로마 군병처럼 예수 그리스
도를 얼마나 학대하고 있는지를 느끼면서 큰 아픔을 경험하게 된다.

"예수는 예술의 유미주의적인 절정을 위해 의도적으로 십자가에
달렸다. 한 인간이 전 인류를 위해 목숨을 바친다는 것은 얼마나
극적인 쾌감을 주는 구성인가."

이처럼 예수 그리스도의 향기가 빠지거나 하나의 관찰 대상으로
전락한 작품들은 앗수르와 바벨론의 창끝처럼 잔혹하고 거친 것이다.
LA 게티미술관에서 사온 도록을 오후에 아내가 펼쳐보고 있었다.
여기에는 고흐의 <아이리스>와 함께 내가 게티미술관에서 가장 많
은 시간을 할애해 시선을 주는 작품이 들어 있어 아내가 책을 꺼낸
걸 기회로 그 그림을 다시 펼쳐보았다.
제임스 앙소르의 <예수 그리스도의 브뤼셀 입성>이라는 그림이다.
벨기에의 시내로 예수님께서 초라한 나귀를 타고 입성하신다. 거
리는 온통 축제다. 축제의 내용을 알리는 휘장이 보인다. '브뤼셀의
왕이신 그리스도 만세(*Vive Jesus, roi de Bruxelles*)'. 그러나 사람들은 대부
분 자신을 감추는 가면을 쓴 채 다른 곳을 보며 정신이 나가 있다. 아
무도 이 축제의 주인이 되어야 할 예수님을 거들떠보지 않는다.
욕망의 원심력으로 예수님을 중심에서 밀어낸 시대의 자화상이자,
나 자신을 향한 잠언처럼 늘 여겨지는 작품이다. 모든 두려움의 원인
은 예수님을 중심에 모시고 있지 않거나, 예수님을 믿는다고 하면서
도 전지전능한 그분의 능력을 내 인식과 존재의 한계 속으로 제한하
기 때문이다.

사랑하는 로렌스 수사의 고백은 '오직 주님만을 바라보는 삶'의 풍요를 잘 보여준다.

> "내 삶의 내용은 바로 하나님의 거룩하신 존재와 함께하고 경험하는 것이다. 나는 오직 하나님만을 바라보고 사랑의 마음을 간직한 채 내 자리를 지킬 것이다. 나는 이것을 '실제적으로 함께하시는 하나님'이라고 부르고 싶다.
> 나는 엄마의 젖을 먹는 아기보다 더 행복하게 하나님 품에 붙어 있는 나를 발견한다. 이런 표현을 감히 써도 되는지는 모르겠지만, 하나님께 가까이 간다는 것은 하나님의 가슴에서 젖을 먹는 것 같다. 왜냐하면 이를 통해 나는 말로 표현할 수 없는 달콤함을 경험하기 때문이다."

온전한 사랑 때문에

학교에서 돌아오는 차 안에서 동승한 한 형제에게 "나는 가끔 수도사가 되었으면 하고 바랄 때가 있습니다"라고 말했는데, 집에 오자마자 후회했다.

사실 이 말은 모든 세상의 염려와 신경 써야 할 의무에서 벗어나 24시간, 365일 그리고 평생을 주님만을 묵상하면서 살고 싶은 영적인 갈망에서 나온 표현이긴 하다. 하지만, 일상의 수많은 일들과 관계 속에서 불쑥불쑥 올라오는, 시퍼렇게 살아 꿈틀거리는 내 옛 자아를 뜨악하게 목격할 때마다 나는 세상 속에 있음을 축복으로 여긴다.

스스로도 인식하지 못했던 내 안의 죄 된 속성들이 다 드러나서 이 것들이 모두 십자가의 능력으로 정결케 되고, 그렇게 함으로써 나와 하나님 사이에 그 어떤 막힌 담도 없는 온전한 사랑의 관계가 되기를 갈망하기 때문이다. 수도사가 된다면 그러한 기회를 박탈당할 가능성이 클 것이다.

어버이날이 다가왔다면서 영찬이가 종이로 만든 카네이션 꽃과 카드를 내밀었다. 손바닥만 한 크기의 종이꽃 안에 영찬이의 내면이 담겼다.

"디어 파더(*Dear Father*), 아빠, 우리 가정을 살리고 돈을 벌어주시고 저를 위해 주셔서 고맙습니다."

엄마에게도 한 송이 꽃과 하나의 카드가 전해졌다.

"디어 마더(*Dear Mother*), 엄마, 저를 위해서 저를 키워주시고 저를 먹여 살려주셔서 고맙습니다. 그리고 앞으로도 더 엄마에게 순종 하겠습니다."

카드를 받아들고 한참을 웃었는데, 그 웃음을 영찬이는 힘 있게 붙잡아 마음속에 담아두는 것 같았다. 수줍게 돌아서는 그에게 "우리 가정을 살리는 분은 아빠가 아니라 하나님 아버지란다"라고 말하고 싶었다. 집에서 수차례 영찬이에게 가르친 것이라는 생각이 들면서 말하지 않았다. 알면서도 이런 표현을 한 영찬이의 마음을 이해하려고 애썼다.

아이에게 하나님은 아버지와 어머니를 통해 해석되는 법. 아이들의 영혼을 시들게 하는 가장 위험한 적은 부모의 이중적인 태도다. 사랑을 가르치면서 누군가를 미워하는 아빠, 하나님은 우리의 구원자라고 가르치면서 세상 근심에 싸인 아빠, 하나 되는 것이 하나님의 뜻이라고 가르치면서 서로 싸우는 아빠와 엄마에게서 아이들이 해석하는 하나님은 "성경에서는 사랑을 떠벌리면서 실제 폭풍 속에서는 사랑을 포기하고 말 그런 하나님"인 것이다.

아름다운 내 사람이여

아파트를 한 바퀴 돌면서 내 영혼을 조용함으로 이끌기 위해 어둠이 내려앉은 밖으로 나갔다. 작은 새들이 분홍 꽃들 사이를 드나들며 한밤의 축제를 벌이고 있다. 양탄자처럼 펼쳐진 잔디길 위에 아내가 반지꽃이라고 부르는 하얀 키 작은 꽃이 무리를 지어 피어올라 투명한 조명 아래에서 반짝이고 있었다. 높은 키로 솟은 열대식물들은 위로 흘러가는 바람의 조류에 머리카락을 맡기고 있다. 한밤을 조용히 걷노라니 이사야 42장이 별빛처럼 영혼 속으로 쏟아져 들어온다.

"하늘을 만들어 펼치시고 땅과 거기서 생겨난 것들을 퍼뜨리시며 땅 위에 사는 사람들에게 숨을 주시고 땅 위를 걸어 다니는 사람들에게 생명을 주시는 여호와 하나님께서 이렇게 말씀하신다. 나 여호와가 정의를 이루려고 너를 불렀다. 내가 네 손을 잡고 지켜 줄 것이니 너는 백성의 언약이 되고 이방의 빛이 되며 눈먼 사람들의 눈을 뜨게 하고 갇힌 사람들을 감옥에서 나오게 하고 어둠 속에 앉은 사람들을 지하 감옥에서 풀어줄 것이다. 나는 여호와다!!!"

여호와의 이처럼 장엄하고 아름다운 음성과 초청을 듣고, 나는 영혼의 신발을 벗었다.

> "오, 주님. 내 안의 어떤 좋은 것이 있을지라도 그 어느 것도 나 자신에게서 비롯되지 않았습니다. 그것들은 오히려 주님의 은혜의 우물에서 흘러온 것입니다. 내 영혼 가장 가까운 곳에 있는 여호와의 우물로부터 나는 시냇가의 심은 나무처럼 자라고 있습니다."

작은 티끌을 새끼손가락 하나로 들어 올릴 때조차도 그 힘이 주의 은혜의 우물에서 흘러온 것이라는 고백. 나의 연약함과 어리석음을 인정하고 주를 섬기기에 당초 아무 가치 없는 자였음을 인식할 때 보게 되는 하나님의 경이로움.

내가 뭔가를 얻은 줄로, 가진 자로 생각하는 순간부터 그 교만은 꽃이 만발한 포도원을 망치는 여우가 된다.

세계적인 신학자 러셀(Walt Russell) 교수는 아가서를 하나님과 믿는 자 사이의 사랑의 관계로 풀이하는 것을 경계했다. 오히려 술람미 여인과 솔로몬 사이의 사랑 어린 기록을 통해 결혼제도의 아름다움과 부부 사이의 극진한 사랑을 강조한 것으로 먼저 해석이 이뤄져야 한다고 강조했다.

아마도 클레르보 버나드가 <하나님의 사랑에 대해>(On the Love of Go)에서 아가서를 철저히 예수 그리스도의 상징으로 해석한 것과 시대와 장소를 확대하며 흘러온 그 해석의 유산을 향한 외침일 것이다.

버나드는 "그가 왼팔에 나를 눕혀 내 머리를 안으시고 오른팔로 나를 감싸 안아 주시네요"라는 아가서 2장 6절도 왼팔은 예수님이며, 오른팔은 하나님이라고 표현하기도 했다.

러셀 교수의 생각에 동의하면서도, 이처럼 아름다운 하나님의 음성을 듣고 있으면 아가서의 표현들이 그분의 음성으로 들리지 않을 수 없다.

> "내 사랑이며, 일어나요. 아름다운 내 사람이여, 나와 함께 가요. 겨울은 지나갔으며 내리던 비도 그쳤고 땅에는 꽃들이 피어나며 새들이 노래하는 때가 왔어요. 우리 땅에는 비둘기 우는 소리가 들려옵니다. 무화과나무는 푸른 열매를 맺었고 꽃을 피운 포도나무는 향기를 퍼뜨리니 내 사랑이여, 일어나 오세요, 내 사랑하는 그대여, 나와 같이 떠나요." (아가서 2:10~13)

주님을 만나는 시간은 황금빛 구름 아래서 펼쳐지는 세상의 가장 황홀한 뮤지컬보다 더욱 높은 감격으로 나를 충만케 한다. 주께서 내게 오시는 모습과 방식까지도 제한하지 않고, 그분만을 갈망하고 있으면, 주님은 사랑의 정복자가 되어 어둠이 점령하고 있는 내 영혼의 후미진 영토까지도 진군해와 통치하신다. 하나님의 사랑스런 통치 아래 있으면 내 영혼은 솔로몬의 고백처럼 "나는 사랑 때문에 병이 났답니다"라며 그분께 달려간다. 사막의 음침한 골짜기가 무슨 상관이며, 혹독한 겨울이 무슨 의미가 있겠는가. 나는 거룩하며 위대한 창조주에게 속했고, 잠시 동안의 나그네 삶을 믿음으로 견디면 황금으로 지어진 영원한 도성은 내가 존재할 영원한 본향이 아닌가.

주께서 원하시는 것으로 채우기

늦은 저녁 한국에서 전화가 왔다. 삼성병원 원목으로 10년 넘게 사역하고 계시는 김정숙 목사님의 반가운 목소리다. 미국 동부로 떠나기 전 짐을 꾸리며 전화를 하셨다. 삼성병원 지하에 위치한 기독교실에서 김정숙 목사님과 내가 노래한 하나님의 사랑 이야기는 너무나 깊고 풍요로워 지금 다 기록할 수가 없다. 언제나 연약한 자, 기댈 곳 없는 자, 버려지고 고통 받는 자가 있는 곳이라면 자신의 삶을 아랑곳하지 않고 달려가 기꺼운 희생을 한 김정숙 목사님의 숨은 이야기들은 내가 공부를 마치면 언젠가 풀어놓을 기회가 있으리라 생각한다.

여리고 여린 여성이지만, 복음 앞에서는 결코 어떤 어둠에게도 물러서지 않는 철의 여인이다. 한 번은 이런 일이 있었다. 삼성병원 기독교실 바로 옆이 불교실인데, 그 불교실의 종교인이 늘 문을 열어놓고 목탁을 두드리고 불경을 외우는 바람에 소음이 지나친 적이 있었다. 철의 여인 김정숙 목사님이 참다못해 불교실로 가서 "왜 문을 열어놓고 목탁을 두드리느냐"고 했다.

"문을 열어놓아야 신이 자유롭게 들어가고 나갈 것이 아닙니까!"

불교실 종교인의 이 말에 김정숙 목사님이 전한 증거는 아직도 잊히지 않는다.

"무슨 신이 문을 닫아 놓았다고 출입을 못합니까. 우리 여호와 하나님은 그렇지 않습니다. 모든 것을 창조하셨으며, 안 계신 곳이 없으며, 못 가실 곳이 없으신 전능하신 능력자이십니다. 닫힌 문도 못 지나가는 그 한심한 신이라면 당장 떠나십시오."

말을 끝내면서 김 목사님은 불교실 문을 꽝 닫았고, 그 이후로 열리지 않았다고 한다. 그 철의 여인이 오늘 전화를 걸어와 신학교 시절 이야기도 들려주시고, 환상 중에 경험한 예수 그리스도의 임재를 나누어 주셨다. 간사 월급보다 더 적은 사례를 받으면서도 그 이상을 남을 위해 썼던 김 목사님의 과거 행적을 아는 터라, 하나님께서 몇 명의 후원자를 통해 허락하신 이번 미국 여행을 참된 축복이라고 생각했다. 생애 최초의 미국 여행이라 기대도 많고, 빠듯한 경비가 뻔할 것인데도 전화를 끊자마자 달려가 재정을 부쳐주셨다. 더욱 겸손히 주님을 섬기라는 뜻으로 받았다.

김형회 목사님도 수술을 받으러 떠나시기 전 맛난 것으로 나를 먹이시더니 책을 사보라며 아름다운 제물을 보태주셨다. 우리가 만났을 때는 수술을 하신다는 사실을 한 마디도 안 내비치시더니 바람처럼 그렇게 떠나셨다. 큰 수술을 앞둔 사람이 어떻게 한 작은 자를 돌아볼 수 있단 말인가. 역시 더욱 겸손히 주님을 섬기라는 뜻으로 받았다. 오늘 메일이 도착했는데, 몇 달 전 목회사관학교 참석차 한국을 방문했을 때 하나님의 은혜로 일찍 발견한 까닭으로 암으로 전이가 되지 않고, 무사히 이번에 수술을 마치게 되셨다는 고마운 보고다. 5월 말경에 어바인으로 다시 돌아오신다는 말과 한국으로 보내주신 박종길 목사님과 관대함을 보여주신 어바인 성도들에 대한 감사도 빼놓지 않으셨다.

앨런 목사님에게서 연락이 왔다.

"하나님께서 차 전도사님을 만나게 해 주신 것에 너무 감사드립니다. 이번에 전도사님 소개로 참석하게 되는 모임을 통해 특별한 치유와 회복을 기대합니다. 잘 다녀오겠습니다."

영광의 주님께서 풀가스펠 캠프로 향하는 앨런의 길 위에 충만하게 임하셔서 '상처 받은 치유자'로 만져주실 것을 기도했다.

"내 모든 영혼을 불태워 기도합니다. 나를 위해 주께서 선택하신 것으로 내게 주시고, 나를 향해 주께서 원하시는 것으로 내게 부어 주소서." (어거스틴)

5월의 언덕에 축복의 꽃이 무성하게 피었다.

2010년 5월 7일
탈봇에서

고백
―파도 타는 종소리

침묵이 주는 유익

빛이 흑암을 몰아낸 바이올라대학교 교정의 아침은 갓 태어난 교회처럼 신비로 충일하다.

언젠가 손목시계의 시침이 오전 10시를 지날 즈음 바이올라 영토에 들어선 한 사람이 이렇게 중얼거렸다.

"그 많은 학생들은 다 어디로 갔을까?"

마치 카뮈의 <페스트>에 나오는 알제리의 텅 빈 마을처럼 신비와 적요가 섞인 아침이 오늘도 불변의 진리처럼 막이 올랐다.

행정 건물(Mezger)과 탈봇 건물(Myers) 사이에 펼쳐진 잔디밭에는 비스듬하게 떠오르고 있는 태양을 맞이하느라 미세한 풀과 풀벌레들이 반짝이며 춤을 추었고, 덥수룩하게 수염을 기른, 긴 체크 소매를 걷어 올린 한 젊은 청년이 '영원 속의 순간' 혹은 '순간 속의 영원'을 포착하려는 듯 잔디밭을 향해 카메라를 들이대고 있었다. 학교신문 다음 호 1면을 장식할 피처(*Feature*) 사진을 준비하고 있는 저널리즘학과 학생일 거란 생각이 스쳤다.

그 학생이 연속으로 누른 카메라의 셔터 소리가 조용한 교정에 흩어져 있는 경건의 입자들을 가르며 박수처럼 퍼져나간다.

바이올라에 뿌리를 박은 무성한 나무들과 그 잎사귀에 깃들어 창조의 신비를 노래하는 새들은 축복의 세월을 비밀스럽게 심장에 가득 담고서 성도의 반열에 오른 듯하다.

그 거룩한 나무에 몸을 기대고 나는 "내 영혼이 이 아침에 하나님으로부터 멀리 떨어져 있는 것은 아닌지" 살펴보았다. 나무와 새들이 자아내는 소중한 성가를 따라 나의 심장도 두근거렸다.

곧 갈보리채플에서 아침예배 마지막 송영이 끝나자 수많은 학생들이 열린 예배당 문밖으로 쏟아져 나왔다. 캠퍼스의 일과가 본격 시작되는 시간이자, 우는 사자들로 들끓는 영적전쟁의 세상에서 승전의 개가를 거두고 있는 바이올라의 비장의 무기를 확인하는 순간이다.

나는 젊은 복음의 전사들이 썰물처럼 빠져나간 예배당으로 조용히 걸어 들어갔다. 작은 새 한 마리가 따라 들어와 설교단 위를 날아다닌다.

"다윗의 자손이여, 나를 불쌍히 여겨 주옵소서."

단 앞에 무릎을 꿇었다.

어제 저녁 괴테의 <젊은 베르테르의 슬픔>을 뒤적거리다가 주인 공 베르테르가 마을주민들을 향해 품었던 생각에 시선이 머물렀었다.

"사람들은 대게 오로지 삶을 위해서 대부분의 시간을 소비하고 약 간 남아돌아가는 자유 시간이라도 있으면, 도리어 마음이 불안해 져서 그것을 벗어나려고 온갖 수단방법을 다 써본다."

그 구절을 읽으면서 나는 어깻죽지를 만져보았다. 영광의 주님께서 날개를 달아주셨는지 살폈다. 날개를 달아주시지도 않았는데 날아오 르려다 추락한 적이 참 많았다. 사랑하는 아빌라의 테레사 기도처럼.

"하나님께서 날개를 주시기 전에는 날아오르려고 하지 않게 하소 서." (*Let me not try to fly before God gives me wings.*) (<아무것도 그분을 향한 마음을 방해하지 못하게 하라>(*Let Nothing Disturb You*), 27쪽)

하나님께서 내 삶을 인도하시지 않는다면 나는 한 발자국도 내딛 지 않겠다고 고백을 드렸다. 많은 경우 하나님께서는 기도에 대한 응 답으로 침묵을 주셨는데, 그 침묵은 시간이 지날수록 벅찬 고백이나 타오르는 눈동자보다도 훨씬 강하고 자비로운 행복을 가져다주었다.

벤신 교수는 하나님께서 주시는 기도의 응답은 크게 네 가지의 형 태로 온다고 했다.

"No."

"Slow."

"Grow."

"Go."

한 번도 어깻죽지를 만져본 적이 없는 사람들은 섣불리 *"Go"*의 응답을 원하지만, 정작 하나님께서는 *"No"* 혹은 *"Slow"*, *"Grow"*로 대답하시는 경우가 많다고 강의했었다. 이때 요구 되는 것은 '침묵'이다.

지금 갈보리 단 앞에 무릎을 꿇은 이 침묵의 시간은 내 안에 얼마나 많은 소란과 소음이 존재하며, 이것들이 사랑스런 주님 앞으로 나아가는데 얼마나 큰 걸림돌이 되고 있는지를 밝혀준다.

나우웬도 침묵이 가져다주는 한 단면을 잘 표현해주었다.

> "침묵은 정말 어렵다. 입을 다무는 것도 힘들지만 그보다도 마음을 침묵하는 것은 더 어렵다. 내 안에도 수많은 이야기가 계속되고 있었다. 마치 내 안의 자아가 나 자신과 친구들, 반대자들과, 지지자들, 동료들과 경쟁자들과 함께 항상 토론을 하고 있는 것 같았다. 그러나 이러한 내적인 소란은 내 마음이 하나님으로부터 얼마나 멀어져 있는지를 보여주는 증거다." (<자비를 위한 갈망>(*A Cry for Mercy*), 47쪽)

침묵 속에서 내 영혼의 장애물들을 알아채고 나면, 내 영혼은 자연스럽게 "다윗의 자손이여, 나를 불쌍히 여겨주옵소서"라는 고백을 하게 된다. 이 탄식에 주님께서 얼마나 기뻐하시는지 묘사하기 힘이 들 정도다. 나처럼 말수가 적은 종류의 사람은 하나님께서 침묵의 친구임을 발견할 때 더욱 위안이 된다.

"우리는 하나님을 찾아다니지만, 소음과 불안 속에서는 그 분을 찾을 수 없다. 하나님은 침묵의 친구다. 나무와 꽃, 풀 같은 자연이 침묵 속에서 자라는 모습을 보라. 달과 별, 해 등이 침묵 속에 움직이는 모습을 보라. 우리가 조용한 기도를 통해 하나님을 느낄수록, 역동적인 생명력이 살아난다. 영혼을 감동시키기 위해서도 침묵은 반드시 필요하다." (마더 테레사, <모든 성인은 주님을 사모한다>(*All the Saints Adore Thee*), 111쪽)

"너희는 가만히 있어 내가 하나님 됨을 알지어다." (시편 46:10)

고난을 보는 관점

시간이 꽤 흘렀나 보다. 교정에 종소리가 힘차게 울려 퍼진다. 로즈머드 심리대학원 옆 교차로의 높은 조형물에 굳건히 매달려 있는 종이 그 발원지다. 종은 매일 정오와 오후 5시에 정확하게 울린다.

갓 탈봇신학교에 들어와 무심히 그 종 밑을 지나던 때가 있었다. 정오가 되었는지 때마침 종이 울렸고, 바로 아래에서 들은 그 종소리는 태산 같은 무게를 안고 내 영혼을 방망이질 쳤었다. 나는 자칫 쓰러질 뻔하였다.

그때 종소리는 주님이 내게 건네시는 '질문'이었다. 무심히 걸어가는 내 일상에 던지는 주님의 사려 깊은 물음이었다.

지금 저 멀리서 들려오는 종소리 또한 하나님의 애정 어린 질문이다.

"네가 나를 사랑하느냐?" (요한복음 21:17)

주님의 질문은 선포의 말씀보다 때론 더욱 엄중하고 강력하다. 질문은 내 영혼의 모든 영역을 뒤흔들어놓으며 참 나를 드러내는 신비함을 가지고 있다. 바이올라에 울리는 이 종소리는 마치 베드로의 깊은 영혼을 향해 주님께서 던지시는 질문처럼 나를 향한다.

조용히 주님께 올려 드리는 대답.

"내가 주를 사랑하는 줄을 주께서 아시나이다." (요한복음 21:17)

내가 사랑에 빠져버린 예수 그리스도에게는 구차히 설명이 필요치 않음을 알겠다. 주님은 이미 다 알고 계시며, 단지 내가 내 영의 깊은 곳으로부터 주를 향한 진실한 고백이 이루어지기를 바라고 계실 뿐이다.

나를 따라 예배당으로 들어왔던 어린 새는 어선이 바다에 그물을 치듯 장내를 휙 한 바퀴 돌더니 빛난 날갯짓을 남기고 육중한 문틈으로 사라졌다.

침묵 가운데 나의 사랑을 주님께 바치려 할 때마다 나는 실비치(Seal Beach)를 찾는다. 그곳에는 무수한 어린 새들이 온갖 창조의 신비를 먹으며 파도를 타는 곳이다. 미국의 해변들이 대부분 장대한 면모를 자랑하는데 비해 실비치는 소박한 지성소를 연상시킨다.

해가 빠른 속도로 떨어지기 시작할 때 앰버우드(Amberwood) 아파트를 나서면, 석양이 태평양 끝에 몸을 숨기기 시작할 즈음 실비치에 도착할 수 있다. 나는 아내와 영찬이 손을 붙잡고 바다 저만치까지

길게 놓여있는 목조 데크(Deck) 위를 걸어 나간다. 어김없이 산뜻한 바람이 분다.

데크 끝에 서서 바라보는 석양은 물감처럼 하늘을 붉게 물들이더니 급기야 거대한 대양마저 어린양의 피로 적신다.

그곳에 서면 십자가를 향해 가장 적대적인 동방의 어느 부족민이라도 먼지 덮인 영혼의 얼개를 열어젖힐 것 같은 거룩한 느낌을 받는다.

침묵이 자연스럽고 고통스럽지 않은 곳. 그곳에서 내가 만나는 주님은 깊고 특별한 사랑의 존재다. 실비치의 가장 큰 매력은 파도다. 끝없이 밀려드는 파도로 인해 실비치는 서핑을 하는 사람들이 끊이지 않는다. 지난 겨울 몹시 추운 날 나가 본 실비치에도 여전히 파도를 타는 사람들이 있었다. 수십 년 만에 남가주에 유달리 거칠게 몰아쳤던 겨울 폭풍의 상처로 아수라장이었지만 높은 파도 위에는 도전하는 영혼들이 그대로 떠 있었다. 나와 영찬이는 데크 위에 서서 한참 동안이나 차디찬 파도를 타는 어느 아버지와 작은 아들을 지켜보았었다.

파도는 접근하기 무서울 정도로 거대했지만 정작 서핑을 타는 사람들의 얼굴은 환희로 가득 했다. 거기서 온 영적 깨달음은 컸고, 섬뜩한 고난이 몰려올 때마다 내게 큰 용기와 힘을 주었다.

"보통 사람들을 두렵게 만드는 거대한 파도일지라도, 서핑을 하는 사람에게는 비교할 수 없는 스릴을 가져다준다. 이 깨달음을 우리들이 맞닥뜨리는 영적 환경에 적용해보자. 우리들이 흔히 피하고 싶어 하는 고통, 고난, 박해 같은 것들은 오히려 주 안에서 비교할 수 없는 기쁨을 선사한다." (오스왈드 챔버스, <주님은 나의 최고

봉> 중에서)

대부분의 학자들은 빌립보서를 '기쁨(Joy)'의 서신이라고 한다. 빌립
보서 전체에 걸쳐 Joy라는 단어가 16번 반복해서 등장한다는 게 가장
큰 이유다. 벤신 교수는 사실 빌립보서에서 Joy보다 더 많이 등장하는
모티프(Motif)가 있다고 했다. 바로 죽음(Death)과 아픔(Pain), 고난
(Suffering)의 모티프인데 무려 21번 반복된다.

벤신 교수는 다수의 견해에 동의를 표했다. 그러나 더 많이 반복된
다고 그 책의 주제라고는 꼭 볼 수는 없지만, 사실 '죽음과 고난의 모
티프'보다 '기쁨의 모티프'를 선호하는 것은 서구 사회의 번영 선호
문화와 연관이 없지 않아 있을 것이라고 의심의 눈초리를 보냈다.

"빌립보서 1장 29절을 봅시다."

학생들은 한 목소리로 구절을 읽어 내려갔다.

"그리스도를 위하여 너희에게 은혜를 주신 것은 다만 그를 믿을
뿐 아니라 또한 그를 위하여 고난도 받게 하심이라."

예수를 이제 막 믿기 시작한 성도도 있었고, 자신의 삶은 언제나
기도가 응답되고 기쁨이 충만하다고 들떠 있는 성도도 있었다. 그들
에게 '고난 가운데서 기뻐하는 그리스도인'을 이야기하는 것은 무척
힘든 일이었다.

한 번은 어떤 분에게 '고난을 바라보는 관점'을 물었을 때 그분은

"고난을 좋아하는 사람이 누가 있겠어요. 하지만 결국 그 고난도 시간이 지나가지 않겠어요"라고 대답했다. 어느 정도 불교적인 대답이라는 생각이 들었다.

하지만 성경은 "고난=축복"을 분명히 하고 있다는 생각을 지울 수가 없다.

> "내가 너희를 향하는 하는 말이 담대한 것도 많고 너희를 위하여 자랑하는 것도 많으니 내가 우리의 모든 환난 가운데서도 위로가 가득하고 기쁨이 넘치는 도다." (고린도후서 7:4)

베드로전서 1장은 더욱 분명한 어조다.

> "너희가 이제 여러 가지 시험을 인하여 잠간 근심하게 되지 않을 수 없었으나 오히려 크게 기뻐하도다. 너희 믿음의 시련이 불로 연단하여도 없어질 금보다 더 귀하여 예수 그리스도의 나타나실 때에 칭찬과 영광과 존귀를 얻게 하려 하심이라." (베드로전서 1:6~7)

비교하자면
In spite of trial (X)
In the midst of trial (O)
이다.

훌륭한 서핑맨이라면 파도가 밀려올 때 파도를 피하지 않는다.

신령한 흥분

어제 새벽부터 아홉 살 난 영찬이가 배탈로 큰 고생을 했다. 수십 차례 구토를 했고, 열이 올랐다가 가라앉았다. 먹지 못해 기운이 다 빠져버린 영찬이는 화장실을 가기 위해 내 손을 빌려야 했다.

병든 아들은 계속 아빠를 찾았다. 배를 문질러 달라고 했고, 같이 누워 있어 달라고 했다. 나는 바늘로 손을 따주기도 했고, 발마사지도 해줬다. 비록 아픈 시간이었지만, 영찬이와 나는 오랜 시간 살을 부비고, 눈빛을 나누고, 가슴을 연결했다.

2여 년 전, 내가 아주대 병원에서 큰 병으로 한 달간 입원했을 때도 그랬다. 살려달라고 나는 애타게 주님을 불렀고, 사랑의 예수 그리스도는 더욱 친밀히 다가와 주셨다. 퇴원할 즈음 병실 밖에서는 앞이 보이지 않을 정도로 함박눈이 내렸었는데, 나의 신랑 예수님께서 내게 주신 사랑의 징표였다.

오스왈드 챔버스의 <주님은 나의 최고봉> 가운데 내가 가장 사랑하는 구절이 있다. 이 구절을 다른 사람들에게 들려주곤 했는데, 많은 경우 처음에는 동의하지 않았다. 나 역시 참 받아들이기 힘든 구절이었는데, 폭풍의 계절 가운데 그리스도를 만나고서 돌아 나온 사람들은 미소로 고개를 끄덕였다.

> "누군가 어려움과 고난으로 분투하고 있는 것을 볼 때가 있을 것입니다. 그때 곁에 선 여러분은 그 시련을 막으려고 애쓰지 마십시오. 그 대신 이 어려움이 열 배는 더 강해지도록 기도하십시오. 그리하여 결국 이 땅이나 지옥의 어떤 권세도 그를 예수 그리스도에

게서 떼어낼 수 없다는 것을 알게 될 때까지 가도록 기도하십시오. '이 사람은 이런 어려움을 당해서는 안 돼'라고 말하면서 섣불리 나서는 것은 하나님의 뜻을 훼방하는 아마추어에 지나지 않을 것입니다. 우리의 동정이 하나님의 역사를 막아서는 꼴이 되는 것입니다. 이런 시련이 누군가에게 닥칠 때 여러분이 할 일은 그가 신랑 되시는 예수님의 음성을 들을 때까지 당신 역시 모든 존재의 힘을 다하여 예수님의 음성을 갈망하는 것입니다. 이때 여러분은 수반되는 박탈이나 어려움, 아픔에 대해서는 생각조차 하지 않기를 바랍니다. 오히려 예수님의 음성이 들릴 때 우리가 얻게 될 신령한 흥분을 기대하면서 기뻐하십시오.

당신은 예수 그리스도께서 우리를 구원하시기 전에 우리의 삶을 먼저 난파시키는 것을 자주 목격하게 될 것입니다."

영광에 이르는 용기

탈봇신학교가 새로운 건물을 짓기 위한 기공식을 다음 주로 앞두고 분주하다. 40일간 펼친 모금에서 6.4백만 달러가 모여 '역사적인 기록'이라고 들떠 있다. 나는 함께 수업을 듣는 학생에게 "새 건물에서 공부할 기회가 주어진다면 영광이겠습니다."라고 했는데, 그는 "아마 그러지 못할 가능성이 커요. 아직 필요한 돈이 더 많은데다, 기부를 약속한 사람들이 그 약속을 다 지킬 리 만무하잖아요."라고 대답했다.

다른 몇 사람에게도 같은 얘기를 건넸는데, 반 이상이 똑같이 부정적인 반응을 보였다. 열두 정탐꾼의 이야기가 많이 떠올랐다.

저녁에는 선교사역에 헌신하고 온누리신문을 정성으로 섬겨주고 계시는 김 집사님의 개업예배에 참석했다. 우리 집에서 불과 1분 거리다. 영찬이가 아직 배탈이 난 상태여서 못갈 것이라고 생각했는데, 주님께서 선한 자리이니 가기를 원하셨다.

개업식에서 말씀을 전하신 박종길 목사님은 여호수아 1장 9절 말씀("이 율법책을 네 입에서 떠나지 말게 하며 주야로 그것을 묵상하여 그 가운데 기록된 대로 다 지켜 행하라 그리하면 네 길이 평탄하게 될 것이라 네가 형통하리라")을 풀어주시면서 의미 깊은 한 마디를 하셨다.

> "어쩌면 여호수아가 홍해를 건넌 것은 쉬운 것일 수 있습니다. 하지만 오히려 가나안을 들어가고 그곳에서 살아가는 것은 더욱 힘든 일입니다."

아빌라의 테레사가 한 고백이 순간 겹쳤다.

> "한순간 순교자로 목숨을 잃는 것은 어쩌면 쉬운 것일 수 있습니다. 하지만 오히려 하나님을 향한 성화의 길을 따라 나서는 것은 더욱 큰 용기가 필요한 것입니다. 왜냐하면, 주님 안에서 완전함(Perfection)은 하루 저녁에 얻어지는 것이 아니기 때문입니다." (<아무것도 그분을 향한 마음을 방해하지 못하게 하라>(Let Nothing Disturb You), 26쪽)

박 목사님의 메시지 안에는 이처럼 십자가의 삶에 대한 선포가 함께 놓여 있는 것이다.

김 집사님은 인사말에서 주 앞에서 자신의 연약함을 솔직히 고백했다.

"나는 정말 아무것도 아닌데, 하나님께서 은혜를 주셨습니다. 연초부터 하나님께서는 홍해를 건너라고 강권하셨는데, 기도를 통해 나의 홍해는 안전한 직장이었음을 알게 되었습니다. 하나님께서 하실 일이 무엇인지 모르지만 이렇게 순종합니다."

식사 중에 김 집사님과 나눈 얘기에서도 집사님은 사업의 성공보다 주님의 영광을 바라보는 것이 이 비즈니스의 목적이라는 점을 조용히 말씀하셨는데, 어린아이 같은 순수한 고백이었다. 김 집사님 내외분의 숨결을 느끼면서 로마로부터 나와 고린도와 에베소를 복음으로 든든히 세운 천막지기 브리스길라와 아굴라가 생각났다.

집에 돌아와 메일을 열어 보니 포틀랜드에서 어느 여 집사님이 마음에 피어나는 그림을 글로 써서 보내오셨다. 이번 주로 마운틴후드 설산에서의 강습을 끝내시는 박창준 집사님의 사모님이신데, 그의 글에서 비 내리는 포틀랜드 장미정원을 함께 거니는 예수님의 옷자락 소리를 느낄 수 있다.

"무섭게 쏟아지는 빗소리에 잠을 잊었습니다.
나의 영혼을 향해 두드리는 소리였습니다.
창밖을 보았습니다.

내 눈에 비친 자연의 대회장. 아니 그 어떤 무도회.
나의 영혼은 기쁨 충만함에 활짝 열렸습니다.
빗방울 아니 빗줄기들은 끊임없이 내려오는 천국의 무희들이었고,
땅의 풀들은 한 방울 한 방울의 무희들을 기다리는
그들의 짝이었습니다.
바람은 거대한 오케스트라.
나무들은 그 오케스트라에 맞추어
온몸으로 율동하며 노래하고 있었습니다.
아! 눈을 감고 천국의 음악을 듣습니다.
무희들의 움직임을 따라 나의 온몸도
어느새 그들과 같이 흔들리고 있습니다.
아! 내 오장육부에 희망의 봄바람이 계속 스며들면서
어느새 나의 영혼은 상황의 판단과 세상의 거짓 거룩함이 다 잊히고
어린아이처럼 아빠 앞에서
가장 아름다운 춤으로 재롱을 부리고 있었습니다.
아! 아버지는 나를 향해 활짝 웃으시며
나로 인하여 기쁨이 충만하시었습니다.
아버지의 감정과 나의 영혼이 느낀 감정.
그것 일치함은 바로 그분이 십자가에서 보여주신
사랑임을 알게 하셨습니다.
나를 위해 죽으신 예수 그리스도. 그분이 하셨던 그 사랑.
오늘 이른 아침, 나를 보시며 기쁨 충만하신 아버지의 행복과 보호
하심, 아끼심, 용서하심, 인자하심과 그 눈빛. 내가 끝까지 사랑하
고 믿을 수 있는 나의 아버지.

정말 생명 다해 그 기뻐하시는 미소와 눈빛이 아버지의 얼굴에 계속 있을 수 있도록 기쁨의 딸이 되겠습니다.
그리고 아버지 얼굴 앞에 영영히 거하겠습니다.
다시는 이방의 음식과 이방에 대한 꿈은 주지 않겠습니다."

영광의 주님만을 바라보는 성도들로 인하여 잠을 청하는 내게 기쁨이 충만해졌다.
잠들기 전에 요즘 MP3 파일로 듣고 있는 토마스 아 켐피스의 <그리스도를 본받아>를 다시 들으며 눈을 감는다.

"여러분들은 초라한 이 세상과 인연을 끊으십시오. 그리하면 하나님이 주시는 평화가 여러분에게 임할 것입니다…."

2010년 5월 14일
탈봇에서

자아
─자카란다 보랏빛 꽃잎

달콤한 테스트

제법 세찬 바람이 불어 곱게 빗고 나온 머리가 갈래갈래 헝클어지기 시작했다. 손가락으로 빗질을 해보는데 소용이 없다. 머리는 아직 물기가 가시지 않은 탓에 바람을 핑계 삼아 덥수룩한 수풀이 되었고, 바람을 따라 이리저리 춤을 추었다.

그 춤추는 모양새가 하도 기특하고 덩달아 신이나 나는 머리를 바람에 맡겨버렸다. 덕분에 내가 기말시험을 보는 중이라는 사실을 잠시 잊어버렸다. 며칠 후면 이스라엘로 떠나야 하기에 피킷(Pickett) 교수님께 사정을 이야기했더니 이렇게 바람 부는 나무 아래에서 한 주일찍 홀로 시험을 치르게 해 주신 것이다.

감독관도 없는 2시간이 주어졌다.

도서관에서 시험을 친다고 할 걸 그랬나. 집중이 어렵다.

내가 선택한 교정의 큰 나무 아래에는 자연의 큰 잔치가 벌어지고 있었고, 나는 바람이 운반해 온 보라색 꽃잎 하나가 녹색 시험지 커버 위로 떨어졌을 때 문득 그 사실을 알아차렸다.

빨리 시험을 치러야 한다는 힘과 대자연의 흥겨운 잔치에 내 몸을 맡기고 싶은 힘이 서로 충돌했고, 나는 몇 번이나 고개를 들어 나무 사이로 흔들리는 바람의 옷자락을 잡으려는 충동을 이기지 못했다.

아까 그 바람이 또다시 보라색 꽃잎을 운반해와 헝클어진 내 머리 위에 쏟아 부었다. 이번엔 서너 개의 꽃잎이었고, 나는 펜을 내려놓고 대신 그 꽃잎들을 손바닥에 담아 무아지경에 빠져들고 말았다.

이 꽃잎들은 자카란다(*Jacaranda*)라는 아름다운 나무에서 떨어진 것들이다. 미국에서도 유독 서든 캘리포니아(*Southern California*)에 주로 피는 자카란다는 5월의 남부 도시를 온통 보랏빛으로 물들이고 있는 중이다.

이제 갓 걷기 시작한 작은 흑인 소녀의 얼굴 위에도 떨어졌고, 알 수 없는 어떤 이유로 서로 이별의 키스를 하는 소중한 어느 연인의 눈물 위에도 떨어졌다.

아침에 나오는데 쓰레기를 줍던 어느 빈곤한 남자 하나가 부산히 놀리던 집게를 멈추고 자카란다에서 떨어지는 무성한 꽃잎들을 한참이나 올려다보고 있었다.

잔디를 깎다 흘러내리는 땀을 훔치고 있는 어느 히스패닉 청년도, 아파트 사무실 앞에 풍선을 달고 있는 24살 된 미리암도 보라색 꽃잎의 세례를 벗어나지 못했다.

이러한 대자연의 고른 잔치에 내 몸을 맡겨버리고는 나는 노래 하나를 떠올려 두 손에 담긴 꽃잎들을 다시 춤추게 했다.

누구든지 자카란다의 보라색 꽃잎이 바람에 떨어지는 것을 볼 때 이 노래를 듣는다면 천국의 아름다움을 맛볼 수 있으리라는 확신이 들었다.

영화 <샤인>에도 나오는 비발디의 <세상엔 진실한 평화 없어라>는 곡이다.

> "고난이 없이 세상에 참 평화 없도다.
> 밝고 정의롭도다.
> 당신 안에 달콤한 예수가 있도다.
> 고뇌와 고문 가운데서도
> 평온한 마음
> 오직 소망과 순결한 마음으로 살았도다."

그때 앨런이 내 옆을 지나가다 말을 걸었다.

> "차 집사님, 깊은 묵상에 잠겨 계신가 봐요."

나는 몸을 세워 거짓말을 했다.

> "시험을 치고 있는 중입니다."

앨런이 알아차렸는지도 모를 일이다. 내 손엔 아직 꽃잎이 춤추고 있었고, 나는 대자연의 잔치에서 빠져나오지 못한 상태였다. 앨런의 인사는 마치 달콤하고 몽롱한 낮잠을 깨우는 누군가의 목소리처럼 치명적인 힘으로 나를 현실로 끌고 나왔다. 그 덕에 무사히 시험을 마칠 수 있었지만.

차든지 더웁든지

마지막으로 들어간 성서해석학 수업은 강력한 인상을 안겨주었다. 요한계시록 3장 15절에서 22절까지 라오디게아 교회를 향한 메시지를 다루었다.

> "내가 네 행위를 아노니 네가 차지도 아니하고 더웁지도 아니하도다 네가 차든지 더웁든지 하기를 원하노라. 네가 이같이 미지근하여 더웁지도 아니하고 차지도 아니하니 내 입에서 너를 토하여 내치리라." (요한계시록 3:15~16)

어릴 때 다녔던 교회에서나 청년의 때에 다녔던 교회에서 목사님이 이 본문을 가지고 한 메시지는 "뜨거운 믿는 자가 되든지, 차라리 믿지 않는 자가 되는 게 낫지, 미지근한 신앙을 가지면 하나님께 심판을 받는다"는 게 요지였다. 성경의 "차든지"라는 부분을 "차라리 믿지 않는 자가 되든지"라고 해석하는 목사님의 말씀이 조금 이상하게 들렸지만, 목사님의 말은 당시 신의 권위를 가진 것이었고, 나는 미지근한 신앙을 가짐으로써 저주를 받지 않도록 열심을 내어야겠다고 다짐하곤 했었다. 번번이 실패로 돌아가긴 했지만.

그런데 이날 마지막 수업에서 벤신 교수님이 풀어준 해석은 내 마음의 상처처럼 묶여 있던 매듭을 풀어주었다.

우리 현대인들이 흔히 생각하고 있는 개념, 즉 더운 것은 좋은 것이고, 차가운 것은 나쁜 것이라는 생각을 1세기에 쓰인 계시록의 해석에 그대로 적용하면 큰 오류를 범한다는 것이다.

당시 라오디게아 지역은 물이 부족했기 때문에 북쪽으로 6마일 정도 떨어진 곳에서 상수도관을 이용해 물을 끌어다 사용했다. 결정적으로 그 물은 미지근한(*Lukewarm*) 물이었다.

이와 반대로 라오디게아 지역 가까운 곳에는 '골로새'라는 도시와 '히에라볼리'라는 두 도시가 있었는데, '골로새'는 맑고 깨끗한 차가운 물로 유명했고, '히에라볼리'는 치료에도 탁월한 뜨거운 물로 잘 알려져 있었다.

계시록에서 하나님의 창조의 근본이신 이가 라오디게아 교회를 질책한 것은 라오디게아 교회가 '골로새'나 '히에라볼리'처럼 분명한 목적을 가지지 못하고 분별없이 행했기 때문이라는 것이다.

"본문에서 '차든지 더웁든지'라는 뜻은 둘 다 '목적적인(*Purposeful*) 삶을 살라'는 뜻이 담겨 있습니다."

벤신 교수님의 말을 들으면서 '목적'이라는 것을 생각했다. 그런데 벤신 교수는 지난 학기 첫 시간부터 끝날 때까지 '성경의 주인공은 하나님이지 결코 인간이 아니다'라며 인간을 중심으로 한 해석을 경계하라고 신신당부했었다.

수업을 마치고 그 뜨거운 마음을 그대로 담은 채 교정을 한 바퀴 거닐면서 사랑하는 어거스틴(*Augustine*)의 이야기를 곱씹었다.

"하나님은 자신의 목적을 위해 우리를 만드셨으며, 우리의 영혼은 하나님 안에서 쉼을 발견하기 전까지는 결코 어느 것을 통해서도 안식을 누리지 못할 것입니다."

그 목적은 하나님을 기쁘시게 하는 것(*to please Him*)이라는 히브리서 11장 6절의 말씀이 영혼 속에서 돌이 굴러가듯 소리를 내기 시작할 즈음 나는 교내 서점 앞에 와 있었다.

이번 이스라엘 성지순례에 가서 꼭 읽고 싶은 책을 생각나게 해 달라고 하나님께 아뢰었더니 하나님께서 A. W. 토저의 <하나님을 추구함>(*The Pursuit of God*)을 생각나게 해 주셨고, 십자가의 존(*St. John of the Cross*)의 글이 유익할 것임을 터치해 주셨다.

토저는 익히 존경하던 분이었으나 한 번도 저작을 읽지 못했었는데, 나의 사랑하는 정경 집사님이 대단히 사모하는 저자인지라 이번에 토저의 책을 읽어보기로 한 것이다.

십자가의 존은 단편적인 글만으로도 내 영혼이 무궁한 저수지를 만난 듯 소생을 경험한 일이 많았기에 이번에 제대로 된 책을 사야겠다는 생각이 들었다. 특히 정경 집사님을 통해 십자가의 존이 다름 아닌 내가 아끼는 아빌라의 테레사와 각별한 사이였음을 알게 되면서 십자가의 존이 쓴 책에 더욱 관심이 쏠렸다.

서점에서 쉬이 십자가의 존의 저작을 찾지 못해 남자 점원에게 어떤 것이라도 좋으니 찾아달라고 했더니 한참 만에 수업 교재로 사용하는 두꺼운 책 한 권을 들고 나왔다. 제목이 <*The Collected Works of St. John of the Cross*>인데 번역하자면 <십자가의 존의 저작 모음> 정도가 되겠다. 800페이지 정도 되는데 유명한 <*In the Darkness*>를 비롯해 시와 주석들이 망라되어 있다. 이 책을 만나게 해 주신 하나님께 감사를 드린다.

책은 결코 '커버 투 커버'(첫 장부터 마지막 장까지 이어서 읽는 것)로 읽는 게 아니라 참고한다는 생각으로 메이지 말고 읽어야 한다는 벤신 교수님의 가르침 이후 평소 그 습관을 따르던 나의 독서 습관이 더욱 자유로워졌다.

나는 분수대 앞 의자에 앉았고, 영혼은 새가 숲속을 가로지르듯 방금 구입한 책 사이사이를 거닐었다. 책 속엔 신선한 생명을 내뿜는 새벽 산길이 나 있었고, 하늘을 가린 울창한 침엽수림을 비집고 한줄기 광선이 바람을 따라 흔들리고 있었다.

찬란하게 내리쬐는 태양빛으로 인해 분수대 위에 아름다운 무지개가 걸렸다. 책에서 고개를 들어 무지개를 보는 순간 마음에 작은 아픔이 밀려왔다. 그것은 뭐라고 할까, 중보적인 아픔 같은 것.

내어드림의 고백

메일을 통해 보내는 나의 글 <영혼의 창>을 읽고 많은 분들이 소중한 답신을 보내주셨는데, 그 중에서도 큰 아픔의 시간을 보내고 있는 분들의 이야기가 무지개 틈새로 눈물방울처럼 거품을 이루며 배어 나왔다.

특히 어느 한 분은 선교사로 헌신을 했다가 이혼을 하고 현지에서 돌아온 상태였다. 한때 뜨거웠으나 지금은 무서운 빙산의 하부를 지나고 있다고 했고, 무언가 옛 상처들이 자신의 인생을 얽어매 한 번도 자유로이 날아오르지 못했다고 고백했다.

나 역시 탈봇에서 신학을 시작하면서 내 마음속에 제일 먼저 감지된 것이 바로 그 '자아(Self)'였다. 내 영혼은 서두르기 시작하고 있었고, 강요되고 있었고, 시선은 자꾸 먼 곳을 향해 가 있기 시작했다. 나의 사랑하는 예수 그리스도가 나의 곁에서 함께 걷고 있었으나 내 영혼은 마치 그분이 내 옆에 없는 듯 무시하기 시작했고, 그의 음성을 먹고 마시는 것을 즐거워하기보다 이 길 끝에 무엇이 있을까 궁금해했다. 내가 두려워하는 마음을 그분께서 아마 들으셨을 것이다.

탈봇신학교는 이러한 영적 현상에 대한 논의를 진작부터 했는지, 영성에 대한 훈련을 균형 있게 먹여주었다. 그중에 내게 큰 도움이 되었던 기도가 있는데, 우리는 이 기도를 <A Prayer of Recollection>이라고 불렀다. 영광의 주님께 나아갈 때마다 이 기도를 올렸는데, 내 영혼 가운데 자아를 향하던 어둡고 더러운 화살들이 부러지고 하나님의 임재가 불꽃처럼 타오르는 놀라운 경험을 했다.

(처음) 나는 하나님이 아닙니다. 하나님이 만드신 유한한 피조물입니다.
"주님, 나는 한계를 가진 육신을 가지고 있음을 압니다. 제가 여기 이 자리에 있습니다. 다른 곳에 있을 수가 없습니다. 나는 다른 모든 이들의 소망을 이뤄줄 수 없습니다. 나는 내가 하나님이 아닌 사실을 인해 감사를 드립니다. 오직 당신만이 나를 둘러싼 모든 필요를 채워주실 수 있습니다. 감사를 드립니다. 주님."

(다음) 나의 깊은 곳에서 고백합니다. 나의 이름도, 역할도, 능력도

내가 아닙니다. 이것들은 나의 의가 아닙니다.

"나의 깊은 곳에서 고백합니다. 나는 딸도 아니며 아들도 아닙니다. 남편도 아니고 아내도 아닙니다. 아빠도 아니고 아내도 아닙니다. 남자친구도 아니고 여자친구도 아닙니다. 내가 하고 있는 일이 나를 밝혀주지 못합니다. 수입이 나를 말해주지 않습니다. 나의 실패가 나를 말해주지 않습니다. 성공이 나를 나타내지 않습니다. 나의 힘과 능력이 내가 아닙니다. 나의 연약함도 내가 아닙니다. 나의 일부분인 어떤 캐릭터도 내가 아닙니다. 나는 '어떤 종류'의 인간이 아닙니다. 나는 내가 붙들고 있는 나에 관한 어떠한 우상적인 이미지도 당신께 내려놓습니다."

(마지막) 나는 예수 그리스도 안에서 내 영혼의 정체성을 얻습니다. "나는 예수 그리스도의 의로 옷 입은 영혼입니다. 나는 하나님의 관점에서 볼 때에 귀한 존재입니다. 영원 전부터 하나님께서는 나를 그의 사랑하는 자라고 불러주셨습니다. 그분은 나를 영원으로 품으십니다."

이렇게 기도하며 나아가는 목적은 유일하다.

첫째도 주님을 경험하는 것, 둘째도 주님을 경험하는 것, 셋째도 주님을 경험하는 것.

주님의 임재를 경험하고 그분의 기쁨에 참여하는 것을 방해하는 것이라면 그 어떤 것이라도 나는 포기할 것이다.

토저는 책에서 자아에 대해 이렇게 말하고 있다.

"자아는 우리로부터 하나님의 얼굴을 가리는 가장 어두운 휘장입니다. 이 휘장은 단순한 지식이나 교훈이 아니라 하나님을 직접 경험함으로 인해 찢어져야 합니다. 우리 스스로의 노력으로 이 휘장이 찢어질 것이라는 기대로 애쓰는 것은 헛수고에 지나지 않을 것입니다. 하나님께서 우리를 위해 이 모든 것을 직접 하셔야 합니다. 우리가 해야 할 것은 다만 내어드리고(*yield*), 그분을 신뢰(*trust*)하는 것입니다. 우리는 '우리가 죽어야 한다'는 교리를 알고 있는 것에 만족하지 말고 하나님께서 친히 이 일을 행하시도록 갈망해야 합니다." (<하나님을 추구함>, 44~45쪽)

태양이 방향을 바꾸었는지 분수대 위에 걸려 있던 무지개가 사라졌다. '무지개를 추구하는 것은 참으로 헛되다.'는 생각이 불쑥 들었다. 태양은 저렇게 찬란히 타오르고 있으니.

사라진 무지개는 상처 입은 모든 영혼들에게 "이제 그 상처를 바라보는 데서 훌훌 털고 일어나 모든 어둡고 거짓된 것들을 단번에 불사르고 소멸시키시는 영존하시는 하나님에게 모든 초점을 맞출 것"을 웅변하고 있는 듯하다.

그것이 가장 **빠르고** 효과적인 길이라고 토저도 같은 말을 하고 있다. 하나님은 소멸하는 불이시기 때문이다.

영국의 찬송가 작가인 프레데릭 페이버(*Frederick Faber*)의 글을 토저의 책 속에서 읽다가 '아!' 하고 무릎을 쳤다. 그의 예수님을 향한 사랑의 고백이 너무나 강렬하여 그를 소멸시키고 있는 듯하다. 토저는 프레데릭의 예수님을 향한 사랑이 그의 영혼 속에서 가장 달콤하고 격정적으로 불타올라 그의 입술에서부터 흘러내린 그 고백이 가장 순수하고 정직한 금마저 녹여버리고 있다고 감탄하고 있다.

　이러한 사랑을 고백하는 자에게 영광의 주님께서 주시지 않을 회복이 어디 있겠으며, 이러한 사랑을 고백하는 자에게 신실한 주님께서 보여주시지 않을 그의 얼굴이 있을까.

　"하나님의 성소에 들어갈 때마다 그곳에는 언제나 예수 그리스도가 계신다. 예수님은 모든 것의 시작이요, 과정이며, 우리를 향한 모든 마침이 되신다. 그분을 섬기는 자에게 그분께서 주시지 않을 좋은 것, 거룩한 것, 아름다운 것, 즐거운 것이 어디 있단 말인가. 세상의 어떤 사람도 결코 가난할 수 없다. 왜냐하면 누구든지 예수님을 선택하는 순간 예수님은 그의 전부가 되어주시기 때문이다. 세상의 어느 누구도 절망 가운데 있을 필요가 없다. 왜냐하면 예수님 자신이 하늘의 기쁨이시기 때문이며, 예수님은 마음이 상한 자의 영혼 속으로 들어가는 것을 가장 기뻐하시기 때문이다.

　우리의 일생이 다 닳을 때까지 우리는 예수님에 대해 이야기 할 수 있겠지만, 결코 우리는 예수님의 그 아름다우심을 다 이야기하는 데까지는 이르지 못할 것이다. 영원이라는 것이 우리에게 주어질 지라도 우리는 주님을 다 배우지 못할 것이다. 그러나 그렇더라도 더욱 복된 사실은 우리가 주님과 영원히 함께 있을 것이라는 사실이며, 우리는 그분 외에는 어떤 것도 갈망하지 않을 것이라는 사실이다." (A. W. 토저, <하나님을 추구함>, 39쪽)

하나님이 눈에 보이지 않는 이유

벤신 교수는 수업 시간에 하나님이 눈에 보이지 않는 이유는 우리들로 하여금 찾도록 하시기 위함이라고 했었다. 그런데 이 눈에 보이지 않는 하나님을 계속 추구하고 체험하다 보면 보이지 않는 분이 보이게 된다.

이 비밀이 참 놀랍다는 생각을 했는데, 가령 오전에 자카란다 나무의 떨어지는 보랏빛 꽃잎을 손바닥에 주워 들고 그 꽃잎을 벌여보았는데 다섯 장으로 이루어져 있는 그 아름다운 꽃잎을 만지작거리며 나는 예수 그리스도로 인하여 찢어진 휘장을 느낄 수 있었다. 믿음을 가지고 더욱 들어가니 그 꽃잎은 예수 그리스도의 순결한 피부였고, 우리 죄악 때문에 연약하게 찢긴 살결이었다. 그 순간 예수 그리스도가 체험되고, 고백이 이뤄지고, 눈물이 쏟아졌다.

이런 경험을 자주 하면서 깨달은 것은 인간의 오감 이면에는 영적인 것을 보고, 느끼고, 맛보고, 듣고, 향기 맡을 수 있는 또 다른 감각 요소가 겹쳐 있다는 사실이다.

왜냐하면, 성경에도 영적인 오감을 분명히 보여주고 있다.

"너희는 여호와의 선하심을 **맛보아** 알지어다" (시편 34:8)

"왕의 모든 옷은 몰약과 침향과 육계의 **향기**가 있으니" (시편 45:8)

"내 양은 내 음성을 **들으며** 나는 저희를 알며 저희는 나를 따르느니라" (요한복음 10:27)

"마음이 청결한 자는 복이 있나니 저희가 하나님을 **볼** 것임이요" (마태복음 5:8)

토저 역시 이러한 영적 오감을 나타내는 구절이 성경에 수도 없이 많으며, 덧붙여 이러한 영적인 오감을 진정으로 발휘하기 위해 꼭 필요한 것이 바로 '믿음'(Faith)라고 강조했다.

영적인 오감을 똑같이 동원했음에도 그 결과가 판이하게 달랐던 경우를 나는 톨스토이와 발자크를 통해 분명하게 경험한 적이 있다.

톨스토이는 태양이 지는 것을 보면서 하나님의 오래 참으심을 읽어낸 예술가였음에 반해, 프랑스의 그 유명한 발자크는 세상 모든 요소들을 통해 어두움의 감각을 극명하게 드러낸 작가라고 난 생각한다. 내가 발자크를 만난 것은 대학시험에 떨어지고 재수를 할 때였는데, 그의 작품들은 그의 사생활만큼이나 역겨움을 초래할 정도였지만 빛을 잃어버린 자에게는 나름대로 욕망을 자극시키며 어두운 기여를 했었다. 낙망의 시기를 지나가는 사람에게는 발자크의 작품을 읽지 않도록 권하고 싶다. 그의 작품을 읽는 순간부터 발자크의 환영은 괴테의 <파우스트>에 나오는 마귀 멤피스토펠레스처럼 독자에게 '영혼을 팔아넘기라'고 지속적으로 강도질해 온다.

보이지 않는 것에 대한 믿음

'믿음'이 없으면 하나님을 경험(Experiencing the God)할 수 있도록 우리들에게 주어진 이 귀한 영적인 오감을 사용할 수 없거나 발자크처럼 그릇되게 사용하는 지경이 되어버린다.

히브리서 11장 6절이 이 모든 비밀을 한꺼번에 담아내고 있다.

"믿음을 떠나서는 하나님을 기쁘시게 해드릴 수 없습니다. 왜 그
렇습니까. 하나님께 나아가려는 사람은 하나님이 계시다는 것과,
하나님께서 자기를 찾는 이들에게 기꺼이 응답하신다는 것을 믿
어야 하기 때문이다." (유진 피터슨 역)

하나님이 보이지 않기 때문에 '믿음'이라는 게 필요하고, '믿음'이
있어야 하나님을 볼 수 있다. 히브리서 11장에 나오는 수많은 믿음의
조상들의 예들은 한마디로 축약하면 '보이지 않는 하나님을 보는 것
같이 행했다'는 것이다.

"믿음으로 노아는, 메마른 땅 한복판에 배를 지었습니다. 그는 하
나님께서 보이지 않는 일에 대해 경고하셨을 때, 지시받은 대로 행
동했습니다." (7절)
"아브라함은 눈에 보이지 않지만, 실재하는 영원한 기초 위에 세
워진 도성, 곧 하나님이 설계하시고 세우신 도성에 눈을 고정했던
것입니다." (10절)
"그들은 그보다 더 나은 나라, 곧 하늘나라를 갈망했습니다." (16절)

토저 역시 기독교의 핵심 중 하나를 '보이지 않는 것에 대한 믿음'
에 두고 있다.

"크리스천들의 삶의 뿌리에는 보이지 않는 것에 대한 믿음이 근거
하고 있다. 크리스천들의 믿음의 대상은 보이지 않지만 실재하는
것이다." (54쪽)

11절 말씀처럼 이 믿음을 가지고 영적 오감을 발휘해서 살아계신 하나님을 추구하고 체험하게 되면 하나님을 기쁘시게 할 수 있으며, 하나님은 기꺼이 응답해 주신다.

개역판에는 '자기를 찾는 자들에게 상주시는 이심을 믿어야 할지니라'라고 되어 있는데, 그릇 받아들이는 성도들이 있을 것 같아 굳이 유진 피터슨 역으로 표기했다. 하나님을 체험하는 것은 상을 받은 것이 아니라 십자가에 참여하는 축복을 받는 것이기 때문이다. 히브리서 11장 32절부터 38절을 보면 그 의미가 더욱 명확해질 것이다.

이스라엘 간다고 정경 집사님이 집으로 초대해 고기를 구워주셨다. 하나님을 아는 지식이 큰 분인데, 연약한 자를 잘 먹이기도 하신다. 미국에 처음 와서 모든 게 낯설 때 정경 집사님과 그의 아내 스테파니가 수시로 불러 우리 가정을 먹인 것을 결코 잊지 못할 것이다.

이날 식사를 하면서 '예언의 은사'에 대해 이야기 했고, 성상(ICON)이 영적 경건에 주는 유익에 대해, 기독교의 잃어버린 신비적 요소에 대해, 토저와 십자가의 존에 대해서도 이야기를 나눴고, 영화에 대한 이야기도 나눴다.

이스라엘은 23일 출발해 마치고 6월 2일 프랑스 파리로 가며, 일주일 정도 파리에서 머물면서 테제 공동체 등 영적 유산들을 둘러보고 소중한 동역자를 만날 예정이다.

5년 전 시내산 꼭대기에 앉아 밝아오는 태양을 소리 죽여 기다리던 때처럼, 히스기야 터널을 경이와 비밀을 안고 건너가던 때처럼, 감람산 나무 아래에서 고통과 감사로 예수님의 기도를 되뇌던 때처럼, 영찬이와 아내에게도 동일한 은혜가 임하기를 기대한다.

이스라엘도 5월이면 자카란다 나무가 만발하다고 하는데, 보랏빛

꽃잎으로 물들어 있을 예루살렘이 참된 휘장의 찢김을 경험하기를
또한 바란다.

2010년 5월 23일
탈봇에서

음성
―유대에서 세느강까지

가짜 에덴동산, 〈단〉

이스라엘 북부에 위치한 단(*Dan*)은 두려움으로 포위되어 있었다.

자연을 말하는 것이 아니다. 오히려 단에 들어서면서 나의 다섯 가지 오감으로 받아들인 죄 없는 생명체들은 끝없는 풍성함의 신비를 뿌리 내리고 있었다. 습기를 잔뜩 머금은 아침 햇살은 짙은 녹색 나뭇잎들을 투명하게 비추면서 평화의 세례를 선사하고 있었고, 사람들의 발걸음을 부여잡고 쉬이 떠나지 않는 물소리는 건기가 기세를 떨치는 한여름인데도 불구하고 거친 굉음으로 쏟아져 내렸다.

낮은 나뭇가지를 허리를 숙여 지날 때였는데 무리지어 들려오던 높은 새소리들이 엄청난 수량에 파묻혀 끊어지기도 했다.

지나가던 한 여성이 게르만 억양이 섞인 목소리로 단의 자연을 평하는 소리를 들었다.

"마치 에덴동산 같아요."

여러 학설들이 있지만, 단의 정원을 걸어본 사람이라면 이곳이 진정한 에덴이 아닐까라고 단정에 가까운 결론을 내릴 수도 있으리라.

앞사람과 문득 떨어져버려 홀로 단의 어느 구간을 걷고 있는데, 하늘을 가린 수풀 사이로 자연이 바람결에 쓰러지는 소리가 들려, 나 역시 순간적으로 에덴을 거니시는 거룩하신 하나님의 순결한 옷자락일 거란 착각을 했다.

그러나 이러한 자랑할 만한 풍요가 단의 진정한 얼굴을 대변하는 것은 아니다. 단 지파가 분배 받은 성스러운 본토인 아얄론 쉐펠라를 버리고, 블레셋 창끝에 쫓겨 북으로 북으로 피난 와 흩뿌린 두려움의 씨앗들이 평화의 겉껍질 속에 그 본심을 숨기고 있었다.

하늘을 가린 숲이 돌연 끝나는 지점에서 어두운 기운이 내 영혼을 사로잡았다.

아니나 다를까 정말 그렇게 왼쪽으로 여로보암의 산당이 무너져 자리하고 있었다. 나는 거짓 지성소를 향하는 10개의 돌계단을 밟고 올랐다. 올라서니 스랍이 있어야 할 곳에 두려움이 빚어낸 금송아지가 놓여 있는 것이 환영처럼 아른거렸다.

결코 바꾸지 말아야 하고, 어느 것으로도 대체할 수 없는 생명의 근원이 더럽고 음란한 썩어질 것으로 자리바꿈한 현장에 서 있는 것은 내게 고통이었다.

여로보암의 길 끝에는 단호하고 자명한 심판이 뒤따랐다. 하나님은 피조물의 삶의 정 중앙에 존재하는 것을 원하시기 때문이다. 단(Dan)의 그 풍성한 물과 나무, 새들이 무슨 소용이란 말인가. 에덴이

제아무리 아름다울지라도 하나님과의 친밀한 관계가 깨어진 에덴은 바람에 날리는 먼지같이 아무런 의미가 없는 것이다.

단의 산당에 서서 내 인생을 다시 한 번 하나님께 드렸다. 주님을 삶의 중심에 모시기 위해서라면 내게 주어진 에덴의 모든 풍성함을 다 빼앗겨도 좋겠다고 기도를 드렸다. 모든 소유를 다 팔아 보물이 묻힌 밭을 산 사람처럼 내 인생이 오직 하나님 안에서만 정의 내려지고, 발견되어지기를 바라는 빌립보서의 기도를 드렸다.

> "그러나 무엇이든지 내게 유익하던 것을 내가 그리스도를 위하여 다 해로 여길뿐더러 또한 모든 것을 해로 여김은 내 주 그리스도 예수를 아는 지식이 가장 고상하기 때문이라 내가 그를 위하여 모든 것을 잃어버리고 배설물로 여김은 그리스도를 얻고 그 안에서 발견되려 함이니" (빌립보서 3:7~9)

나는 얼마나 내 삶의 중심으로부터 하나님을 수없이 밀쳐냈었던가. 내 소망이 나 자신에게서 해방되어 예수 그리스도 안에서만 발견되기를 사모하기 시작한 이후부터 나는 깨어 있는 동안 몇 분이라도 "하나님, 당신을 기쁘시게 하기를 원합니다. 당신의 뜻이 무엇입니까"라고 묻기를 그치기라도 하면 전에는 경험하지 못했던 어색한 아픔이 밀려왔다.

올림픽 100미터 경주에 출전한 선수처럼 그 100미터를 온전히 뛰지 못했을 때 느끼는 아픔 같은 것. 물론 십자가는 선한 목자이고, 언제나 부끄러움을 개의치 않으시고 나를 향해 오히려 뛰어오시는 분이 예수 그리스도이시지만, 그 깊은 사랑이 감격스러워 나 역시 온전한 사랑을 바치고 싶다.

여로보암이 두려움으로 거짓 산당을 세웠던 것은 그가 하나님의 음성 듣기에 실패한 까닭일 것이다. 토저는 인간 타락의 가장 큰 원인을 하나님과의 어긋난 관계에서 찾고 있다.

> "우리 인간들이 겪고 있는 모든 재앙의 원인은 자신의 도덕적인 힘을 신뢰함으로 하나님을 밀쳐내고, 하나님과 인간의 관계가 파괴되었기 때문이다."

타락한 천사 루시퍼가 저지른 죄가 이와 같았다. 루시퍼는 이렇게 말했다.

> "나는 하나님의 왕관 위에 나의 왕관을 씌울 것이다."

이처럼 하나님과의 관계가 끊어져 하나님의 음성을 듣지 못하면 두려움이 나를 죄악과 타락으로 인도한다.

그러나 하나님의 음성을 듣고자 할 때 두려워할 필요는 없다. 하나님의 음성은 만물의 어떤 것보다 친절하고 부드러우며, 하나님의 참된 의도는 십자가를 통해 우리와 영원히 화평 하는 것이다.

> "그의 십자가의 피로 화평을 이루사 만물 곧 땅에 있는 것들이나 하늘에 있는 것들이 그로 말미암아 자기와 화목하게 되기를 기뻐하심이라" (골로새서 1:20)

나와 깊은 관계를 맺기를 원하시는 분이 하나님이시건만 그 관계에 벽을 만드는 것이 바로 이 단어다.

"Resist"("저항")

하나님께 저항하지 않으면 그분의 음성을 들을 수 있다. 이스라엘이 지금처럼 십자가를 핍박하고 구원에서 멀어진 이유도 하나님에 대해 저항했기 때문이다.

> "예루살렘아 예루살렘아 선지자들을 죽이고 네게 파송된 자들을 돌로 치는 자여 암탉이 그 새끼를 날개 아래에 모음 같이 내가 네 자녀를 모으려 한 일이 몇 번이더냐 그러나 너희가 원하지 아니하였도다 보라 너희 집이 황폐하여 버려진 바 되리라" (마 23:37~38)

이 말씀처럼 하나님께서는 암탉이 그 새끼를 날개 아래에 모음 같이 끝없이 이스라엘을 모으려 했지만, 이스라엘은 원하지 않았다. 오히려 저항했고 무딘 양심으로 내리쳤다.

그 저항을 소멸시키는 방법인 하나님의 음성을 듣는 것은 결코 분주함에서 얻어질 수 없다. 그러나 토저는 우리 시대의 분주한 성향을 꼬집는다.

> "하나님의 뜻을 알기 위해 잠잠히 듣는 것은 오늘날 종교에서 환영 받는 부분이 아니다. 오늘날 종교는 괴물 같은 이단적 요소를 받아들이고 있는데, 즉 소음(*noise*), 규모(*size*), 활동(*activity*), 그리고

떠들썩함(*bluster*)이 우리를 하나님께 더 가까이 이끌 것이라고 믿는 잘못된 태도다."

보좌로 나아갈 때 수동성의 중요성

얼마 전 카이로 국제공항에서 비행기를 기다리면서 전수영 집사님이 나의 아내를 대하는 방식에 대해 물었다. 나는 그 질문에 가정의 범주를 넘어 내 인생의 전반에 내가 적용하고 있는 신앙의 실천적인 원칙으로 넓혀 나누었다.

> "저는 한때 적극적인 사람이 되어야 한다는 세상의 주도적인 가르침을 잘 따르려 했지만, 주님께서 수많은 고난과 어둠의 시간을 주신 뒤에 깨닫게 하신 것은 내 인생이 성령님 앞에 가장 수동적이어야 한다는 사실이었습니다. 제가 성령님 앞에 최대한 수동적인 사람이 되려고 하는 이유는 이미 내가 십자가에서 죽었다는 사실 외에도 성령님께서 최대한 내 인생 가운데 일하실 수 있도록 자리를 내어드리기 위해서입니다."

카이로 공항에서 잠을 자던 한 남자가 가방을 도적질 당하는 사건과 기다리던 파리행 비행기의 도착 시간이 임박한 까닭으로 전수영 집사님과의 대화는 더 이상 이어지지 못했다. 전 집사님의 마지막 말은 "나는 참으로 순종을 잘 하지 못하는 사람입니다"라는 것이었는데, 그 말의 색채 속에 그 역시 순종의 해답을 알고 있다는 느낌이 들었다. 이스라엘 순례 내내 전수영 집사님은 존 비비어의 <열정>을 손에서 놓지 않았었다.

"너희는 가만히 있어 내가 하나님 됨을 알지어다" (시편 46:10)

이번 이스라엘 성지순례에서도 나는 절대 잠잠함을 놓치지 않으려고 성령님께 의지했다. 순간순간마다 "오, 주님. 당신을 기쁘시게 하는 자가 되기를 원합니다. 말씀하시옵소서. 내가 듣겠나이다."라는 고백을 지속적으로 드렸다.

성령님께 온전히 맡기는 완전한 수동성에 나아가기를 힘썼다.

내 삶과 삶의 환경을 나의 힘과 지혜로 변화시킬 수 없으며, 모든 우주가 주의 섭리 안에 있으므로 온전히 주님의 의지 앞에 수동적으로 무릎을 꿇는 것이 인간의 가장 지혜로운 실존적 모습이 아닐까.

십자가의 존 역시 영적 성숙에 있어서 '수동성'이 얼마나 중요한지를 일깨워 주었다.

"하나님과 일체적으로 연합하기 위해서는 능동적인 정결함(*Purification*) 만으로는 충분하지 않다. 하나님은 인간의 영혼을 수동적으로 정결케 만드시고, 신앙적인 삶을 완전함에 이르게 하신다."

이 수동성이 완성될 때에 피조물은 캄캄한 밤과 같은 고통의 시간을 지나가면서도 그 속에서 하나님을 만나는 말할 수 없는 기쁨을 만끽하게 되는 것이다.

공포와 감사로 오른 아라비아 시내산

가장 가치 있는 유일한 능동성이 있다면 가장 힘써 성령님께 나의 영혼을 의탁하는 것이다.

이번에 높고 험한 시내산을 낙타를 타고 오른 어느 어르신이 "나이가 들어 팔다리가 연약해진 나로서는 낙타를 타는 것 외에는 시내산을 오를 방법이 없었다."고 언급한 것처럼, 성령님 앞에 나의 무력함을 고백하면서 낙타에 몸을 맡기듯 성령의 날개 위에 내 영혼을 맡기는 것이 영적 성숙의 가장 아름다운 모습이다.

성지순례를 떠난 성도들이 낙타를 타기 위해 시내산 입구에 도착한 시간은 새벽 2시 30분이 넘어서였다. 평일이라 우리들이 타고 오를 낙타가 충분할 것이라고 생각했지만, 낙타 정거장엔 한 마리의 낙타도 보이지 않았다. 다른 방법이 없었다. 70세에 가까우신 권사님들을 포함해 30여 명의 성도들은 시내산에 오르는 중간 길에 빈 낙타를 만나기를 바라며 우선 걸어 오르기로 했다.

어둠 속에서 한두 마리씩 빈 낙타가 보일 때마다 나이 많으신 어르신부터 차례로 낙타에 몸을 싣고 정상을 향했다.

1시간쯤 걸어 올랐을까. S자로 굽이치는 거뭇한 시내산길에는 나와 아내, 영찬이만 덩그러니 남아 있었다. 사람들이 비추는 손전등 불빛이 어둠을 어렵게 뚫고 아주 멀리서 반짝거렸고, 주어를 상실한 사람들의 언어들이 먹먹한 물길 너머에서 진동을 타고 전달되듯 뿌연 존재감을 실어오고 있었다.

"아빠, 우리는 언제 낙타를 타?"

"조금만 더 걸어 올라가 보자. 곧 낙타가 어둠 속에서 불쑥 나올 거야."

힘겨움에 영찬이가 발끝으로 걷어찬 작은 돌멩이가 적막한 어둠을 가르면서 도르르 소리를 내며 굴러가더니 이미 천 길 낭떠러지가 된 깊이 속으로 떨어지며 이쪽저쪽 바위에 부딪히는 희미한 소리로 열어져 갔다.

나는 수십 걸음을 걷고서 어느 바위에 걸터앉았고, 또 수십 걸음을 걸어 오르고서 어느 바위에 걸터앉았다. 이렇게라도 시내산을 올라가는 것이 기적 같은 하나님의 은혜라고 생각했다. 아직 몸이 완전히 회복이 되지 않아 축구경기를 5분만 뛰어도 풀밭에 털썩 주저앉아 식은땀을 훔쳐내던 게 두세 달 전의 일이 아닌가. 그런데 아내와 영찬이를 동무 삼아 시내산을 벌써 꽤 오른 것이다.

우리는 시내산 중턱에 어둠 속 바위 위에 함께 앉아 조용히 하늘을 올려다보았다. 맑고 차가운 별이 비처럼 쏟아져 내렸다. 한 사람씩 토막 난 찬양을 선창하고 나머지는 따라 부르며 달빛 속에 희미하게 겨우 윤곽을 드러낸 길을 다시 올랐다.

하나님께서 내 영혼 속에 고요한 음성으로 말씀하셨다.

"어둠 속에서 네가 쉬는 그 바위들처럼, 나 여호와는 네 인생의 쉴 만한 참 좋은 처소란다. 나는 시내산 정상에만 존재하는 제한된 존재가 아니라 네가 어느 곳에 있든지 네 곁에서 너를 사랑하는 너의 신랑이란다."

저기 멀리서 베두인이 두 마리의 낙타를 끌고 내려오는 모습이 보였다.

"아빠, 낙타다."

그렇게 기다린 낙타였지만, 혼자서 낙타 위에 오른 영찬이는 무서움에 그만 울음을 터뜨리고 말았다. 한 사람만이 탈 수 있도록 안장이 만들어진 낙타 등줄기이지만 베두인에게 통사정을 해서 내가 영찬이를 앉고 낙타를 타기로 했다. 영찬이는 내 목을 꼭 끌어안았고, 울지 않았다.

아내가 홀로 낙타를 타고 앞장을 섰고, 나와 영찬이가 함께 탄 낙타가 뒤를 따랐다. 딱딱한 낙타굽이 돌길에 경쾌하게 부딪히는 소리를 내며 라르고의 화음을 만들어냈다.

"아빠, 세상이 정말 멋져"

별은 달빛을 벗 삼아 쏟아지고, 어둠은 짙고, 낙타 굽 소리만 정적을 흔들었다. 가끔 베두인이 지체하는 낙타를 재촉하느라 특유의 외침을 내뱉었다.

선하고 아름다운 침묵이 우리를 감쌌다.

침묵 속에서 듣게 되는 하나님의 음성을 토저(A. W. Tozer)는 네 단계로 풀었다.

"하나님을 기다리면서 잠잠히 있는 것은 정말 중요하다. 되도록이면 하나님의 말씀을 되새기며 잠잠히 하나님을 갈망하는 것이 가장 좋을 것이다. 이럴 때 우리가 만일 하나님께 가까이 나아가고자 하는 의지를 지속한다면 우리는 정말 그렇게 될 것이며 우리의 영혼 속에 말씀하시는 하나님의 음성을 듣게 될 것이다.

그 음성을 듣는 것은 이와 같은 순서를 보편적으로 띤다.

첫째, 동산을 거니시는 것 같은 임재의 소리를 듣게 된다.

둘째, 좀 더 잘 파악할 수 있는 음성을 듣게 된다. 그러나 여전히 명확하지는 않은 단계이다.

셋째, 이제는 성령님께서 말씀을 밝히시는 행복한 순간이 다가온다. 이 음성은 아주 분명한 말씀이며, 사랑하는 친구의 그것처럼 친밀하고 명확한 음성으로 나타난다.

넷째, 종국적으로 생명과 빛이 찾아오게 되며, 무엇보다도 예수 그리스도를 구세주로 믿으며, 그 안에서 참된 안식을 누리게 된다."

시내산을 오르면서 나와 아내, 영찬이가 침묵 속에서 경험한 하나님의 임재와 음성은 정말 똑같이 이 같은 살아계신 하나님의 음성이었다.

"아빠, 시내산에서 보는 세상이 정말 멋져. 태양이 아주 조금씩 올라오면서 세상의 모습이 계속 바뀌어. 와~ 정말 대단하다."

아직 어둠이 짙었지만, 저 멀리 세상 끝 지경으로부터 붉은 기운이 물감 스며들 듯이 하늘과 땅을 갈라놓고 있었다. 영찬이는 아직도 내

목을 꼭 끌어안고 있었다.

> "영찬아, 하나님이 만드신 세상을 바라보면서 조용히 하나님을 찬
> 양하자. 하나님께서는 지금 이 순간 영찬이에게 끝없는 사랑으로
> 말씀하고 계셔."

나는 영찬이의 귀에 대고 침묵이 방해받지 않을 정도의 낮은 목소
리로 시편 8편을 노래 불렀다.

> "여호와 우리 주여, 주의 이름이 온 땅에 어찌 그리 아름다운지요.
> 어찌 그리 아름다운지요. 주의 손가락으로 지으신 주의 하늘과 주
> 가 베풀어 두신 달과 별 내가 보오니. 사람이 무엇이관데 주께서
> 저를 생각하시며, 인자가 무엇이관데 저를 권고하시나이까. 여호
> 와 우리 주여, 주의 이름이 어찌 그리 아름다운지요."

영찬이는 말이 없었지만, 더욱 세차게 내 목을 끌어당겼고, 내 가
슴과 그의 가슴이 서로 맞닿았다. 여호와의 말씀이 생명력으로 그의
영혼 속에 살아 꿈틀거렸다. 성경이 종이 위에 적힌 기록이 아니라
오늘도 만물을 통해 말씀하시고 역사하시는 살아계신 하나님의 위대
한 말씀임을 영찬이가 깨닫는 순간이었다.

> "하나님께서 그가 창조하신 우주 속에 분명하게 드러나 일하고 계
> 심을 우리가 확신하기 전까지는 성경은 결코 우리에게 살아 있는
> 책이 아니다." (A. W. 토저, <하나님을 추구함>, 76쪽)

이러한 침묵은 하나님과 나 사이의 온전한 관계를 회복하는 길을 터준다는 의미에서 광야에 닿아있다.

광야의 교훈, 예수님만 따르라

이번 성지순례에 참여한 40여 명이 그 모든 일정을 마무리하면서 한 고백은 이스라엘의 회복을 위한 기원이요, 여호와의 영광을 높이는 찬양이었으며, 결국은 "이 여행이 내게 어떤 의미를 가져다주는 것인가"에 모아졌다.

베데스다의 연못, 예수님이 십자가를 지고 걸으셨던 비아돌로로사, 각종 기념교회들, 기브온과 실로, 베들레헴, 욥바, 가이사랴, 갈멜산, 므깃도, 나사렛, 가나, 하솔, 고라신, 벳세다, 가버나움, 벳산, 여리고, 엔게디, 쿰란 등을 걷고 눈으로 보았지만, 마지막으로 이들이 다다른 곳은 비 한 방울 내리지 않는 광야의 '브엘세바'였다.

히브리서 11장에서 하나님께서는 우리의 믿음이 없이는 결코 기뻐하시지 않는다는 것을 명확히 하셨는데, 그 찬란한 선진들의 굳건한 믿음은 단(Dan)과 같은 풍요 속에서 길러지는 법이 아니다. 그런 측면에서 브엘세바는 믿음이 시작되는 거룩한 처소임이 분명하다.

브엘세바 우물을 앞에 두고 박종길 목사님과 성도 38명은 조용히 앉아 사막의 생명줄 같은 우물을 이방인에게 주저 없이 양보한 선진들의 거대한 믿음을 떠올리면서 내 힘으로 어찌할 수 없는 광야의 절망을 주님께 드리고 온전히 예수 그리스도만을 따르리라 영혼을 다해 고백했다.

광야에 그늘을 만들고, 절망을 소망으로 인도하는 무성한 은혜의 에셀나무 한 그루가 성도들에게 시원한 구름기둥이 되어주고 있었다.

갈릴리 바다 선상에서 눈물로 드린 성찬식, 480여 미터의 좁고 어두운 히스기야 터널을 숨죽이며 걸었던 행렬, 엘리야에게 임한 하나님의 불을 회상하며 갈멜산 꼭대기에서 맞던 세찬 바람, 밝아오는 태양을 배경으로 시내산 꼭대기에서 찍은 단체사진 등 크고 작은 사건들이 사랑의 끈끈한 줄이 되어 서로 다른 모양의 성도들을 그리스도 안에서 하나 되게 했다.

그 아름답고 거룩한 성지의 기억이 아직도 생생한 지금, 나는 프랑스 파리의 어느 외곽 한 방에 거하며 이 글을 쓰고 있다.

파리에 취하다

파리에서의 나흘째인 어제 아코디언에 음을 맞춘 샹송으로 가득 찬 몽마르트르 언덕을 걸어 내려오면서 헤밍웨이가 7년간 파리에 머물면서 파리에 대해 이야기한 어느 구절이 참으로 들어맞는다는 생각을 했다.

"태양이 복잡한 거리를 비추거나 황혼이 황금먼지처럼 따뜻한 대지로 밀려들 때
그리고 밤이 찾아와 수백만 개의 불빛이 세상을 대낮처럼 밝힐 때면
나는 어김없이 카페테라스에서 커피를 앞에 놓고 멍하니 앉아 있곤 한다.

시간을 잊은 채 생각에 잠겼다가 커피를 한 모금 마시고 내 앞에
펼쳐진 세계를 바라본다.
파리는 문을 열고 모든 사람들을 받아들이면서
날마다 끊임없이 큰길을 지나다니는 각양각색의 사람들을 사열하
는 것만 같다.
커피 한 잔 값으로 당신은 그 모든 것을 볼 수 있으며
자신을 위해 천 가지 이야기도 풀어낼 수 있을 것이다."
(어니스트 헤밍웨이, <파리는 축제다>)

몽마르트르 르픽 거리(Rue Lepic)를 내려오면서 내가 사랑하는 빈센
트 반 고흐가 동생 테오와 함께 살았던 집 앞을 서성거렸는데, 감사
하게도 아리따운 두 명의 파리지엔느가 굳게 닫힌 문을 열어주어 고
흐의 집 안쪽 마당까지 들어가게 되었다. 아가씨는 손가락을 높이 들
어 3층 닫힌 문이 고흐가 살았던 집이라고 말해 주었는데, 방 안까지
는 들어가지 못했다.
　세느 강변에 펼쳐진 파리의 아름다움은 나의 상상을 넘어섰다. 저
녁 10시가 넘어도 해가지지 않는 6월의 파리는 거리 어느 곳을 가더
라도 활력이 넘치고, 정화된 다양성이 내 안의 예술혼에 불을 지핀다.
　특히 루브르 박물관에서 만난 들라클루아의 <민중을 이끄는 자유
의 여신>은 나로 하여금 영국의 여류작가 도로시 세이어스가 <창조
자의 마음>에서 묘사한 삼위일체적인 창작에 대한 강렬한 영감을 불
러 일으켰으며, 파올로 칼리아리의 <가나의 혼인잔치>는 10미터에
가까운 거대한 그림의 크기에 놀람과 동시에 예술적인 창작의 자유
가 그리스도의 복음의 위력을 어느 정도까지 약화시킬 수 있는지에

대한 조심성을 갖게 해 주었다.

특히 앙게랑 카르통의 <아비뇽의 피에타> 앞에서는 꽤 오랜 시간 발길이 멈추었는데, 십자가에서 죽음을 당하신 예수 그리스도를 가운데 두고 고통과 비애에 가득 찬 마리아와 요한 등의 모습이 환상적인 구도를 보여주며 나를 십자가의 고통 속으로 밀어 넣었다. 그림의 위 부분에는 통곡하는 피에타의 마리아에 답하는 예레미야 애가 1장 12절의 구절이 그 고통을 심화시킨다.

"무릇 지나가는 자여. 너희에게는 관계가 없는가. 내게 임한 근심 같은 근심이 있는가. 볼지어다, 여호와께서 진노하신 날에 나를 괴롭게 하신 것이로다."

어제는 파리에서 20킬로미터 남쪽으로 떨어진 베르사이유 궁전으로 알이알(RER)선을 타고 다녀왔다. 469년 톨비악(Tobiac) 전투부터 1809년 바그람(Wagram) 전투에 이르기까지 82개에 달하는 전쟁의 역사가 표현되어 있는 전쟁전시실에서 역설적으로 총칼보다 위대한 십자가의 사랑의 능력을 절감했고, 루이 16세와 마리 앙투아네트의 초상화를 보면서 더욱 그러한 생각이 깊이 들었다.

왕실 예배당에 앉아 기도를 하는데 2층 황금빛 칸막이 뒤에서 한 남자가 성스러운 찬양곡을 파이프 오르간으로 연주했다. 연주를 들으면서 나는 고개를 들어 천장 벽화를 올려다보았는데, 삼위일체와 성경을 주제로 한 그림들이 음악을 따라 벽화에서 튀어나와 날개 짓하고 춤을 추는 것 같았다.

그곳에 앉아 내 영혼에 스며든 한 생각이 있어 작은 수첩에 옮겨 적었다.

　"내 마음의 평화를 깨뜨리는 것은 외부의 적이 아니라 바로 나 자신이다."

　오늘은 아침 일찍 프랑스 남부에 위치한 기독교 공동체 테제를 방문할 예정이다.

2010년 6월 7일
파리에서

불꽃
—테제의 평화

히스기야 어두운 터널을 걸으며

예루살렘의 베드로통곡교회를 빠져나온 일행들은 서둘러 히스기
야 터널 쪽으로 걸음을 옮겼다. 나는 그 끝자락에 붙어 느린 걸음으
로 계단을 내려가고 있었다.

화장실을 다녀오겠다는 아내를 매표소 앞에서 잠시 기다리다가 알
아서 오겠거니 하고 안일한 마음으로 일행을 따라붙었는데, 계단을
천천히 내려가면서 뒤를 연거푸 올려다보아도 아내의 모습이 보이지
않는다.

내려오는 길은 중간에 갈림길이 몇 군데 있었다. 히스기야 터널의
출구가 입구를 향하는 길과 만나기도 했는데, 단체 관광을 나온 유대
인 초등학생 20여 명이 막 터널을 빠져나왔는지 허리춤까지 물에 젖
은 윗도리들을 기울고 있는 햇빛에 털어내면서 재잘거리는 웃음으로

계단을 올라오고 있었다.

아이들이 지나갈 수 있도록 살짝 비켜서면서 다시 뒤를 돌아다보았는데 여전히 아내 모습은 보이지 않는다. 혹시 아내가 갈림길까지 내려와 서성대다가 다시 매표소로 올라간 게 아닐까라는 생각이 들었다.

히스기야 터널 입구까지 내려와 한참을 기다렸는데도 나타날 기미가 없어 매표소까지 다시 올라가 보기로 했다. 영찬이는 입구에서 기다리겠다고 했다.

급히 그 높은 계단을 뛰어올라가면서 몇 번을 넘어질 뻔했다. 숨이 턱밑까지 차오르며 매표소에 도착하여 보니 아내가 무척 상기된 얼굴로 매표 관계자에게 일행의 행방을 수소문하고 있었다.

걱정스러운 마음으로 계단을 올라갈 때만 해도 아내에게 싫은 소리를 안 하리라 마음먹었는데, 아내를 보자마자 나의 표정이 굳어졌다. 왜 볼일을 빨리 끝내고 속히 따라붙지 않았냐는 질책이 담긴 표정. 내가 앞서고 아내가 뒤따르며 터널 입구를 향해 다시 계단을 걸어내려 갔다.

'이렇게 사소한 일에 내 마음이 굳어지다니….'

의지와 달리 아내를 감정적으로 나무라고 있는 내 마음이 검고 어두운 새처럼 조악하게 느껴졌다. 아침에 겟세마네 동산을 넘어 예루살렘 성으로 입성할 때의 어떤 격앙된 감동보다도, 지금 갑작스럽게 내 마음에 불어 닥친 아내에 대한 원망의 마음이 내겐 더욱 중요하고 시급히 해결해야 할 문제라고 생각했다.

"주님, 내 영혼의 먹구름을 용서하여 주소서. 이리도 쉽게 원망이 불거지는 내 영혼을 주님의 불로 태워주소서."

사실 이건 아내의 문제가 아닌 것이다. 대상이 누가 되었든 내 마음과 하나님의 관계의 문제였다. 내 영혼의 중심에서 주님이 한 발짝 멀어지기라도 하면 하얀 구름이 수놓는 아름다운 그림들도 한순간에 전쟁거리가 될 수 있는 것이다.

히스기야 터널은 거대한 반석 가운데 사람이 지나갈 정도의 구멍을 파놓은 것처럼 사방이 돌로 된 벽이었고, 발아래로 무릎 정도까지 올라오는 물길이 그리 세지 않게 실로암 쪽으로 흘러가고 있었다. 예루살렘 성 밖에서 성 안으로 흐르는 생수의 길인 것이다. 터널에 들어서자 죽음의 그림자를 몰고 북이스라엘로부터 내려오는 앗수르의 공격을 막아내기 위해 절박하고 급박하게 터널을 파고 있는 히스기야 백성들의 거친 숨소리가 공명되는 것 같은 느낌을 받았다.

이번 일행에는 나이 드신 분들이 많아 터널 안에서 손전등을 켜 밝혔지만 5년 전 내가 이 터널을 지나갈 때는 아무런 빛을 느끼지 못하고 40여 분을 걸었었다. 그때엔 완벽한 흑암이 터널에 가득했고, 중간중간에 한 번씩 미끄러질 때면 그리 깊지 않은 물줄기인데도 익사할지도 모른다는 공포가 증폭 되어 찾아오기도 했다.

이번에는 나 스스로 눈을 감았다. 히스기야 터널에서는 완전한 어둠을 느껴야 하기 때문이다. 빛과 같은 예수 그리스도의 마음이 뚫고 들어온 세상의 어둠, 거인 같은 제국의 창칼 앞에 놓인 어느 민족의 어둠을 떠올려야 하는 것이다. 어둠의 가치는 무엇인가. 어둠은 주님 안에서 해석되고 통과되어질 때 표현하기 어려울 정도의 아름답고 큰 믿음의 세계를 얻게 되는 유익이 있다.

어두운 밤, 아름다운 노래

하나님께서는 우리들이 이 어두운 칠흑 같은 밤을 어떻게 견뎌내 느냐를 주의 깊게 살펴보신다. 시편 기자는 자신이 겪고 있는 어두운 밤과 같은 시간을 이렇게 노래했다.

> "내가 고난 가운데 여호와를 찾았습니다. 밤새도록 지치지 않고 손을 뻗었고 내 영혼은 위로받기조차 거절했습니다. 나는 주를 생각하면서 속상해했습니다. 원망할 수밖에 없었고 내 영이 어쩔 줄 몰랐습니다. 주께서 눈을 감지도 못하게 하시니 너무 괴로워서 말도 못하겠습니다. 내가 옛날, 오래전 일을 생각해 봅니다. 밤에 부르던 내 노래를 기억해 봅니다. 내가 마음으로 깊이 생각하며 영에게 곰곰이 물어봅니다. '여호와께서 영원히 버리시려나? 더 이상 은총을 베풀지 않으시려나?'" (시편 77:2~7)

이 말씀과 관련해 십자가의 존은 <어두운 밤>이라는 책에서 어둠을 통과하면서 얻게 되는 유익을 네 가지로 나타냈다.

첫째, 평화의 기쁨
둘째, 하나님에 대한 열망
셋째, 영혼의 정결함

한번은 학교 수업을 마치고 집으로 돌아오는 길에 강렬한 태양빛을 바라본 적이 있다. 캘리포니아에 비치는 빛은 유난히 강해 나는 이러다가 실명이 될 수도 있지 않을까 하고 걱정하기도 했다. 태양을 바라본 내 눈동자는 죽음 앞에 놓인 작은 생명처럼 움직임을 상실하고 캄캄해지는 것 같았다. 그런대도 나는 그 강렬한 태양이 예수님의 광채인 듯 따뜻하고 너무 좋아 몇 번이고 실명의 우려를 무릎 쓰고 태양을 바라보았다.

그런데 <어두운 밤>(The Dark Night)을 읽다가 이 경험에 대해 십자가의 존(John of the Cross)이 참으로 적절한 설명을 한 부분을 읽고 마음이 갔다.

> "거룩한 것들이 더욱 분명하고 선명해질수록 그 거룩한 것들은 영혼을 향해 더욱 어두워지고 숨겨진다. 빛이 더욱 밝을수록 올빼미는 더욱 앞을 보지 못한다. 찬란하게 빛나는 태양을 더욱 바라볼수록 그 태양은 시력을 더욱 어둡게 만든다."

하나님을 향해 완전히 자신이 드러나지 못한 영혼이라면 하나님의 빛이 그 영혼에 비추일 때 영혼은 어둠을 경험한다. 십자가의 존에 의하면 어둠을 경험하는 이유는 하나님의 거룩한 빛이 인간의 영혼의 이해력을 초월하기 때문이며, 또한 그 거룩한 빛이 영혼의 가냘픈 행위들을 박탈해 버리기 때문이다.

내가 태양을 응시했을 때 경험한 내 시력의 어둠은 태양이 어둡기 때문이 아니었다. 나의 지각능력을 넘어설 정도로 태양 자체가 거룩하고 밝았기 때문이다.

내 영혼 가운데로 만유의 왕이신 거룩하신 하나님의 빛이 들어올 때도 마찬가지다. 내 영혼 역시 눈동자처럼 어둠을 경험하게 된다.

다윗이 시편 18편 11절에서

"주께서 어둠을 은신처로 삼으시고 물과 하늘의 먹구름으로 장막을 만드셨습니다."

라고 표현한 것도 먹구름과 어둠이 하나님의 속성이라는 뜻이 아니다. 인간의 연약하고 한계가 있는 지각능력으로는 찬란한 태양과 같은 존귀하신 하나님을 온전히 있는 그대로 담아낼 수 없기 때문에 다윗의 눈에도 주께서 어둠 속에 계시고, 먹구름으로 장막을 만드신 것처럼 보인 것이다.

히스기야 터널을 건너면서 그 어둠을 묵상했다. 하나님 안에서 이뤄지는 어둠에 대한 묵상은 자연스럽게 위대하신 하나님에 대한 묵상과 연결되어 있다. 하나님이 내 삶에 주시는 이 어둠을 나는 섭리로 받아들여야 한다. 깊이를 알 수 없을 정도로 새까만 어둠이 바로 본래 빛 되신 하나님을 맞아들이기 전의 내 본래의 모습인 것이다.

"오 찬란한 영광의 주님, 이 어둠을 보여주신 주님의 이름을 찬양합니다."

빛은 높고, 어둠은 깊어 그 차이로 인해 내 어두운 영혼이 빛을 갈망하여 아파한다. 이 아픔은 내 영혼이 온전히 하나님 앞에 비춰져서 드러나고 빛 되신 하나님과 하나가 될 때까지 내게 거룩한 십자가처럼 아름다운 가시가 될 것이다.

사랑의 힘을 믿은 여인

이 어둠은 사실 내 영혼의 두껍고 오래된 거짓에서 비롯된 것이지만, 결국 이 어둠을 허락해 주신 분은 참 좋으신 내 영혼의 구원자, 주님이다. 어두운 히스기야 터널 속에서 나는 십자가의 존이 <어두운 밤>에서 잠깐 표현했던 한 여인이 되었다.

나는 입술이 포도원처럼 붉고 눈동자가 빗방울처럼 투명한 어느 여인이었지만, 가슴은 꺼져가는 숯불처럼 고통 가운데 있었다.

"이 불이 꺼지는 순간, 내 영혼도 파멸되고 말 거야."

그 투명한 눈동자에서 밤새 억수 같은 눈물이 쏟아졌고, 나는 거리로 무작정 나가 내 꺼져가는 가슴 속의 불꽃을 밝게 태워줄 소멸하지 않는 영원한 불꽃을 찾아 골목골목을 누볐다.

발은 퉁퉁 붓고 깊은 상처로 덮였고, 길르앗 산에서 내려오는 염소 떼 같던 머리카락은 윤기를 잃고 무덤처럼 헝클어졌다. 포도원처럼 붉었던 입술은 시든 백합화처럼 생명력을 잃고 찢겼다.

"나는 무수한 거짓 남자들에게 속고 또 속았습니다. 세상은 달콤함과 미래를 약속했지만 세상이 내게 준 선물상자 안에는 까만 재만 가득했습니다. 그래요, 내게도 잘못은 있었습니다. 내게 잘못이 있다면 내 안에 꺼져가는 불꽃이 영원할 것이라고 착각한 것이었습니다. 내 안의 불꽃이 그나마도 아직 완전히 꺼지지 않은 것은 그 어떤 위대한 분의 은혜일지 모른다는 생각을 했습니다. 나를 절망의 구렁텅이로 몰고 갔던 남자들과 안개처럼 사라지는 미래를 약속했던 세상을 원망하지 않겠습니다. 왜냐하면 내 영혼의 불이 꺼져가고 있기 때문입니다. 오늘밤, 나는 소멸하지 않는 불을 반드시 만나기를 소망합니다. 내가 그분을 만나기 위해 이 거리를 헤맨 것이 수백 일이 넘었습니다."

점멸하는 어두컴컴한 예루살렘 성의 한 모퉁이 길에 기력이 다해 주저앉아 드리는 이 기도를 그분께서는 듣고 계실까. 나는 이 어둠 속을 얼마나 더 헤매야 그분의 품에 안길 수 있을까. 나의 겉옷은 이미 더러워졌다. 그러나 나의 기도는 더 뜨겁게 타올라 하늘에서 쏟아지는 폭우마저도 뚫고 제단의 향처럼 구름 속으로 올라갔다.

"내 사랑하는 그분은 떠나고 없네요. 그분이 없어 내 마음은 무너져 내립니다. 그분을 찾았지만 찾을 수 없습니다. 그분을 불렀지만 대답이 없습니다. 성안을 순찰하던 파수꾼들이 나를 발견하고는 나를 때려 상처를 내고 저 성벽을 지키는 사람들은 내 겉옷을 빼앗아 갔습니다. 예루살렘의 딸들이여, 내가 부탁합니다. 만약 내가 사랑하는 그분을 만나거든 내가 사랑 때문에 병이 났다고 말해 주세요." (아가서 4:6~8)

한낮 우물가에 쓰러져 있는데 그분이 내게 다가오셨다. 우물에는 작년에 내린 빗물마저 말라 있었다. 그분이 내게 다가와 부드럽고 자비가 가득 담긴 손으로 내 거친 손을 잡아주셨다. 한낮인데도 불구하고 주변은 마치 밤처럼 빛을 잃었고, 내게 손을 내민 그분만이 찬란하게 빛나고 있었다. 그분의 빛은 너무나 빛나고 아름다워 그동안 세상을 주도하며 내 영혼까지 시들게 했던 그 작은 빛들이 순식간에 어둠 속으로 숨어 들어간 것 같았다.

그분은 자신을 "스스로 있는 빛"이라고 말했고, "소멸하지 않는 영원한 불꽃"이라고 내게 들렸다.

그 주님은 본향같이 안식이 넘쳐나는 처소로 나를 인도하여 왼팔에 나를 눕혀 내 머리를 안으시고, 오른팔로 나를 감싸 안아 주셨다. (아가서 8:3)

주님의 눈동자는 모세가 보았던 떨기나무처럼 거룩함과 사랑으로 이글거리고 있었다. 나는 주님께 용기를 내어 고백을 했다.

> "나를 당신 마음에 도장처럼 새기고 나를 당신 팔에 도장처럼 새겨 두세요. 사랑은 죽음만큼이나 강하고 질투는 무덤만큼이나 잔인해 불꽃처럼 거세게 타오릅니다. 많은 물도 이 사랑의 불을 끌수 없으며, 홍수도 그것을 덮어 끌 수 없습니다." (아가서 8:6~7)

나는 더 이상 예루살렘 시장 골목을 헤매던, 꺼져가는 불을 가진 슬픈 여인이 아니었다. 살아계신 주님께서 내 영혼 가운데로 걸어 들어오셔서 내 영혼 속에서 소멸하지 않는 불꽃이 되어 주셨다. 그리고 내 더러운 옷을 새 옷으로 갈아입혀 주셨다.

"내가 소멸하지 않는 불꽃을 찾아 오직 사랑의 힘을 믿으며 이 어둠
을 헤매지 않았다면 나는 결코 새 옷으로 갈아입지 못했을 겁니다."

풍요에 잠식된 영혼, 고라신

촉촉이 젖은 눈으로 히스기야 터널을 빠져나왔다. 40여 분간 내 감
각과 영혼을 뒤덮었던 암흑을 깨치고 예루살렘의 빛이 쏟아졌다.

하나님께서는 이 두꺼운 어둠 속에 나를 두심으로 내 영혼이 정결
해지기를 원하신다. 십자가의 존은 <어두운 밤>에서 우리들이 어둠
과 같은 환경을 통과하면서 세 가지 측면에서 정화(*purgation*)되지 않으
면 하나님과 온전한 연합(*be united*)을 이룰 수 없다고 했다.

> "하나님께서는 우리의 영혼의 감각적인 본질(*sensory substance*), 영적
> 인 본질(*spiritual substance*), 그리고 내적이고 외적인 모든 능력(*its
> interior and exterior faculties*)을 정결케 하시기를 원하십니다. 이런 이
> 유로 하나님께서는 가장 선하신 방법으로 이러한 것들을 공허함,
> 빈곤함, 버려짐, 메마름, 어둠 속으로 이끄십니다. 왜냐하면 감각
> 적인 부분은 메마른 시기를 통해 정결케 되고, 능력은 아무것도 이
> 해되지 않는 시간들을 통해 정결케 되고, 영혼은 두껍고 깊은 어둠
> 을 통해 정결케 되기 때문입니다." (<십자가의 존 저작 모음집>
> (*The Collected Works of St. John of The Cross*), 405쪽)

어두운 터널을 통과한 뒤 실로암 빛 가운데 선 나는 내 평생에 주

님께서 허락하시는 모든 메마름과 공허와 어둠의 시간들 앞에 감사하고, 고통이 따르더라도 이 어둠의 시간들을 통해 더욱 내 감각과 능력과 영혼이 정결케 되어 사랑의 주님과 더욱 하나가 되기를 원한다고 기도를 드렸다.

가버나움에서 북쪽으로 4킬로미터 정도 떨어진 고라신(Chorazin)을 찾았을 때는 조금 다른 종류의 흑암을 보았다. 성경에는 예수님께서 이적을 보고도 복음을 받아들이지 않는 고라신을 마태복음 11장과 누가복음 10장에서 저주하고 계신다.

고라신 역시 단(Dan)처럼 갈릴리 북쪽에 위치해 있어 풍성한 자연환경을 갖고 있다. 그런데 참으로 특이하게도 고라신의 땅은 온통 검은색이다. 현무암 성분이 있어서 그렇다고 한다. 흙도 검고, 옛 성벽도 검고, 무너진 잔해들도 검었다.

이 흑암이 고라신을 더욱 풍요의 땅으로 만들었다. 검은 토양은 빛을 더욱 흡수해 이곳에서는 옛적부터 밀농사가 풍작을 이뤘으며 이모작이 가능했다. 관광객들을 위해 세워진 안내판에는 수확한 밀알을 털어내는 데 쓰이는 뾰족하고 날카로운 돌멩이가 박힌 타작판이 함께 매달려 있었다.

이 흑암의 땅이 풍성한 수확의 땅이 되었지만, 예수님의 저주를 받게 된 까닭은 무엇일까. 예수님의 기적을 보고도 예수님을 보지 못한 고라신 백성들은 풍요를 누리며 모든 감각이 마비되면서 가난으로 오신 예수님을 참다운 믿음의 눈으로 바라보지 못했다.

로제 수사는 가난으로 오신 예수님을 참된 방법이라고 말했다.

"예수님은 가난을 선택하셨습니다. 왜냐하면 예수님은 가난이야말로 하나님을 소유하고 이 땅에 하나님의 사랑을 가져오는 참된 방법임을 알고 계셨기 때문입니다. 우리 안에서 사랑은 타는 불꽃이 되어야 합니다. 타다가 꺼진 불꽃이 아무 쓸모가 없듯이, 사랑이 없는 세상은 아무런 쓸모가 없고 또 거기에는 더 이상 생명이 없을 것입니다." (로제 수사, <샘에서 생기를>, 98쪽)

부자가 천국에 들어가기가 어렵다는 예수님의 말씀(마태복음 19:33)은 우리 감각이 얼마나 환경에 쉬이 무디어지며, 우리의 영혼 역시 얼마나 쉽게 마비되어지는지를 잘 가르쳐주고 있다. 고라신 백성들의 감각과 영혼은 풍요에 점령당해 버렸다. 예수님은 고라신에도 계셨지만 그들의 타락한 영혼이 참된 구원자를 응시하지 못했다.

얼마 전에 아이티 단기선교 모임을 끝내면서 어느 집사님이 갑작스런 금식기도를 제안했는데, 금식기도와 같은 의식은 우리의 감각을 어둠 속에서 정결케 하며, 무뎌지지 않고 온전히 하나님을 바라볼 수 있도록 돕는다. 금식만이 아니라 검소한 생활을 한다거나 절제된 음식을 먹는다거나 하는 것들은 그것이 빛 되신 예수 그리스도를 추구하는 가운데 행해질 때 우리의 무지한 감각을 정결케 하는 유익이 있는 것이다. 영혼의 정결만큼 감각의 정결 또한 하나님과 연합하는 데 중요하다. 십자가의 존 역시 그의 글들에서 이 둘을 구분하면서 두 부분의 정결을 늘 강조하고 있다.

비 한 방울 내리지 않아 하나님을 의지하지 않을 수 없는 축복을 경험한 남방 브엘세바에는 은혜의 에셀나무가 무성한 가지를 하고 사막 가운데 서서 이스라엘 백성들을 드리우고 있었다. 사람들은 브엘세바 우물 근처에 앉아 그 무성한 에셀나무의 길쭉한 잎들을 뜯어 맛을 보았는데 짠맛이 났다.

그 짠맛 때문에 밤새 에셀나무는 공기 중의 수분을 흡수하며 이슬을 만들어낸다. 동이 트면 누구든지 에셀나무 잎에 이슬이 송알송알 맺혀 있는 것을 볼 수 있다. 강렬한 태양이 뜨면 이 이슬이 증발하면서 나무 주변이 시원해지고, 이 시원함은 사막을 살아가는 지친 백성과 나그네들에게 쉼과 위로가 되어줬다.

사막 가운데 은혜의 에셀나무가 자라고 있었던 것에 반해 풍요의 고라신에는 예수님의 머리를 찔러 피와 고통을 주었던 찌찌푸스 (zizipus) 나무가 자라고 있었다. 그 잎을 뜯어 맛을 보았는데 쓴맛이 났다. 고라신의 풍요가 감각과 영혼의 마비를 가져왔고, 그 마비가 그 땅을 영적인 어둠의 땅으로 만들었고, 그 어둠의 땅은 구원자를 찌른 굵은 가시나무를 자라게 했다.

고라신의 어둠 속에 서 있자니 내 영혼이 내 발길을 재촉한다. 고라신의 어둠은 참기 힘든 고통이다. 이 땅에 들어서면 길르앗에서 날아온 새조차도 고통스런 가슴을 안고 떠나갈 것 같았다. 예수님을 응시하지 않는 어둠, 하나님과 하나 되는 것을 갈망하지 않는 어둠의 시간은 차라리 저주가 된다.

고라신을 걸어 나오면서 나는 내 안에 예수님으로부터 비롯되지 않은 거짓 풍요가 있는지 돌아보았다. 나의 오감은 정결의 과정을 거쳤는지, 내 영혼은 지속적으로 오직 주님만을 바라보며 갈망하는지 자문했다.

이번 이스라엘 여행은 '하나님을 신뢰하는 마음'을 더욱 가르쳐 주었다. 특히 어둠 속에서도 영원히 소멸하지 않는 불이신 하나님의 속성을 하나님께서는 특히 부각시켜 내 영혼 속에서도 타오르게 하셨다.

기다렸던 영혼의 안식처, 프랑스 테제

프랑스에서 막을 내리게 된 이번 여행은 테제 공동체 방문으로 지극히 아름답게 장식되었다.

테제는 1940년 8월, 로제 수사가 스물다섯 살의 나이로 자신이 태어난 스위스를 떠나 어머니의 고향인 프랑스로 자전거를 타고 건너가 '인자한 마음을 아주 구체적으로 살아가고, 모든 것의 중심에 사랑이 있는 평화공동체를 세우라'는 부르심을 좇아 2차 세계대전이 한창일 때 프랑스 남부 부르고뉴 지방 클뤼니(*Cluny*) 근처에 세운 공동체이다.

오늘날 테제 공동체는 30개 국적을 지닌 백여 명의 가톨릭 및 다양한 개신교 출신 수사들이 종파를 초월해 함께 모여 살아감으로써 갈라진 그리스도교인과 분열된 민족들 간에 구체적인 화해의 표시가 되고 있다.

테제의 수사들은 어떤 기부나 선물도 받지 않고 가족의 재산 상속을 받게 될 경우 본인이나 공동체를 위해 쓰지 않고 가난한 사람들을 위해 희사한다. 공동체는 형제들이 일해서 번 것만으로 살아가고 다른 이들과 나누기도 해서 세상에서 가장 가난한 공동체 가운데 하나라는 이야기를 듣기도 한다.

6월 8일 리옹 역(*Gare de Lyon*)에서 TGV 열차표를 끊어 아침 일찍 테제로 향했다. 나와 아내, 영찬이는 중간 탁자를 사이에 두고 서로 마주보고 있는 자리를 배정 받아 차창 밖으로 흘러가는 프랑스 남부의 자연경관을 숨죽이며 지켜봤다.

녹색을 풀어놓은 밭은 마치 프랑스 남부 전체에 골프장이 펼쳐져 있는 것 같은 느낌을 줄 정도로 깨끗하게 정돈되어 있었다. 전지전능한 조경사가 있어 드넓은 모든 일대를 동일한 솜씨로 한순간에 만져 놓은 듯했고, 파리의 외곽 역시 프랑스적이라는 감탄이 절로 나왔다.

하얀색 소가 무리를 지어 한가로이 풀을 뜯고 있었고, 지키는 사람은 보이지 않았다. 이따금 미풍이 불어 녹색 풀과 초록 나뭇가지들을 쓰다듬듯 스쳤고, 중세의 간악한 영주에게 저항했을 법한 농가들이 세월의 이끼를 머금고 불어오는 미풍을 소중하게 맞고 있었다.

루브르 박물관에서 보았던 19세기 프랑스 회화들이 고스란히 자리를 옮겨 차창 밖으로 끝없이 이어지는 화폭을 수놓고 있었다.

1시간 40여 분쯤 지나 열차는 마콩 로쉐 테제베(Macon-Loche TGV) 역에 우리 가족을 쏟아 놓았다. 말쑥한 40대 중반의 남자와 세월의 물살을 얼굴에 깊이 새긴 역시 40대 중반의 여성이 함께 내렸다.

그때 콧잔등 위로 빗방울 하나가 떨어졌다. 하늘을 올려다보니 수많은 층층으로 이루어진 검은 구름이 손에 잡힐 듯이 낮은 높이에서 빠르게 흘러가고 또 흘러오고 있었다. 시골의 용감한 새들의 울음소리가 낮은 구름을 뚫지 못하고 구름과 대지 사이를 파도치듯 공명하더니 마콩 로쉐 역을 여울목 삼아 크게 모였다 흩어졌다.

하루에 대여섯 번 밖에 없는 테제 공동체 행 버스를 두 시간 정도 기다렸다가 탔다. 운전수는 매우 친절했으나 영어는 쓰지 않았다. 창밖으로 펼쳐지는 비에 젖은 부르고뉴 지방 시골 풍경은 잔잔한 물가처럼 평온했고, 한 가닥의 소음도 분쇄되어 성스러운 예배의 일원이 되는 것 같았다.

테제로 가는 자들은 그 가는 길 위에서 이미 예배자가 될 것이라고 생각했다. 비에 젖은 담벼락을 타고 테제로 들어갔다. 방금 점심식사를 끝냈는지 머물고 있는 독일계 젊은이들이 식판을 씻고 있었다. 중국어를 쓰는 무리들은 온 지 얼마 되지 않은 듯 주변사람들과 낯선 인사를 하며 사진을 찍고 있었고, 프랑스 억양의 어떤 젊은이는 긴 체류를 마치고 배낭을 꾸리고 있었다. 독일 젊은이들이 청소도구를 들고 지나가는데 담배를 입에 물고 있었다.

아내는 테제 정원에 핀 각양 꽃들을 카메라에 담느라 허리를 숙이고 있었고, 아내 등 위로도 비가 떨어지고 있었다.

소박한 테제를 한 바퀴 둘러본 뒤 본당으로 들어갔다. 길게 뻗어 있는 홀은 어둠 속에 소박한 불을 밝히고 저녁 예배를 기다리고 있었다. 정면에는 주황색 부드러운 천이 휘장처럼 높은 곳으로부터 사선으로 내려와 걸려 있었고, 희미한 실내조명 아래에서 하나님을 만나려는 몇 명의 젊은이들이 자유롭게 바닥에 앉거나 누워 책을 읽거나 기도를 하거나 낮은 목소리로 이야기를 나누고 있었다.

예배시간에 오지 못했지만 이 넓은 공간에 수많은 촛불이 켜지고 찬양이 각국의 언어로 반복해서 울려 퍼지며, 사탄이 감히 막지 못할 고요하고 강력한 기도소리가 홀을 가득 채운 젊은이들의 뜨거운 심장으로부터 터져 나오는 테제의 예배를 모르는 바 아니기에 고요히 눈을 감고 그 실황을 상상하며 그 속에 빠져들었다.

"가장 환희에 찬 순간은?"

눈을 다시 떠보니 적요한 홀의 거룩함이 감각을 타고 영혼 깊이 스며들었다. 나는 수사들이 앉는 중앙 통로의 끝머리에 앉아 따뜻한 불빛이 비추고 있는 예수님의 성화를 발 앞에 놓고 깊고 깊은 묵상에 다시 빠져들었다.

하나님께서 어둠 속에서 내게 물으셨다.

"너에게 있어 가장 환희에 찬(rapturous) 순간은 어떤 시간이냐?"

영혼의 음성으로 대답했다.

"주님, 당신만을 사랑합니다. 주님을 경외하고 사랑하는 마음으로 당신과 함께 하는 시간이 제게는 가장 기쁜 순간입니다."

오직 주님을 향한 사랑만으로 그분께 나아가기를 힘썼다. 성령님께서 나의 도움이 되어 주심을 믿었다. 이스라엘 백성이 광야에서 놋뱀을 바라본 것처럼 나는 내 영혼의 눈을 들어 그리스도를 향했다. 그리스도만을 바라볼 때 내 영혼은 나 자신에 대한 모든 것조차 잊어버리게 된다. 나의 모든 것이 하나님으로부터 시작해서 하나님으로 끝나기를 소망했다.

나는 그분을 기쁘시게 하기 위해 창조되었으며, 만물이 그분의 기쁨을 위해 지음 받았다.

"주 우리 하나님이여, 영광과 존귀와 능력을 받으시기에 합당하십니다. 주께서 만물을 창조하셨고 주의 기쁘신 뜻을 인해 만물이 존재했고 또 창조됐습니다." (요한계시록 4:11)

주님께서는 더 깊은 은혜의 물가로 나아오라고 하는데 주저하는
나 자신의 모습도, 또한 주 안에서 완전한 해방을 맛보지 못하고 세
상적인 염려와 두려움으로 고통스러워하는 주님의 양들도 떠올라 더
욱 온전히 주님께서 영혼 가운데서 주권(Lordship)을 행사하시기를 갈
망하고 갈망했다.

토저는 <하나님을 추구함> 말미에서 하나님을 높이 올려 드리는
것이 믿음의 가장 우선되는 열쇠 중의 하나이며, 그렇게 할 때 우리
들이 경험하게 되는 자유와 해방을 밀도 있게 적고 있다.

> "모든 것 위에 하나님을 높이려는 마음을 정하고 이것을 추구하는
> 순간부터 우리는 세상이 벌이고 있는 퍼레이드로부터 물러나게
> 된다. 그럴 때 우리는 또한 세상의 기준에 맞춰 살려고 해 온 삶의
> 방식으로부터 벗어나게 된다. 이 거룩한 길을 걸어갈수록 이러한
> 현상은 더욱 강화된다. 우리는 새로운 삶의 관점을 얻게 될 것이
> 며, 이 새로운 능력이 솟아나고 커져가는 모습에 우리 스스로도 깜
> 짝 놀라게 될 것이다." (95쪽)

토저는 하나님을 높임으로서 나타나는 결과를 '세상과의 결별'이
라고 강조한다.

> "하나님과의 연합이라는 변화가 우리 삶에 직접적으로 주는 결과
> 는 세상과의 결별이다. 하나님으로부터 멀어진 사람들의 세상으로
> 는 결코 하나님을 기쁘게 해 드릴 수 없다. '주님의 이름이 높임을
> 받으시옵소서'라는 말은 승리를 쟁취하는 영적인 경험을 나타낸

다. 주님을 높이는 것은 은혜의 위대한 보물창고를 여는 작은 열쇠이다." (96쪽)

하나님을 잠잠히 바라보고 묵상하는 이 고요의 시간이 더 없이 행복하다. 많은 사람들이 하나님 안에서 새로운 힘을 얻기 위해 얼마나 많은 외적인 활동과 기능에 시간과 정력을 낭비하는가. 하지만 이 시간 내가 주님과 갖는 이 연합과 일치의 친밀한 순간이야말로 하나님께서 전적으로 우리를 소생시키시는 시간인 것이다. 십자가의 존 역시 하나님과의 거룩한 연합을 이루는 정적인 시간을 소중하게 생각했다.

"하나님과의 거룩한 연합이라는 본질적인 터치를 통해서 우리의 영혼은 이제 자연스럽게 그리고 완벽하게 영혼의 집에서 안식과 고요한 평화를 누리게 된다. 사탄과 온갖 감각들, 그리고 열정들이 초래하는 소란과 방해로부터 멀리 달아나 숨겨질 때, 우리의 영혼은 거룩한 터치를 받아들이게 된다. 이런 과정을 통해 우리의 영혼은 정결하게 되고, 고요하게 되고, 힘을 얻게 되고, 안정된 평화의 상태를 경험하게 되며, 결국 영원히 하나님과 하나가 되는 데로 나아가게 된다. 이것이 바로 우리의 영혼과 예수 그리스도와의 거룩한 결혼이다." (<십자가의 존 저작 모음집>(The Collected Works of St. John of The Cross), 455쪽)

20여 일 가까이 되는 영적 여행을 마감하면서 테제에서 나는 여행을 시작할 때 내 영혼이 초점을 두고 응시하였던 '어둠 속에서도 영원히 소멸하지 않는 불꽃'이신 여호와가 지속으로 내 영혼 가운데 불타고 있다는 사실에 충만한 마음이 들면서 감격이 자꾸 올라온다. 어둠 속에서도 영원히 소멸하지 않는 불꽃은 부활하신 예수 그리스도를 떠올리기도 한다. 부활이 없다면 십자가도 없고, 내 영혼도 무의미해질 것이리라.

꺼지지 않는 촛불을 켜시는 주님

고요한 가운데 옆 자리에 놓인 테제의 찬양집을 집어 들었다. 테제에서는 복음의 핵심이 담긴 짧은 찬양을 계속 반복해서 부르는 것이 특징이다. 이때 여러 나라의 언어로 반복된다. 반복의 의미는 두꺼운 자아의 세계를 성령님이 깨뜨리고 들어오셔서 영혼의 방향과 시선을 온전히 주님께로 향할 수 있도록 기다린다는 뜻이 담겨 있는 것 같다.

찬양집을 열어 첫 번째 곡이 무엇인가 보았는데, 놀랍게도 이번 여행에서 내가 지속적으로 묵상했던 주제가 고스란히 제목과 내용으로 또렷이 인쇄되어 있었다.

"Within our darkest night, you kindle the fire that never dies away, that never dies away." (우리 영혼의 가장 어두운 밤 가운데서도 주님은 소멸하지 않는 촛불을 켜시네, 소멸하지 않는 촛불을 켜시네.)

내 영혼 속에 꺼지지 않는 불꽃이 되신 주님의 사랑스러운 음성으로 들렸다. 영찬이가 내 옆을 서성대다가 낮은 목소리로 아빠를 부른다.

"영찬아, 이리 와 볼래? 촛불을 켜고 우리 함께 기도하자."

영찬이가 조심스럽게 다가와 내 앞에 쪼그리고 앉았다. 그는 성화 아래 놓인 함 안에서 가느다란 초 하나를 꺼내 두 손으로 꼭 쥐었고, 나는 성냥을 그어 그 초에 불을 붙였다. 나와 영찬이의 숨결이 마주 치는 곳에서 촛불이 자연스럽게 흔들렸다. 나는 초를 든 영찬이의 두 손을 다시 꼭 쥐고 기도를 드렸다.

"사랑의 주님, 우리의 영혼에 영원히 소멸하지 않는 불꽃이 되시 는 주님을 찬양합니다. 영찬이의 삶을 주님의 높으신 이름 앞에 올 려 드립니다. 영찬이가 주를 따라 살아갈 때에 어떠한 메마르고 어 두운 시간들이 찾아올지라도 그 어둠 속에서 결코 꺼지지 않고 우 리의 영혼을 포기하지 않으시는 주님의 소멸하지 않는 이 불꽃을 믿고 기억하게 해 주소서. 예수님의 이름으로 기도합니다. 아멘."

비는 아직 그치지 않았고 더욱 빗줄기가 굵어졌다. 테제를 빠져나 오는 버스에 올라타는데 테제의 종탑에서 종소리가 울렸다. 버스 안 에서 멀어지는 테제를 바라보았다. 내가 이날 테제를 방문한 것은 운 명 같은 큰 의미가 있으며, 앞으로 이러한 일과 관련해 주님께서 시 키실 부분이 있을 것이라는 희미한 음성이 거룩한 종소리와 몸을 섞 고 있었다.

2010년 6월 16일
프랑스 남부 테제에서

회복
—아이티 시편

지진으로 무너져 내린 아이티

여기는 아이티 시내.

습기를 머금은 공기가 만들어내는 온도는 섭씨 50도를 위협하고 있는데, 태양열에 더욱더 후끈 달아오른 텐트 안은 무덤처럼 어둡고 정적이 흘렀다. 모두들 밖에 나갔는지 인기척이 없다.

텐트에는 *UNAID*라는 글자가 굵고 선명하게 찍혀 있고, 저 발치에는 역시 *UNAID*라는 글자를 달고 있는 공중 화장실 2개가 비스듬하게 기울어져 서 있다. 지진으로 갈 곳을 잃어버린 아이티(*Haiti*) 사람들에게 UN에서 지어준 텐트들이다.

사람이 지나갈 수 없을 정도로 빼곡하게 서로의 어깨를 기대고 서 있는 텐트 사이와 혹은 아래로 한눈에 보아도 오염됐음직한, 거품 가득한 흐린 물이 어딘가에서 길을 만들어 내려와 정처 없이 어딘가로 흘러가고 있다.

"델마 교회에서 곧 무료 의료봉사 있을 예정이니 모두들 오십시오."

앞장 선 그레고리가 아이티 언어로 외치는 소리가 적막한 텐트촌에 외마디처럼 퍼진다. 멀리 가지는 못한다. 그레고리는 온누리교회가 10여 일 전쯤 아이티의 수도 포르 토 프랭스에 세운 선교 베이스에 고용된 아이티인인데, 이교자 선교사는 전날 그레고리를 두고 성실하다며 장기 동역자로 염두에 두고 조심스럽게 지켜보고 있다고 했었다. 10년 넘게 미국 보스턴에 살면서 보스턴 칼리지까지 졸업한 남자인데 지금은 미국 영주권을 신청하고 기다리는 중이라고 했다.

어느 텐트의 문을 조심스럽게 열었다.

50대 중반쯤으로 보이는 한 아이티 여인이 텐트 문을 열고 시선을 들이는 우리들의 얼굴을 멀뚱하게 쳐다본다. 뭔가를 하고 있다가 외부인의 갑작스런 방문에 하던 동작을 정지한다.

그 여인 앞에는 작은 세숫대야 하나가 놓여 있고, 그 대야 안에는 넉넉지 못한 물이 담겨 있었다. 이 물로 몸을 씻고 있었는데, 여인은 아무것도 걸치지 않았다. 그런데도 여인은 우리를 빤히 보고만 있었다. 무표정한 얼굴로. 수치를 가리기에도 지쳐버린 여인의 고단한 삶이 주름 잡힌 얼굴과 처질대로 처진 모성의 상징 위에 벽돌처럼 고스란히 함께 무너져 내려 있었다.

여인은 그레고리의 말을 듣고 있더니 곧 가겠다는 뜻으로 짧고 느리게 고개를 끄덕였다. 그때 멀리서 발동기 소리가 들렸다. 선교팀의 의료장비 셋업이 마무리 되고, 이제 교회에서의 봉사 활동이 곧 시작된다는 소리다.

한나절 내내 한방팀을 도우면서 봉사를 하는데, 아침에 본 그 여인의 모습이 머리에서 내려와 가슴 속에서 큰 눈물의 우물을 팠다. 여인은 그 우물 속에서 급하고 엄중한 봉화의 피어오르는 연기처럼 내 영혼을 향해 끝없이 흔들리고 흔들렸다.

꿈꾸는 청년, 에이리스

또 한 명의 영혼. 한방을 함께 도운 친구의 이름은 에이리스(ELIUS)인데, 영적으로 의미가 있는 친구로 다가왔다. 그레고리처럼 온누리 선교베이스에 단기간 고용된 아이티 인인데, 선교베이스 안에서는 크게 평가를 못 받는 눈치였다.

21살 된 에이리스는 7년 전 운동을 하다가 다친 뒤로 목을 제대로 숙이지 못하고 생활해 왔다. 이 친구에게 침을 놓아준 김솔로몬 집사는 에이리스의 상태가 아마도 사고 당시의 근육강직 상태가 너무 오래 지속된 탓이 아닌지 진단했다.

한방 보조역할로 함께 아이티 인들을 섬기면서 에이리스의 이야기를 듣고 있자니 비록 미약한 점이 있긴 하나 이 친구의 마음속에 그리스도를 향한 열망이 강하게 자라나고 있는 모습을 발견할 수 있었다.

"에이리스, 너는 꿈이 뭐니?"

머리에 여러 군데 침을 맞고 교회의 나무로 만든 장의자에 앉은 상태에서 에이리스는 내 쪽으로 고개를 돌려 대답하려고 애쓰는 눈치였다. 에이리스의 검은 손을 꼭 잡아주었다. 침 때문인지 그의 손이 조금 떨렸기 때문이다.

> "나의 꿈은 예수님의 제자가 되는 겁니다. 7년 전 사고가 났을 때 전혀 움직일 수 없었지만, 나는 예수님께 간절히 기도했습니다. 내 병을 고쳐달라고. 그런데 비록 고개는 여전히 못 움직였지만 어느 날 걸어 다닐 수는 있게 되었습니다. 그 사건 후로 아버지와 형, 동생들이 모두 예수님을 믿게 됐습니다."

내 귀를 의심했다. 피로 목욕까지 한다는 부두교가 맹위를 떨치고 있는 아이티에서, 아이티 한 젊은 청년의 입을 통해 불꽃같은 신앙고백을 듣게 될 줄은 생각도 못했다. 에이리스를 통해 하나님께서 은혜와 사랑으로 덮어주시어 그가 그 땅에 살아 있는 동안 주의 아름다움을 사모하며 아이티가 거룩한 하나님의 나라가 되는데 귀한 제자가 될 수 있기를 마음으로 기도했다.

영혼을 적시는 샘물

밀려드는 아이티인들로 인해 따로 점심시간을 갖지 못하고 27명의 선교팀원들은 교대로 컵라면을 먹었다.

물이 바닥나 다시 끓이는 터에 늦게 식사를 하게 되었는데 임 권사님과 나란히 앉게 되었다. 임 권사님은 내가 보내고 있는 <영혼의 창> 이메일을 애정을 품고 읽으며 영적 생활에 큰 도움을 얻고 있다고 하시면서 특히 개신교가 종교개혁 이후 소홀하게 다뤄온 깊은 영성의 훈련과 여행을 다시 한 번 소중하게 일깨우는 시간이 되고 있다고 말했다.

이 글을 처음 시작할 때 나는 주께 서원을 하였는데, "주님, 두렵습니다. 이 글을 쓸 때 성령님의 감동으로 쓰게 하시고, 동시에 이 글이 내 평생 한 가지 소원, 즉 영원히 주님을 갈망하는 데 유익이 되게 하옵소서"라고 부르짖었다.

토저(A. W. Tozer)가 <하나님을 추구함>에서 언급한 '거룩한 갈망'(Holy Desire)이 내 삶과 또 이 글을 읽는 이들의 삶 가운데 온전히 이뤄지기를 소원했었다.

이날 이마에서 떨어지는 땀방울이 섞인 컵라면으로 점심을 함께하면서 임 권사님은 자신의 삶 속에서도 그 거룩한 갈망이 평생을 통해 이뤄지기를 간절히 소망해 왔다고 고백했다.

소르본 대학에서 박사 학위를 받은 뒤 개심해 스위스의 어느 작은 수도원에서 주님께 생명과 삶의 모든 소유를 드린 뒤 연락이 끊긴 언니의 이야기를 임 권사님은 조용히 하셨는데, 그 이야기 속에는 임 권사님의 그리스도를 향한 갈망이 두 겹의 꽃잎처럼 아름답게 오버랩 되어 있었다.

"내게 유익하던 것들을 나는 그리스도 때문에 다 해로운 것으로 여깁니다. 내가 참으로 모든 것을 해로 여기는 것은 내 주 그리스도 예수를 아는 지식이 가장 고상하기 때문입니다. 그분으로 인해 내가 모든 것을 잃어버리고 심지어 배설물로 여기는 것은 내가 그리스도를 얻고 그 안에서 발견되기 위한 것입니다. 내가 가진 의는 율법에서 난 의가 아니요, 그리스도를 믿음으로써 얻는 의, 곧 믿음으로 인해 하나님께로서 난 의입니다." (빌 3:7~9)

그리스도를 온전히 갈망하기를 소망하며, 그 길을 달려가기를 애쓰는 성도를 바라보는 것은 얼마나 아름다운가. 그들은 영혼과 입술에 하나님께서 보내주신 파수꾼을 세워 생각과 말을 단속하고, 하나님의 아름다움만이 영혼과 육신을 통해 흘러나오기를 갈망하는 자들이다.

다음날 아침 큐티를 할 때도 임 권사님과 짝이 되어 히브리서 말씀을 나눴는데, 나는 거짓된 빛도 쪼개시고, 어둠도 불태우시는 그리스도의 불꽃같은 사랑의 아름다움을 사모한다고 고백했고, 임 권사님은 죽은 말씀이 아니라 순간순간 살아 있는 하나님의 말씀이 자신의 삶을 가득 채우기를 갈망한다고 고백했다.

그 말을 들으면서 나는 그만 눈물을 흘리고 말았다.

하나님이 기뻐하는 제사, 상한 심령

아침을 먹고 포르토프랭스의 외곽 빈민가로 향하는 버스에 올랐다. 눈물 많은 H 집사님과 S 집사님이 통로를 사이에 두고 나의 우편에 자리를 했다.

시편 62편 5절 말씀인 "내 영혼아, 조용히 하나님만 바라라. 내 소망이 그분에게서 나오는구나"를 묵상하면서 주님께 가까이 나가고 있는데, 주님께서 내 입술을 열어 이 부부에게 조용히 속삭이셨다.

"집사님, 성령님의 감동을 받아 말하고 행동할 때는 두려움이 없습니다. 남들이 하는 말에 마음을 아파하지도 않습니다. 세상은 성취와 분주함과 강한 것을 추구하지만, 하나님은 하나님의 사람들의 약한 것들을 택하셔서 하나님의 영광을 가리는 모든 강한 것들을 무너뜨립니다. 늘 그런 삶을 갈망하는 두 분을 축복합니다."

H 집사님이 눈물을 흘리며 입술을 연다.

"일전에 <영혼의 창>에서 언급하신 아가서 5장 8절 말씀이 계속해서 마음에 떠올라요. 저는 주님만 생각하면 너무 너무 기뻐서 정말 아가서 그 말씀처럼 주님을 향한 사랑 때문에 병인 난 것 같아요."

H 집사님의 눈시울이 더욱 붉어지며 눈물을 훔친다.
나는 시편 104편 33~34절 말씀을 들려드렸다.

"내가 사는 한 여호와를 찬양할 것입니다. 내가 존재하는 동안 내 하나님을 찬양하겠습니다. 그분을 잠잠히 생각하는 것이 너무나 달콤하니 내가 여호와 안에서 기뻐합니다."

"집사님은 다윗처럼 눈물을 양식으로 삼고 계시는군요. 하나님이 기뻐하시는 제사는 무엇인지 아십니까. 바로 상한 심령입니다. 하나님만을 갈망하여 상한 심령입니다. 목마른 사슴이 시냇물을 찾아 헤매듯이 주님 없이는 내가 살 수 없다는 것을 고백하며 주님 안에 머물기를 갈망하는 영혼을 주님께서 가장 기뻐하십니다."

"맞아요. 제가 더욱 기뻐하는 까닭은 주님의 그 모든 것을 이미 제가 얻었다는 사실이에요."

나는 손바닥을 펴서 부부를 향해 펴들었다.

"저는 하나님을 갈망할 때마다 종종 내 손바닥을 쳐다봅니다. 이 손바닥을 보면 하나님 안에서 내 존재가 당초 어떤 것인지를 분명히 알게 되기 때문입니다.'

그러고서 시편 39편 4~7절 말씀을 들려 드렸다.

"오, 여호와여, 내 마지막을 보여 주소서. 내가 얼마나 더 살지 보여 주소서. 내 인생이 얼마나 덧없는지 알려 주소서. 주께서 내 삶을 손 한 뼘만큼 짧게 하셨고 내 일생이 주가 보시기에 아무것도 아니니 제 아무리 높은 자리에 있어도 사람이란 헛될 뿐입니다. 사람이란 저마다 이리저리 다니지만 그림자에 불과하고 별것도 아닌 일에 법석을 떨며 누가 갖게 될지 모르는 재물을 차곡차곡 쌓아 둡니다. 하지만 주여, 내가 무엇을 기다리겠습니까? 내 소망은 주께 있습니다."

우리의 대화는 거기서 멈췄는데, 자리를 본래대로 고쳐 앉은 S 집사님은 눈물을 계속 흘리며 창밖을 바라보고 있었다.

그리스도를 온전히 갈망하기를 소망하며, 그 길을 달려가기를 애쓰는 성도를 바라보는 것은 얼마나 아름다운가.

회복을 위해 남은 자들

아이티 사역 마지막 날 저녁 모두가 둘러앉은 나눔의 자리에서 나는 그날 오전 우리 사역을 도와 준 아이티인 내과의사 폴(Paul)에게 한 말을 그대로 나눴다.

> "아이티의 지진으로 죽은 25만 명의 영혼도 우리의 눈물을 흘리게 하고, 비참한 가난과 어려움 속에서 살아가고 있는 수많은 아이티인들의 모습도 우리의 눈물을 흘리게 하지만 하나님께서 더욱 눈물을 흘리시는 것은 이 땅의 죄악일 것입니다. 거룩하신 하나님은 죄악과 함께 계실 수 없기 때문입니다. 죄악을 싫어하시는 하나님께서는 회복을 위해 거짓된 모든 것을 무너뜨리고 불태워버리십니다. 아이티가 이렇게 무너지도록 허락하신 것은 하나님의 은혜 가운데 있으며, 모든 죄악을 정복하신 하나님의 은혜의 해를 비춰주신 연후에 하나님이 이 땅을 분명 회복시킬 것입니다."

이 말을 듣고 다른 한 분이 말씀하신다.

"모두들 아이티가 회복될 것이라고 말하지만 지금 아이티의 실정을 보면 그 회복 가능성은 미안하지만 10% 정도도 안 됩니다. 지진 이후 기독교를 믿는 사람들이 늘어났다고 하지만 대부분이 혼합주의에 빠져 있습니다. 제가 아이티에 와 본 이후로 정말 신실한 크리스천이라고 말할 수 있는 사람은 한 사람도 보지 못했습니다."

그 말을 듣고 나는 전혀 반감이 생기지 않았다. 나에게 주신 말씀과 이분에게 주신 말씀이 동일한 하나님께 로서 온 것이라는 확신이 있었다.

조용하고 단순하게 갈망하기

나눔을 마치고 숙소로 돌아와 시편 136편을 읽는데, 하나님께서 하나님 자신이 어떤 분이신지를 분명하게 내 영혼 가운데 쏟아주셨다. 오, 여호와여. 시편 136편을 읽으면서 하나님께서는 아이티에 와서 선교를 하고 있는 내 인생과 이 일들이 한 뼘 안에 있음을 보여주시면서 오직 주님께서 위대한 구원의 역사를 친히 이끌어 가고 계심을 알게 해 주셨다.

아이티와 내가 주 앞에서 오직 한 가지였다. 주님은 아이티의 회복을 힘쓰는 나에게 찾아오셔서 하나님 자신을 평생을 통해 조용히 갈망할 것을 더욱 강하게 말씀해 주셨다.

토저는 <하나님을 추구함>에서 하나님을 향한 '거룩한 갈망'(*Holy Desire*)을 급하고 강한 바람처럼 이 시대를 살아가는 사람들에게 호소

하고 있다.

"전능하신 하나님을 향한 거룩한 갈망이 부족함으로 인해 우리 시대의 영혼은 얄팍한 신앙이 되어 버렸습니다. 딱딱하고 나무처럼 굳어버린 우리의 신앙생활은 이 거룩한 갈망의 부족으로 인한 것입니다. 예수님을 영접한 것에 만족하고 멈춰버린 성숙하지 않은 신앙입니다. 우리시대의 기독교는 얼마나 복잡합니까. 우리 안에는 이제 그리스도를 조용하고 단순히 갈망하는 것이 사라지고 있습니다. 대신에 기독교 안에는 많은 프로그램들, 방법론들, 조직들, 그리고 긴장된 액티비티들(*Activities*)이 우리의 시간과 관심을 차지해 버렸는데, 이런 것들은 도무지 우리 영혼 속의 하나님을 향한 갈망을 만족시켜 주지 못합니다. 이로 인해 우리의 신앙은 얕아졌고, 우리가 알고 있는 하나님은 불완전하고, 전혀 평화의 하나님이 아니게 되었습니다."

토저는 긴박한 요청을 이어간다.

"만약 여러분이 모든 상황 가운데서 참 하나님을 발견하기를 원한다면 여러분은 먼저 하나님을 찾고 갈망하기로 그 영혼을 결정해야 합니다. 그리고 지극히 단순한 방법(*in the way of simplicity*)으로 그 갈망의 여정을 지속해야 합니다. 하나님께서는 왜 갈망하는 자에게 보이시는지 아십니까. 하나님은 어린아이에게 자신을 드러내시고, 지혜롭다고 스스로 생각하는 자나 교만한 자에게서 자신을 숨겨 빽빽한 구름 속에 계시기 때문입니다. 다시 한 번 말합니다. 하나님을 향한 당신의 갈망을 심플하게 만드십시오. 본질 외에는 모두 버리십시오. 당신의 영혼을 재촉하는 어떤 압박이나 요구가 있습니까. 멀리 치워 버리십시오. 그리고 가식 없는 어린아이 같은 순수함으로 주께 나아가기를 갈망하십시오." (<하나님을 추구함>(*The Pursuit of God*), 17~18쪽)

신체 한계 넘어선 봉사, 그래도 큰 기쁨

7월 1일 선교팀은 아이티에서 도미니카로 다시 넘어와 2일 산토도밍고의 북쪽에 있는 '바떼이' 지역으로 봉사를 나갔다. 오전 7시 즈음 버스를 탔는데, 2시간 정도 걸렸다. 이날 봉사를 나간 '바떼이'는 이 지역 말로 사탕수수밭이라는 뜻인데, 불법 체류자로 살아가고 있는 아이티인들과 가난한 도미니카인들이 하루 일당 8달러에 갇혀 노동하고 있는 열악한 지역이다.

우리가 봉사한 바떼이지역은 *Batey Jalonga*인데, 인근 3개 바떼이 지역에서 함께 참여했다. 인근 3개 바떼이지역은 *Batey Chicharones, Batey Consuelito, Batey Alejandro Bass*이다.

혼자 마을을 한 바퀴 돌았는데, 두 명이 겨우 들어갈 것 같은 나무판자로 만든 방이 기숙사처럼 일렬로 지어져 있었고, 길바닥에는 각종 오물과 쓰레기들이 뜨거운 땡볕에 힘을 잃고 달라붙어 있었다. 흐르지 않는 검은 물웅덩이들이 판자촌 주변 곳곳에 있었고, 한 남자가 오토바이 오일을 웅덩이에 쏟아 붓고 있었다. 무표정한 검은 얼굴로 나를 바라보는 마을 사람들에게 손을 흔들어 인사를 하는데, 단 한 사람도 웃음으로 안 받아주는 이가 없다.

이날은 가장 힘든 봉사의 날로 기록될 터였다. 의료봉사가 펼쳐진 교회당은 낮은 지붕에 공간이 협소해 네 명의 치과 의사와 한 명의 한의사가 주축이 된 의료팀은 신체의 한계를 기도로 이겨나가며 4시까지 사역을 이어갔다.

치과의사 임희영 집사님, 김정 집사님, 이엽 집사님, 윤한돈 장로님과 한의사 김솔로몬 집사님은 거의 녹초가 됐고, 의료를 보조한 임진영 권사님은 얼굴이 불덩이가 됐다. 안타깝게도 소독 파트를 담당한 빛나 자매는 쓰러지고 말았다.

그러나 이들은 모두 자신의 불편한 처지를 돌아보지 않고, 섬기는 것을 예배로 고백하며 하나님께 영광을 돌렸다.

하나님께서는 "가난한 사람을 억압하는 사람은 그를 지으신 분을 비난하는 것이요, 궁핍한 사람에게 친절을 베푸는 사람은 하나님을 높여 드리는 것" (잠 14:31)이라고 하셨기에, 이날 자신을 부인하며 바떼이 지역을 섬긴 성도들은 "하나님이 기뻐하시는 일을 하는 그분의 종들" (시 103:21)임이 분명했다.

나는 오전 중에 신문에 필요한 사진과 기초 정보를 수집한 뒤, 11시 즈음부터 한방을 도우면서 소독을 하고, 침을 빼기도 했는데, 2시쯤이 되자 어지러움이 밀려왔다. 나도 침을 맞고 다시 기력을 차린 뒤 마지막까지 주의 일을 섬길 수 있었음에 감사하다.

이렇게 하루를 섬기면서 내가 한 일은 눈에 보이는 것으로는 저널과 한방보조였으나, 실질적으로 한 것은 조용히 주님을 생각하고, 거룩한 갈망을 하는 것이었다.

선교가 내게 힘을 주는 것도 아니며, 봉사가 내게 힘을 주는 것도 아니며, 업적이 내게 힘을 주는 것도 아니다.

나는 물을 찾아 헤매다 온 곳에 멍이 든 목마른 사슴처럼 내 영혼이 주님을 찾고 그분과 하나가 되기 위해 내 영혼을 잠잠히 그분 앞에 두었다. 내가 쉴 새 없이 주께 드린 고백은 이것이다.

"내 오른쪽을 보아도 나를 아는 사람이 아무도 없고, 내가 피할 곳도 없었으며, 내 영혼에 관심을 갖는 사람도 없었습니다. 오, 여호와여, 내가 주께 부르짖습니다. '주는 내 피난처시오, 살아 있는 사람들의 땅에서 받는 내 몫입니다.'" (시 142:5)

계속 부른 노래, '예수여! 나를 기억하소서'

이 산도 저 땅도 아닌 주님 자신이 바로 내가 이 땅을 살아가면서 취하게 될 나의 분깃인 것이 얼마나 감사한가.

얼마 전 프랑스 테제 공동체를 방문했을 때 배웠던 묵상의 기도를 반복해서 주님께 드렸다. 너무나 짧은 찬양인데, 테제에서 LA로 돌아온 이후 지금까지 시간이 날 때마다 주님께 올려드리는 향기로운 기도의 찬양이다.

Jesus, Remember me, when you come into your Kingdom. (예수여, 나를 기억하소서. 당신이 그의 나라에 들어가실 때.)

이 노래를 부르다가 지난달 어느 집사님 댁에서 가진 모임에서 나의 사랑하는 친구, 김병권 목사님이 조용히 불러 인도했던 찬양이 응답처럼 내 영혼에 스며들어 내 시간과 존재를 가득 가득 채웠다.

> "평화, 평화로다. 하늘 위에서 내려오네. 그 사랑의 물결이 영원토록 내 영혼을 덮으소서."

내가 바다 끝에 거할지라도 곧 거기서도 나를 만나주시는 하나님을 신뢰하면서 아이티에서의 나머지 일정을 주님께 올려 드린다.

지난주 IN2 온누리교회에서 아이티로 봉사를 왔는데, 그때 아이티 온누리 선교 베이스 구축을 돕기 위해 남은 새라한(Sara Han) 자매가 토저의 책을 읽고 있는 것을 보고 반가웠다. <The Pursuit Of God> 외에 <God's Pursuit of Man>도 갖고 있었는데, LA로 돌아가면 그 책을 구입해 읽어야겠다는 생각을 했다.

내일은 마지막 사역을 위해 라베가 지역으로 떠난다. 또 다른 도미니카에서의 하루가 영광의 주님을 전심으로 갈망하고 만나는 하루가 되기를 바라며, 그리하여 젖 뗀 아이가 엄마 품에 안겨 있듯이 내 영혼이 주님의 품 안에 평화롭게 안식을 누리는 하루가 되기를 또한 바라며, 나의 사랑하는 멘토인 토저의 기도문을 읽으며 잠이 든다.

> "오 주님, 나는 당신의 선하심을 맛보았습니다. 당신의 선하심이 나에게 온전한 만족을 가져다주며, 나로 하여금 더욱더 당신을 갈망하게 합니다. 나는 당신의 더욱 깊은 은혜가 내게 필요함을 고통스러울 정도로 인식하고 있습니다. 내 안에 당신을 향한 거룩한 갈망이 아직도 부족함을 인하여 부끄럽습니다. 오 주님, 삼위일체의

주님, 내 영혼이 당신을 원합니다. 당신을 향한 갈망으로 내가 채워지기를 소원합니다. 더욱 당신을 향한 목마름으로 내 갈증이 더해지기를 바랍니다. 당신의 영광을 보여주시기를 기도합니다. 그리하여 당신을 더욱 더 알기를 원합니다. 자비로서 내 안에 당신의 사랑의 일을 시작하시옵소서. 나의 영혼에 말씀하소서. '일어나라, 내 사랑이여, 아름다운 내 사람이여, 나와 함께 가자꾸나.' 그리고 또한 은혜를 베푸시어 내가 오랜 세월동안 방황한 이 안개 자욱한 낮은 땅에서 일어나 당신을 따라 나설 수 있도록 하소서."

2010년 7월 3일 새벽
도미니카 산토도밍고에서

구원
—하라바코아의 모닥불

이사를 하다

새로 이사한 곳은 방 하나가 전부인 작은 콘도다. 더 좁은 곳으로 왔기에 적은 살림살이인데도 버려야 할 것이 많았다.

새로운 장막으로 오게 되면서 내가 지속적으로 가장 유심히 살펴 주목한 것은 내 영혼의 흐름이었다. 내가 거하게 될 처소가 더 넓은 곳이든 더 좁은 곳이든, 더 조용한 곳이든 더 시끄러운 곳이든, 어떠 한 변화가 있든지 내 영혼이 한 치의 요동함도 없이 동일한 태도로 주님을 기뻐하고 갈망하는지가 내게는 제일 큰 관심사였다.

> "우리가 주목하는 것은 보이는 것들이 아니라 보이지 않는 것들입 니다. 보이는 것들은 잠깐이나 보이지 않는 것들은 영원하기 때문 입니다." (고린도후서 4:18)

새로운 아침이 되어 눈을 떴다. 사위가 조용하다. 새소리가 정겹고 차가운 아침 공기가 열어둔 베란다 문으로 들어와 밤새 뜨거워진 피부를 식혀준다.

2층 발코니로 나가 묵상을 하는데, 동쪽으로부터 밤새 달려온 금빛 아침 햇살에 부딪혀 아름드리 무성한 나뭇가지로부터 새하얀 꽃잎들이 녹색 잔디 위로 눈발처럼 흩날린다.

하얀 꽃 사이사이로 다니며 분주히 일하고 있는 꿀벌들을 지켜보며 내 영혼도 달콤한 여호와의 음성을 해 뜨는 데부터 해 지는 데까지 열심히 갈망하기를 소망하고 있는데, 작은 벌새 한 마리가 내 눈앞에까지 와서 날갯짓을 하며 허공에 머문다. 미동도 없이 앉아 있는 내가 사람이 아니라고 착각을 한 것이다.

벌새의 힘찬 날갯짓과 생김새를 살펴보면서 그 아름다움에 감탄을 하다가 땅 위 하늘에서 날아다니는 새들을 창조하신 뒤 "보기에 좋다"라고 하신 하나님의 마음이 전해왔다. (창 1:20)

이처럼 새들을 만드시고, 새하얀 꽃잎을 햇살 속에서 떨어뜨리시고, 벌이 아침 일찍부터 꿀을 모으도록 하신 하나님의 의도가 무엇일까라는 생각이 들었다. 하나님을 찾고 갈망하도록 인간들에게 베푸신 하나님의 디자인이다.

"이렇게 하신 것은 사람들이 하나님을 찾기를 바라시기 때문입니다." (행 17:27)

왕 중의 왕, 신 중의 신, 하늘 위의 하늘 되시는 위대하신 하나님께서 영원 전부터 영원 이후에 이르기까지 오직 한 가지 소망을 가지고 계시는데, 그것은 바로 사람들이 하나님을 찾고 갈망하는 것이다.

구원자 찾아 헤매는 여인

어느 날 나는 꿈을 꾼 적이 있는데, 나는 창녀처럼 사람들에게 버려져 오직 순수하고 진실한 사랑만을 갈망하는 한 여인이었다. 내 모든 죄와 허물을 용서하시고 깨끗한 물보다 더 맑게 내 영혼을 치유하고 품어주실 유일한 분을 찾아 헤매는 여인이었다.

한낮의 타들어가는 우물곁에서 구원자 되시는 하나님을 결국 만나게 되었는데, 놀라운 것은 그분께서는 나보다 더 절박하고 강렬한 소망으로 나를 찾고 계셨다는 사실이었다. 영원 전부터 나를 향해 뻗었던 주님의 못 박힌 손은 그분의 손을 잡지 못하고 자아의 세계에 갇혀 방황했던 나로 인해 온통 눈물과 피투성이였다.

하나님은 너무나 가까이 계셨지만 내 눈이 어두워 그분을 보지 못했다.

> "사람들이 하나님을 더듬어 찾기만 하면 만날 수 있습니다. 사실 하나님께서는 우리 각 사람과 그리 멀리 떨어져 계시지 않습니다. 왜냐하면 하나님 안에서 우리가 살고 움직이고 존재하기 때문입니다." (사도행전 17:27~28)

더듬어 찾기만 하면 찾을 수 있는 분이 하나님이신대도 그게 그렇게 어려웠단 말인가. 그렇게 열심히 살려고 했지만 주님이 보시기에 모든 것이 허공을 치는 것이었다.

> "오 여호와여, 내 마지막을 보여 주소서. 내가 얼마나 더 살지 보여 주소서. 내 인생이 얼마나 덧없는지 알려 주소서. 주께서 내 삶을 한 뼘만큼 짧게 하셨고 내 일생이 주가 보시기에 아무것도 아니니 제 아무리 높은 자리에 있어도 사람이란 헛될 뿐입니다. 사람이란 저마다 이리저리 다니지만 그림자에 불과하고 별것도 아닌 일에 법석을 떨며 누가 갖게 될지 모르는 재물을 차곡차곡 쌓아 둡니다." (시편 39:4~7)

하나님을 찾고자 하되 누가 하나님을 볼 수 있는가. 산상수훈에서 예수님은 마음이 깨끗한 자가 하나님을 볼 수 있다고 말씀하셨다.

> "복되도다. 마음이 깨끗한 사람들이여, 그들은 하나님을 볼 것이다." (마태복음 5:8)

마음이 깨끗한 사람이란 또 무엇인가. 두 마음을 품지 않는 사람이다.

> "두 마음을 품은 사람들이여, 마음을 정결하게 하십시오." (야고보서 4:8)

하나님을 찾고, 하나님을 갈망하고, 하나님의 임재 가운데 거하기를 평생의 소망으로 삼았기에 나는 내 영혼에서 하나님을 높이지 않는 것이면 눈도 닫고, 귀도 닫고, 어느 것도 내 영혼의 토양에 뿌리내리지 못하도록 성령님께 간구하고 간구했다.

두 마음을 품지 않기 위해 "내 눈이 쓸데없는 것을 보지 않게 하시고"(시편 119:37)라며 주의 도우심을 갈망했던 다윗처럼 순간순간 하나님으로부터 나를 떼어놓기 위해 사단이 쳐놓은 덫으로부터 걸려 넘어지지 않기를 힘썼다.

그러나 내 영혼은 아직도 완전하지 못하다. 죄를 이기지 못하고 넘어질 때가 있고, 의심의 먹구름으로 내 영혼이 잠식당할 때도 있다. 그러나 이 모든 일을 털고 다시 일어나 여호와를 따를 수 있는 것은 변치 않는 하나님의 나를 향한 사랑 때문이다.

> "이 모든 일에 우리를 사랑하시는 분으로 인해 우리가 넉넉히 이깁니다. 나는 확신합니다. 죽음이나 생명도, 천사들이나 악마들도, 현재 일이나 장래 일이나 어떤 능력도, 높음이나 깊음이나 다른 어떤 피조물도 그리스도 예수 우리 주 안에 있는 하나님의 사랑에서 우리를 끊을 수 없습니다." (로마서 8:37~39)

주일예배를 드리다가 비참한 내 영혼을 보게 되었다. 그리스도께서 교회를 사랑하시고 교회를 위해 자신을 내어 주심같이 아내를 사랑하라는 에베소서 5장 25절의 말씀에서 내가 너무 멀리 떨어져 있는 것이었다.

사람들은 내가 아내를 무척 위한다고 많이들 얘기했지만, 나는 그리스도께서 교회를 사랑하신 것만큼 아내를 사랑하지 못했다. 입으로 말하는 경우는 드물었지만 내 영혼에서는 아내를 많이도 판단했다.

이렇게 생각하고 있는데 예수께서 내게 빛과 같이 말씀하셨다.

"나는 너를 나의 신부로 삼았다."

그렇지. 신랑 되시는 예수님께서 나를 신부로 삼으셨지. 그런데 나는 순결한 신부인가. 아직도 두 마음을 품는 정결하지 않은 신부가 아닌가. 내 비참한 영혼을 들여다 본 뒤, 그 비참한 영혼을 품어주시는 주님의 보배로운 사랑을 떠올리자 나는 북받치는 감사와 기쁨으로 눈물이 비처럼 쏟아져 내렸다.

나 같은 죄인을 보배피로 의롭다 보아주시고 신부로 삼으신 주님의 사랑이 이렇게 큰데 어찌 내가 아내를 전심으로 사랑하지 못했단 말인가.

김중원 목사님의 명령에 따라 회중 속의 한 남자가 되어 오른손을 들고 세 번을 복창했다.

"아내만을 사랑하겠습니다. 아내만을 사랑하겠습니다. 아내만을 사랑하겠습니다."

자아의 휘장 찢겨야

죽은 뼈, 마른 뼈(에스겔 37장) 같은 내 영혼을 강한 두 손으로 붙드시고 신비로운 하늘의 가치로 이끌고 가시는 하나님의 사랑이 놀랍고 놀랍다. 죽은 뼈가, 그리고 마른 뼈가 어떻게 사랑을 노래하고,

찬양의 춤을 출 수 있는가. 사람이 이해하기 힘든 초월적인 하나님의 엄청난 사랑의 힘이 비참한 인생을 의로운 제물로 변모시킨다.

발코니에서의 묵상을 끝내고 우편물도 찾을 요량으로 가벼운 산보에 나섰다. 수십 호가 모여 이뤄진 이곳 로스올리보호아(*Los Olivo Hoa*) 콘도단지는 걷는 길이 무척 아름답다. 부드럽게 굽이치는 산책로를 천천히 걸어 우편함에 이르렀다. 전기회사 에디슨과 전화회사 *AT&T*에서 변경된 주소로 보낸 고지서들이 벌써 도착해 있다.

우편물을 찾으면서 이런 일 저런 일들을 생각했고, 순간 그 생각들 속에 안타깝게도 하나님의 마음과 관점이 빠졌다. 누군가에 대한 생각을 하면서 판단하는 마음이 고개를 들었고, 내 처지에 대한 생각을 하면서 내 인생을 만족시키려는 교만한 마음과 두려움이 동시에 밀려왔다.

하나님에 대한 갈망의 끈을 잠시 놓쳤더니 온전히 죽지 못한 자아가 꿈틀거리면서 영혼의 중심부로 스멀스멀 기어들었다. 그때 하나님께서는 햇빛에 반짝거리는 거미줄을 보게 하셨는데, 그 거미줄에는 작은 나방 한 마리가 걸려 몸부림을 치고 있었다.

주님께 내 삶을 산 제사로 드린다고 고백하면서 제단 위에 나 자신을 올려놓고서도 완전히 피 흘려 죽지 못하고, 시퍼렇게 꿈틀거리는 내 자아(*Self*)의 모습처럼 보였다.

그 거미줄에 걸려 꿈틀거리는 벌레 한 마리에 내 비참한 영혼이 그대로 투영됐다. 자아는 마치 불투명한 베일(*Veil*)처럼 내 영혼과 하나님 사이를 가로막고 있었다. 찢기지 않은 채.

자아로부터 비롯되는 죄들은 자아로부터 의로움을 찾는 것, 자기연민, 자기를 신뢰하는 것, 자기로부터 만족감을 얻으려는 것, 자기에 찬, 자기애 등인데 이러한 자아를 높이려는 죄로부터 하나님과의 단절이 초래된다.

하나님에 대한 갈망이 하나님이 기뻐하시는 것이며, 그 갈망을 통해 하나님과 깊은 사랑의 관계로 들어가는 것이 인생의 목적이지만 그 전에 반드시 이뤄져야 하는 일이 있다. 그것은 자아라는 것이 얼마나 추하고 비참한 것인지를 뼈가 으스러질 정도로 경험하는 것이며, 그 경험을 바탕으로 자아의 휘장(Veil)이 찢겨야 하는 것이다.

A. W. 토저는 자아가 온전히 죽지 못해 능력을 잃어버린 그리스도인들에 대해 경고하고 있다.

"우리는 이것을 반드시 염두에 둬야 한다. 인생이 얼마나 부패와 타락으로 가득 차 있는지를 올바로 인식하고 그러한 우리의 인생이 그리스도의 의로만 의롭게 된다는 사실을 고백할 때 우리는 자아의 죄를 저지르게 하는 세력으로부터 구원 될 수 있다. 그러나 많은 경우 그러지 못하고 있다. 자아는 제단 위에서 제물이 되지 못하고 있다. 자아는 피 흘리는 다른 제물을 지켜보면서도 자신은 전혀 아무런 영향도 받지 않는다. 수많은 자아들이 개혁을 부르짖으면서 쟁취하기 위해 싸우고, 은혜로 얻는 구원을 강력하게 설교하지만, 진실을 얘기한다면 대부분 그럴싸한 정통 교리로 무장하는 데 열심이고 성경공부 같은 모임에 편안함을 느끼지 실제로 골방에서 고통스런 자아의 휘장을 찢는 데로는 나아가지 못하고 있다." (<하나님을 추구함>(*The Pursuit of God*), 44쪽)

그런데 이러한 자아는 우리의 너무나 깊은 곳에 존재하고 우리의 일부처럼 되어 버렸기에 우리의 인식의 자리로 나아오기가 무척 어렵다. 그 비참하고 죄로 얼룩진 자아를 경험하게 하는 것이 있으니 그것은 하나님을 갈망함으로부터 비롯되는 거룩한 불(*the divine flame*)이다.

자아를 경험하고 그 휘장을 찢는 과정을 십자가의 존(*St. John of the Cross*)은 '정결의 과정'(*the purgative way*)이라고 표현했다. 우리를 정결케 하기 위해 여호와의 거룩한 불(*the divine flame*)이 우리의 영혼 가운데로 비춰드는데, 이러한 정결의 과정은 결국 하나님과의 온전한 연합의 자리로 우리를 이끌지만 그 전에 그 불은 우리 영혼을 고통스럽게 상처 입힌다고 십자가의 존은 이야기하고 있다.

> *O living flame of love!*
> *that tenderly wounds my soul*
> *in its deepest center!*
>
> <The Living Flame of Love>, St. John of the Cross

"거룩한 불이 영혼의 본질 속으로 들어와 완전한 정결과 순결을 통해 영혼과 연합되기 전에 성령의 불은 영혼의 그릇된 부패를 파괴하고 소멸시킴으로써 영혼에 상처를 입힌다." (<살아 있는 사랑의 불꽃>(*The Living Flame of Love*), 648쪽)

성령의 거룩한 불을 통해 자아가 파괴되는 과정의 단계에서 성도들은 엄청난 상실감과 무거운 고뇌를 경험한다. 이때의 불은 무척 거칠고 단호하게 영혼을 상처 입힌다. 자아의 휘장을 찢는 과정이다. 토저는 이 휘장이 고통을 느낄 수 있는 감각이 저장된 피부 같다고 표현하고 있다. 즉, 거룩한 불을 통해 자아의 휘장이 찢기는 과정은 실제로 피부가 찢기는 것처럼 큰 고통을 영혼에 던져준다는 것이다.

> "우리는 기억해야 한다. 베일이 찢긴다고 이야기할 때 그것은 추상적인 이야기가 아니다. 시적인 표현도 아니고 전혀 즐거운 과정도 아니다. 그 정결의 과정에는 즐거움이란 전혀 들어 있지 않는 고통의 과정이다. 이 휘장은 살아 있는 피부조직 같은 것으로 이뤄져 있다. 온갖 감각이 다 내장되어 있다. 그 휘장을 터치할 때 고통이 느껴진다. 그 휘장을 찢는 것은 우리를 상처 입히는 것이다. 그리고 우리를 피 흘리게 한다. 이와 다르게 표현하는 것은 십자가를 십자가가 아닌 것으로 만드는 것이며 죽음을 죽음이 아닌 다른 것으로 만드는 행위다. 이 찢김의 과정이 바로 십자가가 예수 그리스도에게 한 일이며, 동시에 십자가가 우리에게 하는 일이다. 이를 통해 우리는 참 자유를 얻게 된다." (<살아 있는 사랑의 불꽃>(The Living Flame of Love), 44쪽)

거룩한 불

도미니카 선교 사역을 정리하고 어바인으로 돌아오기 하루 전날인 지난 7월 3일 성도들은 도미니카 북쪽에 위치한 하라바코아라는 곳으로 짬을 내어 갔다. 백두산보다 높다는 그곳 어느 산꼭대기에 저녁 식사를 하기 위해 올랐는데, 도미니카의 평지와 달리 추위가 느껴졌다. 식사가 이뤄지는 곳에는 산속의 어둠을 겨우 밝히는 촉이 낮은 전구가 몇 개 켜졌고, 옆 공터에는 큰 모닥불이 지펴졌다.

식사를 대충 끝낸 나는 모닥불 곁으로 가 서 있기도 하고 앉아 있기도 했다. 모닥불은 거룩한 하나님의 불(*the divine flame*)처럼 타올랐다. 불이 붙은 나무들은 산 정상에 심겨져 있던 나무들이었다. 마른 나무들도 있었지만 습기를 머금은 나무들도 거대한 불꽃 속에서 하얀 연기를 내며 바짝바짝 타 들어갔다. 이따금씩 '탁탁' 하는 소리가 났고, 불꽃은 나무의 모든 것을 삼켰다. 큰 모닥불 속에서 펼쳐지는 광경을 유심히 살펴보면서 우리의 영혼을 정복해 오시는 거룩한 하나님을 계속해서 떠올렸다.

십자가의 존도 <살아 있는 사랑의 불꽃>에서 우리 영혼의 연약한 부분을 불태우시는 거룩한 불을 나무에 붙은 불을 통해 묘사했다.

"거룩한 불의 빛과 열기를 통해 영혼은 그동안 숨겨지고 느껴지지 못한 채 오래 전부터 내재했던 영혼의 연약함과 비참함을 비로소 목도하고 느끼게 된다. 이것은 마치 나무에 있는 습기가 나무에 불꽃이 붙어 그 나무가 태워지고, 연기가 나고, 탁탁 소리를 낼 때에 비로소 명확하게 드러나 소멸되는 것과 같다. 거룩한 불이 불완전한 우리의 영혼 가운데 하는 일도 마찬가지다. 이때 서로 반대되는 것들이 부딪힌다. 거칠고 단호한 여호와의 완전한 불꽃이 연약하고 비참한 불완전한 영혼을 공격해 한판 전쟁이 벌어진다."

결국 어떻게 되는가. 완전하고 초자연적인 하나님의 거룩한 불꽃이 타락하고 사악한 어둠과 같은 영혼을 몰아낸다. 이 일은 언제나 하나님 편에서 먼저 시작하신다. 우리 안에 들어와 우리와 거하고 사귀는 것이 하나님의 참된 바람이기에 하나님은 이 작업을 영원 전부터 한 번도 멈추신 적이 없다. 다만 죄로 물든 인간의 자아가 시퍼렇게 살아 하나님과 인간 사이를 가로 막았다.

> "주께서는 사람의 자녀들에게 고난이나 슬픔 주시기를 즐겨하지 않으시기 때문이다." (예레미야애가 3:33)
> "자기 죄로 인해 벌 받는데 살아 있는 사람이 왜 불평해야 할까." (예레미야애가 3:39)

타들어가는 모닥불을 바라보면서 나는 기도를 드렸다.

> "내 영혼의 모든 자아를 온전히 불태워 주소서. 내 영혼에 거룩한 주의 불을 내려 주셔서 내 인생의 비참함을 깨닫게 하시고 내 인생의 소망을 온전히 주님께만 고정하게 하소서."

이렇게 주님을 묵상하니 주님께서 왜 이러한 불로 불완전한 영혼을 태우실 수밖에 없는지 깨닫게 된다. 주님께서는 이러한 거룩하지 못한 것들을 싫어하시기 때문이다. 완전히 거룩하신 하나님께서 얼마나 이러한 불경건한 것들을 싫어하시는지 진심으로 깨닫지 못하는 자는 하나님을 향한 온전한 갈망에 이르기 힘들다.

하나님과 참된 사귐에 들어가기를 간절히 사모하는 자는 이제는 자신의 영혼을 사를 불꽃을 오히려 사모하는 데까지 이른다. 예레미야도 주님께 나아가는 데 있어서 거룩한 불을 통한 정결의 순간의 필요를 절실하게 알고 있었다.

"주께서 높은 곳에서 불을 내려 내 뼛속까지 사무치게 하셨다."
(예레미야애가 1:13)

그 불이 자아를 태울 때 피할 수 없이 뒤따르는 고통을 예레미야는 이어 고백하고 있다.

"그분이 쓰라림과 고통으로 나를 에워싸고 둘러싸셨다. 내가 소리 치고 부르짖어도 내 기도를 닫아 버리셨다. 그분의 화살통의 화살이 내 심장을 뚫고 지나가게 하셨다. 그분은 나를 비통함으로 배부르게 하시고 쓰라림으로 취하게 하셨다. 그분이 내 심령에서 평안을 빼앗으셨으니 내가 행복을 잊고 말았다. 그래서 내가 말했다. '내 인내와 소망이 여호와로부터 사라져 버렸다.'" (예레미야애가 3장)

그러나 거룩한 불이 비참한 내 자아를 거칠고 단호하게 태우고 난 뒤에는 그 거룩한 불이 감미롭고 달콤하게 내 영혼 가운데 찾아오신다.

찬양으로 변하는 죽음

십자가의 존은 이때 우리 영혼 가운데는 마지막 베일(Veil)이 하나 남아 있는데 이것은 너무나 얇고 연약해서 거룩한 불은 지극히 아름답고 감미로운 모습으로 우리를 찾아오시고, 우리의 영혼은 그분의 달콤함과 만나자마자 모든 것을 내어드리게 된다고 말하고 있다. (<살아 있는 사랑의 불꽃>, 653쪽)

어느새 거미줄에 묶여 몸부림치던 어느 벌레는 숨을 거두었다. 백조는 죽기 전에 가장 아름다운 노래를 부른다고 한다. 성도들이 십자가 앞에서 당하는 온전한 죽음은 세상에서 가장 아름다운 찬양이 될 것이다.

우편함 옆 벤치에 앉아 내 영혼의 남아 있는 마지막 휘장까지 주님의 거룩한 불 아래 맡기고 나니 내가 걸어왔던 산책로며 콘도단지 이곳저곳으로부터 은혜의 강물이 차오르는 환상에 빠져들었다. 발목까지 차오른 은혜의 강물은 무릎을 지나 허리까지 차오르고 이윽고 내 주위는 주님의 은혜의 강물에 수장되었다.

오, 이 평화.

주님의 거룩하신 은혜의 강물 속에 들어와 있으니 주님의 평화가 내 영혼을 덮는다. 마지막 지성소의 휘장 뒤에 계신 예수 그리스도와 내 영혼이 온전히 하나가 되면서 지성소의 평화가 내 영혼을 뒤덮는다. 십자가의 존은 이 평화의 상태를 이렇게 표현했다.

"모든 것들이 사랑과 찬양으로 변모한다. 자만심이나 허영이나 하는 자아의 부정한 흔적들은 찾을 수조차 없다. 영혼은 오직 그리스도 안에 녹아져서 그분과 함께 거하기만을 갈망하게 된다." (<살아 있는 사랑의 불꽃>, 654쪽)

빌립보서에서 바울이 이르게 된 고백이 진정으로 이해되는 듯하다.

"나로서는 몸을 떠나 그리스도와 함께 사는 삶이 훨씬 더 좋습니다." (빌립보서 1:23)

세상이 줄 수 없는 평화

지난 7월 4일 도미니카 하라바코아에서 중고등학교에 다니는 유스(Youth)들과 래프팅을 할 때였다. 한 배에는 감독관까지 모두 7명이 탔다. 래프팅을 한 계곡은 세계적으로도 꽤 알려진 곳인 듯 세계를 돌며 래프팅을 즐긴다고 밝힌 한 외국인이 감탄을 쏟아냈다.

상류에서 시작된 계곡의 흐름은 때론 폭풍처럼 빠르고 거칠었고, 어느 지점에서는 봄날처럼 안온했다. 감독관은 계속해서 "뒤로, 앞으로, 점프인" 등을 외쳤고, 6명의 대원들은 이에 맞춰 일사불란하게 노를 저으며 자유롭게 흘러가는 계곡의 흐름에 몸을 맡겼다.

출발할 때부터 아름다운 자연에 취해 하나님의 임재와 평화 가운데 빠져버린 내 영혼은 급물살이건 잔잔한 물살이건 상관없이 은혜의 강물 위에 떠 있는 것처럼 평화롭게 노를 저었다. 이 강물이 결국 이르게 될 거대한 바다의 깊은 수면의 평화가 강물을 거슬러 올라와 내 영혼을 이미 잠식했다. 내 인생이 결국 이르게 될 바다 같은 영원한 본향의 평화가 내 인생을 순간순간 잠식하는 것처럼.

급물살을 타고 한참을 내려왔을 때였다. 언제 거친 소용돌이가 있었느냐는 듯이 갑작스런 잔잔한 물결이 펼쳐졌고, 대원들은 젓던 노를 놓았다.

그때 케빈(Kevin)이 탄성을 질렀다.

"아, 평화롭다."

그때 케빈이 내뱉은 이 평화의 고백을 아직도 잊을 수가 없다. 그
순간을 그보다 더 밀도 있고 정확하게 표현할 수 있는 말이 있을까
하는 생각을 했다. 더 놀라웠던 것은 모든 선교를 마치고 우리가 서
로 헤어질 때 롤링페이퍼에 케빈이 나에게 전한 짧은 문구였다.

"래프팅 할 때 집사님이 평화롭게 노 젓는 것을 보았어요."

그 급한 물살을 노 저으면서도 케빈은 내 영혼의 창을 들여다 본
것이다. 어쩌면 케빈도 급물살을 타고 내려오는 내내 주님의 평화를
묵상하고 있었을지도 모른다.

이 평화는 거룩한 불꽃이 거칠고 단호하게 자아의 어둠을 불태우
고 난 뒤 찾아오는 평화다.

"이제 곧 그 순간이 온다. 거룩한 불이 자아를 불태우는 과정이 모
두 끝나고 꿈틀거리던 자아가 제물로 완전히 죽게 되는 순간이 온
다. 그 이후에는 부활의 영광과 능력으로 가득 차게 된다. 그 전의
모든 고통은 기쁨과 함께 잊혀지고, 찢긴 휘장을 뚫고 영혼은 살아
계신 하나님의 임재 가운데로 들어가게 된다." (<하나님을 추구
함>, 45쪽)

이 평화는 또한 정결의 과정, 곧 모든 휘장이 찢기고 난 뒤 주님께
서 주시는 약속의 성취다. 주님이 주시는 약속은 무엇인가.

"누구든지 나를 사랑하는 사람은 내 말을 지킬 것이다. 그러면 내 아버지께서 그 사람을 사랑하실 것이요, 아버지와 내가 그 사람에게도 가서 그와 함께 살 것이다."(요한복음 14:23)

주님이 우리에게 주시는 최고의 약속은 주님께서 내 안에 들어와 영원토록 살 것이라는 약속이다. 그가 내 안에 내가 그분 안에 사는 것이다. 이런 단계에 들어간 영혼이 주님께 드리는 기도는 그렇지 못한 영혼이 드리는 기도와 다르다.

주님이 온전히 거하는 영혼은 주님이 원하시는 것만을 구하게 되고, 그분이 요구하시는 것만 요청하게 된다. 주님과 내 영혼 사이에 어떠한 가로막도, 장애물도 없는 자유와 평화를 누리게 된다.

오, 할렐루야.

구원을 조용히 기다림

아이티 온누리 선교 베이스에서 이교자 선교사님을 돕고 있는 사라한(Sara Han)에게서 메일이 왔다. 고아처럼 아이티를 뒤로하고 떠나온 뒤 그 형편과 평안의 복음이 궁금했는데, 사라의 소식으로 내 영혼이 위로를 얻는다.

"아이티에 온 지 4주째 끝을 향해 가고 있습니다. 이제야 저는 이곳 사람들이 당하고 있는 아픔과 고통을 조금이나마 더 이해하기 시작했습니다. 이곳에 온 첫 두 주간에는 무너진 학교들을 보며 슬픔이 밀려왔는데, 이제는 6개월 동안 임금도 받지 못한 채 구성원들을 먹여 살리기 위해 애쓰고 있는 선생님들과 교장 선생님들의 안타까운 이야기들도 접하고 있습니다. 또한 교회와 학교와 고아원들을 돕기 위해 고군분투하면서 일하고 있는 목사님들도 알게 되었습니다. 그들은 굶주린 사람들을 먹이고, 약하고 고통 받고 있는 사람들을 돕는 일을 계속하고 있습니다. 무너지고 절박한 육체적, 영적인 필요들은 제가 이해할 수 있는 것 이상입니다. 그러나 이러한 절망적인 상황 속에서도 희망과 삶이 솟아오르고 있다는 것은 진실입니다. 그래서 너무나 귀합니다. 그래서 더욱 겸손히 나아갑니다."

누명을 쓰고 감옥에 갇혔다가 지진으로 나온 뒤 얼마 전 경찰에 다시 체포된 그레고리가 그 누명을 벗기 위해 애쓰고 있다. 그레고리는 전심으로 선교 베이스를 도와 온 현지인이다. 이교자 선교사님과 사라가 그의 자유함을 돕고 있는데, 그레고리가 이 일을 통해 참된 그리스도의 제자가 되기를 바라고 있다.

예전에는 어떤 업적을 이뤄 하나님을 기쁘게 해 드리는 것이 주께 드리는 나은 제사라 생각하여 주의 깊게 계획하고 빈틈없이 그리고 알차게 시간을 쪼개 분주히 행했으나 주께서 내게 "나의 손이 짧아서 구원하지 못하는 것이 아니다"(이사야 59:1)라고 말씀하신 뒤로는 잠잠히 주님 앞에 앉아 있기를 힘쓴다.

"그분을 기다리는 사람과 찾는 사람에게 여호와께서는 선하십니다. 여호와의 구원을 조용히 기다리는 것이 좋도다. 그가 홀로 조용히 앉아 있게 하여라." (예레미야애가 3:25~28)

주님 앞에 홀로 조용히 주님을 갈망하며 보내는 시간은 금과 은보다 귀하다. 전혀 낭비가 아니다. 만물은 모두가 주님의 손에 달려 있다. 비가 오고 바람이 불고, 전쟁이 나고 평화가 오는 것도 하나님께서 허락하지 않으시면 결코 일어나지 않는다. 내가 할 수 있는 것은 하나도 없다. 내가 할 수 있는 일부가 있을 것이라고 생각하는 것은 교만이다.

캘리포니아의 날씨가 화씨 90도를 넘고, 더 큰 지진이 일어날 것이라는 이야기를 하는 사람도 있고, 수도꼭지 하나가 고장이 나 물이 새더라도 그것이 주님의 섭리 밖에서 일어나는 것이라고 생각하지 않는 것이 지혜라고 생각한다.

하늘에 나는 새도 하나님이 허락하지 않으면 결코 떨어지지 않고, 형체를 가늠하기 힘든 구름이 뭉치고 순간 흩어지는 것도 하나님이 개입하지 않으면 결코 이뤄질 수 없는 것이다.

중요한 것은 내가 주님 안에, 주님이 내 안에 하나가 되어 온전히 거하는 것이기에 어느 순간부터인가 나는 입을 조심하는 사람이 되었고, 조용한 생활을 즐기는 사람이 되었다. 내가 숨겨지고 연약해질수록 하나님께서 하셔야 하는 부분이 더욱 많아졌다.

어떤 날은 하루 온종일 흘러가는 바람과 흩어 뿌려지는 햇살에 내 영혼을 맡기고 주님을 갈망하는 것 외에는 아무것도 하지 않았다. 그랬더니 분주히 행할 때보다 더 깊은 평화가 깃들었고, 만물의 주관자이신 여호와께서 그분을 찾고 찾는 내 영혼의 모든 다른 대소사를 그분의 뜻대로 통치하시고 조정해주시는 것을 느낄 수 있었다.

그러나 어떤 때는 주님께서 내 영혼에 강력한 불처럼 권고하시는 때가 있는데, 그럴 때면 내 입술은 거룩한 권위를 가지고 담대히 행하고 입을 열었고, 주님께서 함께하신다는 굳은 믿음 때문에 아무런 두려움도 갖지 않았다. 특히 다른 사람들의 시선이나 인정받는 것은 의미가 없었다.

산토도밍고에서 날아와 LA공항으로 가는 비행기를 갈아타기 위해 마이애미 공항의 통로를 지나가고 있을 때 마침 통로 벽에는 그림 전시회가 열리고 있었다. 수많은 꽃들이 각기 다른 사람들의 손을 거쳐 다양한 모양으로 그려져 액자로 걸려 있었는데 모두가 같은 꽃이었다.

나를 뒤따라오던 고등학생 그레이스가 그림을 보더니 탄성을 자아냈다.

"내가 제일 좋아하는 해바라기들이야…."

해의 움직임을 따라 고개를 고정시키는 해바라기처럼 나의 영혼도 오직 주님만을 갈망하는 꽃이 되기를 바랐다.

이 꽃도 시들어 땅에 떨어져 죽겠지만, 주님을 갈망하는 내 영혼은 죽지 않고 천국으로 옮겨져 영원히 주님의 순결한 신부로 살아가게 될 것이다.

이 땅에서의 내 인생의 길이가 손바닥만큼 짧으니 내 기쁨이 더욱 충만하도다.

"오, 주여. 당신의 길은 어찌 그리 뛰어난지요. 사람들의 길은 무척이나 어둡고 그릇됩니다. 우리에게 어떻게 죽어야 할지를 보여주소서. 그리하여야 새로운 삶으로 우리가 살아갈 수 있을 것이기 때문입니다. 예수 그리스도의 피로 성전의 휘장이 찢어졌듯이 우리 자아의 휘장도 위에서 아래로 온전히 찢어지게 하소서. 이러함으로 우리는 온전한 믿음 안에서 당신 가까이 나아갑니다. 이 땅 위에서 날마다 당신과 함께 거하는 경험을 충만히 하게 하셔서 우리가 이 땅을 떠나 당신과 영원히 거하게 될 천국에 들어갈 때에 하늘나라의 영광이 우리에게 익숙할 수 있도록 하소서. 예수님의 이름으로 기도합니다." (A. W. 토저, <하나님을 추구함>, 45쪽)

2010년 7월 17일
탈봇에서

죄
―잔 다르크의 고해성사

영혼 심층에 꿈틀거리는 죄

어제는 아내가 많이 울었다. 나는 작은 밀실에서 밤새 책을 읽고 있는데 저쪽 어둠 속에서 아내는 쉽게 잠을 자지 못하고 훌쩍이고 있었다. 내 연약함과 무지 때문에 아내를 속상하게 한 일이 있었는데 그 때문이 아닌가 하는 생각으로 내 마음이 몹시 아팠다.

아내가 저쪽에서 울고 있을 때 실은 나도 책 위로 눈물을 떨어뜨리고 있었다. 한 여인을 진실로 기쁘게 할 수 있는 힘이 내 영혼 안에 없다는 것을 인정하지 않을 수 없었다. 오히려 내 영혼 속에는 아직도 길들여지지 않은 무시무시한 칼날이 내 영혼의 깊고 깊은 곳에서 사나운 공룡처럼 솟아나와 아내를 힘들게 하고 아들을 노하게 만들 때가 있다.

내 눈물이 떨어지던 책은 성 어거스틴(*St. Augustine*)의 <고백론>이

었는데, 이 구절을 읽으면서 나는 참으로 비통한 마음을 숨길 수가
없었다.

> "두렵습니다. 내 의식보다 더 깊은 곳에는 어떤 사나운 충동, 악한
> 세력들이 흐르고 있습니다. 나의 눈은 그러한 세력들을 알지 못합
> 니다. 그러나 하나님의 눈은 그것들을 알고 계십니다." (215쪽)

Subconscious(무의식)

이 깊은 곳에 내 영혼의 길을 잃어버리게 만드는 어떤 악함이 존재
하고 있다. 내가 정확히 알지 못하는 죄들이 영혼의 심층에 잠들어
있다. 이 죄들은 사나운 광풍처럼 예상치 못하는 때에 휘몰아쳐서 내
영혼이 예수 그리스도를 목전에 두고 있는 거룩하고 아름다운 순간
에도 여지없이 내 영혼을 시커먼 바다 한가운데로 빠뜨려 버린다.

지난 6월 베들레헴에 있는 예수탄생교회를 방문했을 때 보았던 '성
제롬'의 모습은 보는 순간 내 영혼에 사진처럼 박혀 두고두고 떠올랐
다. 예수탄생교회에서 본 가톨릭의 4대 교부 중 한 사람 '성 제롬'의
동상은 발로 해골을 밟고 있었는데, 제롬에게 있어서 해골은 제롬의
영혼 깊은 곳에서 광풍처럼 솟아나던 죄악 된 정욕이었다. 히브리어
로 된 구약성서를 라틴어로 번역하는 성스러운 작업을 하는 동안 제
롬은 가장 순결한 영혼의 태도로 거룩하신 하나님의 말씀을 번역하
고자 했을 터인데, 그런 그의 영혼 속에서 죄악이 꿈틀거리고 있었으
니 그의 탄식이 얼마나 깊었을까.

프랑스 파리의 노트르담 성당에 갔을 때는 성당 안에 잔 다르크 동

상이 세워져 있어 순간 적잖이 놀랐었다. 잔 다르크 동상 아래에는 '성인 잔 다르크'라고 표기되어 있었다. 잔 다르크는 나라를 구하기 위해 출정했던 싸움터에서도 날마다 신부를 불러 고해성사를 하지 않으면 잠들지 않았었는데, 고해성사나 다른 것들에 대한 논란은 차치하고서, 나는 주님 앞에 그의 영혼을 가장 정결한 모습으로 세우고자 애쓴 잔 다르크의 심정이 한편 이해되는 측면이 있다.

내 영혼은 하나님 곁으로 더욱 가까이 갔다고 생각하는 순간, 내 영혼이 품고 있는 죄악을 다시금 적나라하게 깨닫게 된다.

"내가 죄를 고백하지 않고 온종일 신음할 때 내 뼈들이 다 녹아내렸습니다. 밤낮으로 주의 손이 나를 짓누르시니 한여름 뙤약볕에 있던 것처럼 내 원기가 다 빠져버렸습니다. 내가 주께 죄를 인정하고 내 범죄를 감추지 않겠습니다. '내가 내 범죄를 여호와께 고백하리라' 했더니 주께서 내 죄악을 용서하셨습니다." (시편 32:2~5)

다윗의 고백처럼 나는 뼈들이 녹아내리는 것 같은 고통으로 온종일 신음할 때가 있다. 예수 그리스도를 구주로 모시고 새로운 피조물이 된 나에게 왜 또다시 뼈를 녹아내리게 하는 고통이 찾아오는가.

온전한 연합에 이르는 길

내가 사랑하는 아빌라의 테레사(Teresa of Avila)가 쓴 <내 영혼의 성>(Interior Castle)을 읽으면서 나는 성인으로 존경을 받은 그녀도 나와 같은 고통을 겪었으며, 바울과 베드로도, 성 프란시스도 같은 고통 속에서 영광의 주님을 향해 더욱 깊이 나아갔던 것을 다시금 보고 큰 위로를 얻었다.

아빌라의 테레사는 그녀의 책에서 믿는 자들의 영혼 속에 존재하는 7가지 성(Castle)을 정밀하게 그려놓고 있다.

첫 번째 성에서부터 세 번째 성까지는 예수님과의 온전한 연합에 이르는 초보적인 단계인 듯하다. 입으로 내뱉는 열정적인 기도, 이성적으로 접근되는 묵상(meditation), 성취하는 명상(acquired recollection) 등이 초보적인 단계에서 이루어지는 가장 일반적인 모습의 기도로 표현되고 있다.

네 번째 단계의 성에서부터는 성령님의 빛이 영혼을 꿰뚫으면서 예수님과의 연합이 깊어지기 시작한다. 네 번째 단계는 'infused recollection' 의 단계인데, 이때에는 거룩한 성령님의 빛이 이해(understanding)의 영역을 꿰뚫고, 침묵의 기도를 드릴 때 그 성령님의 빛이 의지(will)를 꿰뚫고 지나가신다.

다섯 번째 단계의 성에서는 하나님과의 연합이 더욱 친밀해지는데 이때에는 기억(memory)과 상상(imagination)의 내적인 감각들(interior senses) 을 꿰뚫는다.

여섯 번째 단계는 예수 그리스도와 영적으로 혼인을 약속하는 아름다운 단계인데, 이때에는 외부적인 감각들을 사로잡아 신비한 영적 엑스터시(ecstasy)를 경험하게 한다.

이처럼 여섯 단계의 영적인 기도를 드리는 동안 믿는 자들에게 중요하게 요구되는 것은 예수님만을 그 기도의 중심에 모시는 것이다. 그렇게 되면 이 기도는 믿는 자를 겸손함과 자신에 대한 적나라한 인식 가운데서 성숙할 수 있도록 하고, 더욱 성스러운 기도의 단계로 인도한다.

그 마지막 단계가 바로 예수 그리스도와의 결혼의 단계이다. 이 단계에서 영혼은 가장 내적인 성소에 이르게 되고 삼위일체 되시는 하나님의 거룩하고 내밀한 존재를 영혼 깊은 곳에서 발견하게 된다. 영혼은 더 이상 거룩한 사랑의 연합에 대해 눈이 멀거나 귀먹지 않게 되고, 하나님께서는 사랑하는 믿는 자들의 눈에서 비늘을 벗겨 얼굴과 얼굴을 맞대고 믿는 자들을 보게 된다.

그러한 이 마지막 단계, 즉 예수님과의 온전한 연합의 단계에서도 죄들이 있다. 예수 그리스도의 십자가의 보혈로 거대한 죄에서는 해방이 되었어도 육신을 입고 있는 믿는 자들의 내면 깊은 곳에서 눈으로 감지 할 수 없는 작은 죄들이 솟아나게 된다.

여기서 느끼는 두려움은 그리스도를 향한 사랑에서 비롯되는, 다른 종류의 두려움인데 이제 그 정체를 더욱 분명히 알겠다.

나의 사랑하는 신랑 되시는 예수 그리스도를 아주 사소한 죄를 범함으로써도 상처 입히고 싶지 않은 신부의 마음이다. 만에 하나라도 지극한 사랑의 대상인 예수님을 훼방할까하는 두려움이 이때 나의 영혼이 느끼는 두려움이다.

아침에 일어나 밥을 먹고 난 뒤 아내는 이런 말을 했다.

"내 영혼 안에 정말 알 수 없는 깊은 죄들이 있고, 이것들 때문에 괴로웠어요."

은밀한 생각, 얼굴을 붉히다

어제 아내는 남편에 대한 서운한 마음에서 주님께 나아가기 시작했으나, 성령님께서 아내를 눈물로 인도한 자리는 바로 아내의 영혼 깊은 곳에 있는 무의식의 죄였다. 아내 역시 그 무의식의 죄가 비록 스스로 의도한 것이 아니고 알아차리기도 어려운 죄일지라도 엄연히 존재해 예수님과의 연합을 파괴하는 그 슬픈 모습이 안타까워 그 죄를 가지고 십자가 앞으로 나아간 것이다.

"다른 사람의 잘잘못을 생각하는 것 자체가 아무 소용이 없고 의미가 없는 것 같아요. 내 안에도 죄악들이…."

나도 같은 이유로 눈물을 흘렸던 것이다. 예수님을 더욱 사랑하고 예수님 곁으로 더욱 가까이 갈수록 나는 사소한 죄로도 예수님을 공격(offend)하고 싶지 않다. 예수님은 죄를 싫어하실 뿐 아니라 함께 존재할 수 없기 때문이다. 물론 사랑의 예수님께서는 끝없는 자비와 은혜로 나의 죄를 덮어주시고 눈감아주시지만 그럴수록 나는 예수님이 더욱 사랑스러워 더욱 정결한 모습으로 그분과 연합하고 싶은 것이다.

내 뼈를 녹아내리게 만드는 그 죄들이 존재하는 영혼의 깊은 곳을 상징적으로 더욱 적나라하게 떠올리게 한 곳이 바로 '그랜드캐니언'이었다.

노아의 거대한 홍수가 휩쓸고 간 그랜드캐니언의 단층은 가장 아래쪽에 하나님께서 첫째 날 만드신 지층이 있었고, 그 위에 셋째 날 물이 물러가면서 만들어낸 지층이 있었고, 그 위로는 온갖 화석들이 발견되는 홍수층이 뚜렷하게 경계를 이루며 층층이 쌓여 있었다.

창세기 1장에서 하나님께서 첫날 만드신 태초의 지층은 한눈으로 보아도 갈피를 알 수 없을 정도로 혼재된(complex) 지층이었다. 그 은밀하고 그 깊이를 알 수 없는 지층은 마치 내 인식과 발견의 범주를 벗어난 내 영혼의 은밀하고 깊은 곳을 떠올리게 했고, 나는 이전보다 더욱 주의 깊은 마음으로 이 은밀한 곳에서 벌어지고 있는 죄악을 보게 되었다.

예수님께서는 "마음이 깨끗한 사람은 복이 있나니 하나님을 볼 것이라"고 하셨기에 나는 기뻐했다. 내 영혼은 점점 예수님께로 가까이 갔고, 나는 예수님께 "보세요. 나는 정결해졌어요"라고 말하며 그분 앞으로 나아갔다.

그런데, 예수님의 거룩한 얼굴을 보자마자 나는 내 은밀한 곳으로부터 악한 생각, 살인자의 마음, 음란한 생각, 도적질하는 마음, 거짓된 증언을 하는 모습, 창조주를 모독하는 행위 등 온갖 는 이 꼬리를 물고 터져 나와 예수님 앞에서 그만 얼굴을 붉히고 말았다.

아니 처음에는 분개했다. 그러한 추악한 것들은 내 속에서 나온 것이 아니라고 항변했다. 그러나 침묵 속 예수님의 아름다운 눈빛은 나를 멸망으로 인도하는 눈빛이 아니었으며 더욱 나를 연단시켜 나와 온전히 하나가 된 결혼의 관계를 누리고 싶어 하시는 갈망이 담겨 있었다. 내가 누려온 안전이 거짓된 안전이었음을 알게 되는 순간이었다.

예수님께서는 두려움에 사로잡혀 있는 나에게 말씀하셨다.

"내가 너에게 줄 수 있는 가장 위대한 선물을 주겠다."
"오, 주님. 그것이 무엇입니까. 그 선물이 나를 모든 두려움을 이기게 하고, 하나님을 영화롭게 할 수 있는 것인가요?"

신랑 되시는 예수님께서 자비로운 음성으로 그 선물의 정체를 밝히신다.

> "내가 너에게 줄 수 있는 가장 위대한 선물은 바로 나 자신이다. 내가 너에게 바라는 것은 오직 한 가지, 바로 나를 닮은 삶을 살아가는 것이다." (<내 영혼의 성>, 아빌라의 테레사, 290쪽)

"오, 예수님. 당신을 내 영혼 속에 모십니다. 그런데 주님, 왜 내 영혼 속에 당신이 거하시면 서도 내게 고난이 찾아옵니까?"

> "내가 네 속에 거하는 이유는 네게 안식을 주거나 네가 존경을 받거나 너를 기쁘게 하려는 것이 아니라 네 자아가 포기되고 네 영혼의 모든 노력이 하나님을 기쁘시게 하고 그분에 대한 사랑을 나타내는 길을 찾는 것에 온전히 집중되도록 하기 위해서다. 곧 고난 가운데서도 나, 예수를 닮은 삶을 살 수 있도록 하기 위해서다." (<내 영혼의 성>, 290쪽)

볼품없는 십자가

이사한 집의 새로 생긴 골방에 십자가를 놓고자 하는 마음이 생겨 어느 매장을 찾았는데, 십자가들이 하나같이 아름답고 화려하게 만들어져 있어 고르지를 못했다. 나는 볼품없는 십자가를 원해서 버려진 나뭇가지를 주워 어떻게 내 손을 만들고자 했다.

볼품없는 십자가를 볼 때 내 영혼에 흠모할 만한 것이 없는 예수 그리스도의 모습이 보이고, 볼품없는 십자가를 볼 때 버려진 건축자의 모퉁이 돌처럼 고난당하신 예수 그리스도의 모습이 보인다.

"모든 시선을 고난당하는 그리스도에게 고정하는 것이 중요하다. 만일 그렇게 된다면 그 이외의 모든 것들은 아무것도 중요하게 여겨지지 않게 된다." (<내 영혼의 성>, 288쪽)

그래서 차를 타고 가다가 아내에게 내 소망을 이야기했다.

"나는 유일하게 되고 싶은 것이 있는데, 그것은 성인(saint)이 되는 것이야."

아내는 그렇게 되기를 빌어주었다.

나는 내 삶의 초점이 예수 그리스도에게로 지속적으로 모아지고, 내 영혼이 예수 그리스도의 숨결이 없이는 답답해서 견딜 수 없는 지경에 이를수록 내가 정말 성인이 되었으면 하고 바란다. 성인은 예수 그리스도를 열망하고 하나님을 끝없이 추구하는 자라면 누구든지 이를 수 있는 것이리라. 나아가 믿는 자가 결국 얻게 되는 이름이 성인이 아닌가.

"성인(*saint*)은 그의 주변에서 일어나는 모든 일들이 우연히 일어나는 것이라고 생각하지 않는다. 또한 그의 삶을 세속적인 일과 성스러운 일로 분리시키지 않는다. 성인은 그가 처한 모든 환경을 예수 그리스도를 향한 더욱 깊은 지식을 얻는 방편으로 생각하고, 제한 없이 그리고 온전히 자신을 예수님께 내어드리는 태도를 갖는다." (오스왈드 챔버스, <주님은 나의 최고봉>, 7월 11일)

침묵보다 권리와 폭로가 인기를 얻고, 개성과 리더십이라는 용어가 믿는 자들의 욕망을 달콤한 사탕처럼 보기 좋게 포장하는 시대에 나는 이 시대가 잃어버린 믿음의 목표, 어떤 특별한 시대의 사람이나 특별한 능력을 가진 사람에게나 어울린다는 생각으로 우리 믿음의 목표에서 멀리 치워버린 '성인이 되는 것'의 아름다운 가치를 회복해야 하는 게 아닌가 하는 생각을 하게 된다.

"그러나 나는 너희에게 말한다. 악에 맞서지 말라. 누가 네 오른뺨을 치거든 왼뺨마저 돌려 대어라. 누가 너를 고소하고 속옷을 가져가려 하거든 겉옷까지도 벗어 주어라." (마태복음 5:39~40)

성인의 삶

이러한 삶이 바로 성인의 삶이며 예수님께서는 우리 믿는 자에게 이러한 삶을 살 것을 명하셨는데 내 안에는 이렇게 할 힘이 전혀 없다. 그러나 이렇게 사셨던 분이 있으니 바로 예수 그리스도이시다. 성인의 삶은 나의 죄와 영적 교만을 "오, 다윗의 자손이여. 나를 불쌍히 여겨주옵소서"라면서 온전히 주님께 고백하고, 내 영혼의 중심 자리를 100퍼센트 예수 그리스도에게 포기하여 드리는 데서 출발한다.

예수님을 내 중심에 모셔 드린다고 하면서도 내 안에 다른 소중한 것들이 자리하고 있을 때는 내 영혼이 엄청난 고통을 당하게 되는데, 주님께서는 나의 헛된 소유(possession)와 자기의(self-righteousness)를 벗어 던지도록 하기 위해 나를 한참 동안이나 아니 어떤 때는 아주 오랫동안 무지 가운데 내버려 두신다.

> "하나님께서 명하신 것을 내 힘으로 다 이룰 수 있다는 자기 의를 가진 사람에게 하나님은 그 사람의 무지가 드러날 때까지 내버려 두신다. 그 자기 의는 결국 그 길에서 장애물을 만나 스스로 넘어지게 되고 그제야 그 사람은 주님께 돌아온다. 하나님 나라의 기초는 '가난'(poverty)에 있다. 소유(possession)가 아니다. 예수를 위해 뭔가 내가 결정을 하고 액션을 취해야 한다는 생각을 버리고 하나님께 이미 속해 있는 절대적인 풍요와 부요를 인정하고 받아들이는 것이 참된 '가난'이다." (오스왈드 챔버스, <주님은 나의 최고봉>, 7월 21일)

참 신기한 것은 내가 소중하게 여기는 것을 포기하지 않고 어중간하게 쥐고 있을 때가 있는데, 하나님께서 내 영혼을 만지기 시작하시자 내 죄가 통렬히 인식되었고, 내가 소중히 여기던 것들이 좀 먹듯이 사라지게 되었다.(시 39:11) 내가 소중하게 여기던 것을 사라지게 한 힘은 다름 아닌 피 묻은 예수 그리스도의 십자가였다. 고난당하신 예수 그리스도였다.

이번 여름에 예수 그리스도의 나를 향한 사랑을 다시 한 번 깨닫게 해 준 것은 '시간'이었다. 아이티를 가기 위해 *LAX* 공항에서 마이애미로, 마이애미에서 산토도밍고로, 산토도밍고에서 포르토프랭스로 이동하면서 하나님께서는 그동안 다분히 절대적인 것으로 내가 인식해 온 '시간'이라는 것이 상대적인 것이며 하나님께서 인간들을 위해 잠시 동안만 허락해 놓으신 것이라는 생각이 들었다. 시간이 앞으로 몇 시간 빨라지고 뒤로 몇 시간 느려지기를 반복하면서 내 믿음이 '시간'이라는 장벽을 뛰어넘어 자유 할 필요가 있다는 생각을 하게 되었다.

아이티에서 돌아온 뒤 김사만 집사님과 이야기를 하다가 우리는 하나님의 역사는 궁극적으로 시간을 뛰어넘어 관점으로 모아진다는 결론을 내렸다. 나는 내가 하루를 살고 인생이라는 것을 살아가면서 얼마나 시간이라는 것에 매여 초조해하고 두려워하고 불안해했는지를 돌아보게 되었고, 결국 내 영혼은 시간을 창조하신 영광의 주님께서 우리의 죄를 구속하기 위한 그 사랑 때문에 그가 창조하신 피조물의 육신을 입고 그가 창조하신 '시간 속으로' 들어오신 고통을 조금이나마 이해하게 되었다.

내가 어머니의 모태 중에 생기기 전 태초부터 내 존재를 아신 주님께서는 천년을 하루처럼 보시고, 시작도 끝도 없으신 어마어마한 분이신데, 그분이 답답한 시간 속으로 들어오셔서 인간이 시간 때문에, 육신 때문에 당하는 모든 고통을 친히 담당하시는 놀라는 사랑을 보여 주신 것이다.

하나님의 놀라운 사랑과 위대하신 능력을 깨닫자 나는 아빌라의 테레사처럼 하나님께서 내게 주신 그 모든 자유를 다시금 하나님께

되돌려 드려 하나님의 노예로 살아가는 것이 더욱 기쁘고 지혜로운 것이라는 생각이 들었다.

> "오, 주님. 내게 자유의지를 주신 이유는 그 자유의지를 다시금 주님께 바쳐 내가 다른 누구도 아닌 주님의 노예(a slave of God)로 살아갈 수 있도록 하시기 위함이군요."

이렇게 기도를 드렸더니 예수님께서는

> "나는 너를 노예로 부르지 않고 아들로 불렀다. 너는 내 사랑하고 기뻐하는 아들이다."

라고 말씀하셨다. 주님이 성경을 통해 그렇게 말씀하시는데도 불구하고 내 영혼은 아들로서의 신분을 누리면서도 주님의 노예가 되는 지혜와 기쁨을 계속 고백하게 되었다.

이것은 마치 아내와 연애를 할 때에 사랑하는 그녀에게 온전히 들어가기 위해 "내가 그녀의 노예가 되기를 원한다"고 생각하는 것과 유사한 점이 있을지도 모르겠다. 한 여인을 향한 불타는 사랑이 내 영혼을 노예가 되어도 좋다는 정도까지 이끌고 갔다면 하물며 내 영원을 완성하신 예수님을 뵈올 때에, 내 좁은 지각으로는 이해되지 않는 예수님의 무한한 지혜를 맛보게 될 때에 내 무지한 영혼을 노예처럼 의탁하고 싶은 마음을 정확히 설명할 길이 없다.

"세상의 왕이 되는 것보다 예수님의 노예가 되는 것이 비교할 수 없을 정도로 가치 있고 영광스러운 것"이라며 예수님께 나아가니 예수님은 이러한 영혼을 눈물로 들어 올리셔서 그가 친히 입고 있던 황금빛 겉옷을 입혀주시고 입맞춤해 주신다.

"나는 결코 두렵지 않습니다"

정경 집사님이 내 글을 읽고 인디언 선교사로 평생을 헌신하다 29살에 하나님 곁으로 간 데이빗 브레이너드를 연상케 된다고 이야기를 했다. 데이빗 브레이너드가 누구인지 몰라 찾아 읽어보고 나서 나는 내 영혼의 한 가닥 남은 자아의 찌꺼기까지도 모두 그리스도의 불로 태워버리기를 원하시는 하나님의 요청을 듣게 되었다. 그 위대한 인물을 내 앞에 두었다는 기쁨과 함께 그리스도를 향해 타오르는 그의 불꽃같은 사랑과 헌신을 닮고 싶다는 생각이 간절해졌다.

데이빗 브레이너드는 자기의 생일날이 되면 아침 일찍부터 일어나 어둠이 깊어질 때까지 무릎을 꿇고 영광의 하나님께 기도를 드렸다고 한다.

이 부분을 읽고 많은 회개를 했다. 두 손을 모으고 무릎을 꿇고 골방에 앉아 더럽고 죄악된 것을 모두 태우시는 하나님의 불꽃을 열망하며 예수님의 지극한 사랑과 성령님의 참된 위로를 소망했다.

내 기도는 시간이 지나면서 성 프란시스처럼 예수님을 지극히 묵상하다가 손발과 옆구리에 못자국과 창자국을 가지게 되어도 좋겠다고도 했고, 그리스도의 남은 고난을 내 육체에 채우기를 원한다(골로새서 2:24)고 고백하기도 했다.

이런 저런 고백을 하면서 하나님 앞으로 나아가고자 했으나 하나님께서는 그의 영광 가운데서 또다시 나의 무지를 보여주시면서 겸손히 주님 앞에 설 수 있도록 은혜를 베풀어 주셨다.

몇 년 전 내가 어떤 병으로 아주대 병실에 누워 있을 때 신비하고 깊이 있는 묵상으로 내 영혼을 예수님을 향한 사랑으로 인도해준 <칠층산>의 저자 토마스 머튼의 기도문을 책 표지를 펼쳐 다시 읽으며 주님께 나아갔다.

"내 주 하나님
나는 내가 어디로 가고 있는지
모르고 있습니다.
내 앞길을 보지 못하고
그 길이 어디서 끝날지 잘 모르겠습니다.
사실 나는 나 자신에 대해서도 잘 모릅니다.
내가 생각하는 일, 내가 주님의 뜻을 따르고 있다는 사실도
실제로 그렇게 하고 있다는 의미는 아닙니다.
그러나 내가 주님께 기쁨을 드리려고 하는 내 소망이
정말로 주님을 즐겁게 한다는 것을 믿습니다.
나는 내가 하는 모든 일에 이 소망을 간직하고 싶고
이 소망을 떠나서는 아무것도 하고 싶지 않습니다.
그리고 그렇게 할 때 비록 내가 옳은 길을 모른다 해도
주께서 나를 그 길로 인도해 주실 것을 믿습니다.
그러기에 주께서 나를 잊으시고
죽음의 그늘에 버려두시는 것처럼 여겨질 때라도
나는 언제나 주님을 신뢰합니다.
주님께서 언제나 나와 함께 계시고,

위험 속에 나 홀로 버려두지 않으시니

나는 결코 두렵지 않습니다.”

　잠이 든 식구들을 깨우지 않기 위해 나지막한 목소리로 찬양을 불렀다. “주님은 나의 생명, 나의 구원자 되시네…” 이제는 찬양 하나를 부르는 데도 두렵고 떨리는 마음이 앞선다. 수많은 아름다운 가사들로 지금껏 찬양했지만 실제 내 영혼은 그러지 못한 상태에서 거짓된 찬양을 드렸다는 아픔이 밀려왔다. 한 소절의 찬양을 드려도 그것이 진실한 내 영혼의 고백이 되기를 원한다. 거짓된 찬양을 반복해서 드림으로써 내 영혼이 화인을 맞은 것처럼 무뎌지는 것은 사랑의 주님께 얼마나 고통스러운 공격이 되는 것인가.

　“오소서, 주님.”

　이 기도 역시 드리자마자 거둬들이게 됐다. 성 어거스틴이 <고백록>에서 한 통찰력 있는 고백 때문이었다.

　성 어거스틴은 예레미아 23장 24절을 먼저 인용하면서 하나님께서는 안 계시는 곳이 없으며 못 계시는 곳이 없는 분이심을 나타내고 있다.

　“여호와의 말이다. 내가 볼 수 없도록 어느 누가 은밀한 곳에 숨을 수 있느냐. 여호와의 말이다. 내가 하늘과 땅에 충만하지 않겠느냐” (예레미아 23:24)

　성 어거스틴은 이어 이렇게 우주에 편만한 하나님께 “오소서”라고 말한다면 하나님의 무소 부재한 능력을 제한하는 것이 아니냐고 말하고 있다.

> "내가 주님 안에 있으면 내가 주님께 '오소서'라고 말하는 것이 무슨 의미가 있겠습니까. 주님께서 나에게 들어오시기 위해 주님께서는 대체 어디 다른 곳에 계실 수 있단 말입니까. 주님을 내 안으로 초청하기 위해 내가 하늘 밖이나 지구 밖으로라도 나가야 한단 말입니까. 그렇지 않습니다. 주님은 어디에나 계시며 나와 영원히 함께 계십니다." (<고백록>, 성 어거스틴, 4쪽)

"오소서, 주님"이라고 기도하기도 전에 이미 와 계신 주님께서 나와 영원한 동행을 약속해 주신다. 주님의 이 아름다운 속성을 깨닫자 토마스 머튼처럼 내 영혼 속에서 한 줌 남아 있던 두려움마저 그 어둠의 빛을 잃고 쫓겨 나간다.

내 인생의 짧음을 다시 한 번 보게 되었고, 능력 있는 수많은 사람들에 비해 내가 할 수 있는 일이 보잘것없을 수도 있다는 진실된 고백을 드렸다.

주님께서는 아빌라의 테레사의 <내 영혼의 성>의 목소리를 통해 시간과 능력에 쫓기지 말고 사랑과 자유로 행할 것을 권고하시는 듯하다.

> "주신 능력 안에서 행하라. 모든 사람을 섬기고 모든 이들을 찾아가 사랑하는 것은 불가능하다. 대신 너는 기도할 수 있다. 하나님께서 주신 달란트 안에서 행하라. 제자들처럼 많은 사람들을 개종시키지 못할지도 모른다. 단지 다른 사람을 도와줌으로써 그들이

하나님을 더욱 사랑할 수 있도록 돕는 일을 하는 것도 기쁜 일이다. 하나님은 사람이 하는 행위의 위대함을 보지 않으신다. 하나님이 보시는 것은 그 사람이 어떤 일을 할 때 품고 있는 영혼 속의 사랑을 보신다. 만일 그 영혼이 사랑 안에서 그가 할 수 있는 것을 할 때, 하나님께서는 그 영혼을 날마다 도우셔서 더욱 그 사랑이 깊어지고 커갈 수 있도록 도우실 것이다." (아빌라의 테레사, <내 영혼의 성>, 289쪽)

나를 잊고 주님만을

하나님을 묵상하며 글을 쓰다 보니 벌써 동이 터온다. 아침 6시가 다되어 간다. 일찍 자려고 했는데, 하나님을 묵상하는 시간은 세상의 그 어떤 시간보다 아름답고 귀해 시간이 이렇게 빨리 지나가 버렸는지도 몰랐다. 내 생활의 겉을 보면 많은 일이 일어나지 않고, 조용하고, 인간적인 재미라는 것도 많지 않은 것 같은데, 내 영혼의 내면은 광풍이 일고, 뜨거운 태양이 뜨고, 꿀보다 달콤한 예수님과의 연애로 가득 찬 거대한 서사시이다. 밤을 새워 이처럼 묵상의 글을 쓰는데도 피곤함은커녕 독수리 날개 쳐 올라감 같은 새로운 힘으로 출렁거린다.

나에 대한 생각을 잊어버리게 만드시는 주님. 우리 영혼이 우리 스스로에 대한 생각을 잊어버릴 때, 그리고 예수만을 생각하게 될 때 우리의 가난한 영혼은 말할 수 없는 거대하고 아름다운 하나님의 능력과 비전으로 채워질 것이다.

"하나님이 내 안에 거하신다면 어떻게 보잘 것 없는 우리들이 쉼을 생각하고, 영광을 걱정하고, 존경 받을 것을 염두에 두는가. 만일 영혼이 주님과 깊이 있다면 그 영혼은 스스로에 대해 어떤 것도 생각하지 않을 것이다. 그의 모든 초점은 주님을 기쁘시게 하는 길을 찾는 데 모아질 것이고 얼마나 주님을 사랑하는지 보여드리는 데 초점이 맞춰질 것이다. 이것이 기도의 목적이고 영적인 결혼의 목적이다." (아빌라의 테레사, <내 영혼의 성>, 291쪽)

아빌라의 테레사는 하나님과의 연합의 마지막 단계인 7번째 성 (*Castle*)에서 누리는 영적 상태를 이렇게 결론짓고 있다.

"그 영혼은 더 이상 특이한 신비적 경험을 할 필요가 없다. 왜냐하면 이제 다시는 하나님으로부터 떨어지지 않을 것을 알기 때문이다. 예수님처럼 그 영혼은 하나님 아버지를 향한 사랑과 그분의 뜻에 대한 순종으로 말미암아 십자가를 품게 된다. 그 영혼은 하나님과 가까이 걸은 모든 자들이 그랬던 것처럼 큰 고난을 당하게 될 것이지만 그 시련과 박해 가운데서도 예수 그리스도를 나타내며 큰 행복을 누리게 될 것이다." (<내 영혼의 성>, 260쪽)

"오, 주님. 주님이 함께하시지 않으신다면 나는 아무것도 시작하지 않겠습니다. 아멘."

2010년 7월 30일
탈봇에서

유혹
―요세미티 폭포와 별빛

교만의 유혹

캘리포니아의 밤은 아직 여름인데도 차갑다. 가슴이 뜨거워 밖으로 나갔다. 고개를 들어 밤하늘을 보았는데 차가운 별빛도 내 뜨거운 가슴을 쉽사리 식히지 못한다. 수면 아래에서 비춰지는 조명을 받아 잔잔한 파도처럼 은빛 물결치는 수영장의 쌀쌀한 침묵의 세력도 내 가슴 언저리에서 힘을 잃는다.

사실 이 뜨거움은 하루 종일 지속되는 것 같다. 아내와 장을 보러 알버슨(*Albertson*)에 갈 때도 그렇고, 아들과 함께 쓰레기를 버리러 계단을 내려갈 때도, 빨간 신호등에서 멈춰서는 그 잠깐 동안에도 가슴 속에 타오르는 어떤 불이 쉽사리 꺼지지 않는다. 심장 박동이 빨라지고 등 뒤에서 떠미는 뭔가가 있다. 어떤 때는 내 호흡 리듬마저 침범해 기도가 막힌 듯 몇 번의 기침을 해야 하기도 했다.

아무래도 이상했다. 이 가슴 속의 불이 순결하지 못하다는 통찰을 했다. 아침에 눈을 뜨면 그리스도를 향한 사무치는 애정으로 몸서리가 쳐질 정도였고, 잠들 시간이 되면 말씀을 한 자라도 더 음미하고 싶어 책장을 넘기느라 잠들지 못했다. 그리하여 내 영혼 속에는 주님을 향한 갈망과 사랑으로 커다란 불꽃이 타올랐는데, 뭔가 이상하여 모든 발걸음을 멈추고 그 불의 실체를 면밀하게 들여다보니 그 불의 한가운데 어느 순간부터인가 '교만'이라는 추악한 자아의 불이 타오르고 있었다.

내 영혼의 중심으로 쳐들어와 예수 그리스도의 자리를 훔치려고 시도하는 이 교만이라는 사단을 날카롭고 적나라하게 감지하고 나니 나의 사랑하는 주님을 근심하게 했다는 생각에 머리가 흔들리고 가슴이 아파왔다.

성 어거스틴이 자신의 삶을 끊임없이 괴롭혔다고 고백한 그 교만의 유혹이 내 것이 되어 있었다.

> "확신하건대 요한1서 2장 16절에 나오는 세 번째 유혹, 즉 '이생의 자랑'은 끝없이 내 삶을 괴롭혀왔다. 결코 멈추지 않는 유혹이었다. 이 유혹은 내가 갖고 있는 어떤 파워로 인해 사람들이 나를 어느 정도 두려워하고, 그 파워로 인해 사람들이 또 나를 사랑하기를 원하는 그런 유혹이다. 그런데 이 유혹은 전혀 나에게 기쁨을 주지 못했다. 이 유혹을 따라 사는 것은 참으로 비참하며, 이 허영은 정말 혐오스러운 것이 아닐 수 없다." (성 어거스틴, <고백록>, 213쪽)

이 교만의 불이 내 영혼 속에서 타오르고 있다는 것을 알고서 즉시로 나는 무릎을 꿇고 주님께 다시금 내 삶을 온전히 의탁하는 기도를 드렸다. 회개의 눈물이 쏟아졌다.

> "예수 그리스도와 연합하는 것을 방해하는 무언가가 나타나기 시작하면 즉시 그에게로 돌아서라. 그리고 당신의 안식을 다시금 이루어 줄 것을 요청하라. 그 방해하는 유혹에 대적하여 싸우라. 그것들이 당신의 삶에 머물지 않게 하라." (오스왈드 챔버스, <주님은 나의 최고봉>, 8월 21일)

되짚어 보니 몇 명의 귀하신 분이 이런 저런 내용을 들어 요 며칠 사이에 나를 칭찬하는 일이 있었는데, 내 영혼이 그 칭찬의 독약을 걸러내지 못하고 마셔버린 것이다. 그 독약은 내 온 영혼에 급속히 퍼져서 내 영혼이 하나님만을 생각하고 추구하는 길에서 벗어나 내 자아의 장점과 미래에 밤의 그림자가 양지를 잠식해가듯 초점을 맞추도록 했다.

마태복음 16장에서 예수께서 당신의 고난과 죽음, 부활을 예견하시자 베드로가 나서서 "주여! 절대로 안 됩니다"라고 한 태도가 바로 이 교만이다. 하나님의 목적과 섭리에 모든 영혼을 집중하지 못하고 인간의 조건과 연민에 사로잡힌 것이다. 이러한 태도는 사탄적인 것으로 예수님께서 지극히 책망하는 유혹이다.

> "사탄아, 내 뒤로 물러가거라! 너는 나를 넘어뜨리는 걸림돌이다! 네가 하나님의 일은 생각하지 않고 사람의 일만 생각하는구나." (마태복음 16:23)

베드로처럼 나 역시 '교만'의 거짓된 불덩이를 품고 있었는데, 외견적으로 보면 이것은 참된 '열정'처럼 보였다. 지금까지 나는 "당신은 하나님을 향한 열정이 대단하시네요"라고 누군가에게 말해주거나 그러한 말을 듣기도 했으나, 돌이켜보면 이 열정이라는 것이 하나님을 기쁘시게 해 드리기에는 무척이나 위험한 태도가 될 수 있다는 생각을 하게 된다.

> "영혼 안에서 일어나는 은총의 섬세한 활동은 모든 인간적 격정에 의해 심하게 방해를 받는다. 열정이 지나치면 영혼을 해친다." (토마스 머튼, <고독 속의 명상>, 145쪽)

내 초라함과 주님의 영광

인간적인 욕망에서 비롯된, 열정을 가장한 모든 거짓 불덩이들을 회개하며 주님 앞에 내려놓으니 내 영혼은 다시금 인간으로서의 연약함과 비참함에 눈을 뜨게 되었다.

하나님의 위대하심과 내 지각의 한계를 뛰어넘으시는 영광을 묵상하니 나의 인간으로서의 모든 상태가 거지처럼 비참하다는 생각을 하게 된다. 하나님께 내어놓을 만한 단 한 가지의 선한 것도 없는 거지와 같은 내 영혼을 본다. 나는 내 초라함을 보지만 동시에 그 초라함과 연약함을 기쁘게 받으시는 하나님의 자비하심 또한 깨닫는다.

지극히 부족한 내 영혼은 무한하신 하나님 앞에 엎드려 거지가 적선을 바라듯 오직 무한하신 주님이 주시는 현현과 내어주심을 목이

빠지도록 고대하고 또 고대한다.

> "무한하신 그분 안에 살며 그 무한함을 기뻐하는 것이, 우리 마음의 좁은 공간 속으로 그분의 무한성을 밀어 넣으려고 애쓰는 것보다 더 위대한 일이고 더 나은 기도이다. 그분이 나보다 무한히 더 위대하심을 알기에 주님께서 자신을 나에게 보여주시지 않으면 나는 그분을 알 수 없다. 이 사실을 알고 만족한다면 나는 평화를 얻을 것이고, 그분은 내 가까이, 내 안에 계실 것이며, 나는 그분 안에서 쉴 것이다." (토마스 머튼, <고독 속의 명상>, 126쪽)

가난한 자는 복이 있다고 주님께서 말씀하셨는데, 나는 내 영혼이 가난의 극치인 거지처럼 낮아져야 하는지 왜 몰랐을까. 내 영혼 가운데에서 어떠한 자존감도, 자기를 의지하는 조그마한 마음도 몰아내고, 오직 거지처럼 하나님께서 그 무한한 지혜에 의거해 나에게 베풀어주시는 아름다운 내어주심을 기대하며 받아먹어야 함을 알겠다. "아니야, 내가 거지라고까지 생각할 필요는 없지 않은가. 그건 하나님도 원하시는 바가 아니실 거야"라는 마음이 솟아오르는데, 그 이면에는 역시 자아를 높이려는 교만한 마음이 도사리고 있다.

> "나는 정말로 가난해야 한다. 아무것도 찾지 말아야 한다. 하지만 하나님께서 내게 주신 것이라면 무엇이나 지극히 만족해야 한다. 참된 가난은 누구에게나, 그러나 특히 하나님에게서 기쁘게 적선 받는 거지의 가난이다. 거짓된 가난은 천사라도 된 양 크나큰 자부심을 가지고 있는 사람의 가난이다. 참된 가난은 감사를 주고받는

것, 우리가 쓸 필요가 있는 것만을 지니고 있는 것이다. 거짓된 가난은 아무런 필요도 없는 척하고 청하지도 않는 척하면서 모든 것을 구하려고 애쓰고, 그 무엇에 대해서도 전혀 감사하지 않는 태도이다." (토마스 머튼, <고독 속의 명상>, 122쪽)

내 인생의 비참함과 그 비참한 인생을 찾으시는 위대하신 하나님을 받아들이자 내 영혼 속에 평화가 깃들기 시작했다. 사실 이러한 성화(sanctification)의 과정은 죽을 때까지 끝없이 반복되면서 깊어진다. 이 성화가 깊어지면 주님께서 동에서 서까지 번쩍이는 번개 같은 빛으로 내 죄를 적나라하게 조명해주실 때 즉시 주님 앞에 다시금 무릎 꿇을 수 있게 되고, 내 삶 가운데 감사가 더욱 넘쳐나게 된다.

이런 까닭으로, 내가 내 영혼 가운데 '교만'이라는 혐오스러운 유혹을 발견하고 잠시잠깐 자아의 절망상태에 빠졌으나 이 절망이 도리어 내 영혼을 하나님께 더욱 가까이 가게 하는 아름다운 계기가 되는 것이다. 토저는 자아에 대한 절망이 하나님께 나아가는 데 얼마나 중요한지를 역설하고 있다.

"더욱 좋은 것을 추구하다가 당황스럽게도 자신이 온전히 자아의 절망상태에 놓여 있는 것을 발견하게 되는 크리스천이 있다면 의기소침할 필요가 없다. 자아에 대한 절망은 믿음을 갖는데 좋은 친구다. 왜냐하면 이것은 마음의 가장 잠재적인 적들 중 하나인 교만을 파괴하고 영혼이 성령님의 사역을 받아들일 수 있도록 준비되게 한다. 완전한 공허(utter emptiness)나 실망, 어둠을 느끼게 될 때가 있는데, 이것은 푸른 초장으로 주님께서 이끄시는 어두운 계곡이다. 우리가 이것을 제대로 이해하지 못하고 하나님의 초대에 저항한다면 우리는 참 좋으신 하나님께서 우리를 위해 마음에 품고 계신 모든 유익한 것들을 잃어버리게 될 것이다." (A. W. 토저, <하나님을 추구함>, 135쪽)

자아에 대한 절망과 어둠의 통과를 주님께서 허락하시는 이유는 우리로 하여금 온전히 주님과만 참된 사귐과 의지가 있도록 하기 위해서다.

"우리가 하나님과 연합하기 시작하면 하나님께서는 그동안 우리가 어머니나 간호사처럼 우리를 섬겨 주었던 자연적인 위로들을 제거하시고 오직 성령님 외에는 아무에게서도 위로를 구하지 않는 곳에 우리를 위치시킨다. 주님은 우리의 거짓된 것을 찢으시고 우리 자신이 고통스러울 만큼 얼마나 작은 존재인지를 보여주신다. 이 작업이 끝나면 그제야 우리는 '가난한 자는 복이 있다'는 마태복음 5장 3절 말씀의 의미를 알게 될 것이다." (A. W. 토저, <하나님을 추구함>, 135쪽)

토마스 머튼은 인간의 연약함이 주님께 나아가는 참된 모습이어야 한다고 강조하고 나아가 우리가 그 연약함과 가난을 오히려 사랑하고 기뻐해야 한다고 고백했다. 그것이 참된 겸손이라면서.

"우리에 대한 예수님의 사랑이 얼마나 지극한지 안다면 우리는 우리의 모든 가난, 우리의 모든 약함, 우리의 모든 영적 비참함과 나약함을 지닌 채 그분께 가기를 결코 두려워하지 않을 것이다. 우리가 주님의 자비 외에는 아무것도 구할 것이 없을 때 고통은 우리에게 이득이 된다. 그분의 권능이 우리의 나약함 속에서 완전해짐을 진실로 믿을 때 우리는 우리의 무력감을 기뻐할 수 있다." (토마스 머튼, <고독 속의 명상>, 43쪽)

거듭나지 않은 '세상'—머튼은 '세상'을 거듭나지 않은 모든 것이라고 정의하고 있다—은 강하고 흠 없는 존재가 되는 것을 인간의 목표로 정하고 인간의 연약함과 보잘 것 없음을 부끄러운 것으로 전락시켰으나 주님 안에서 참다운 거룩함과 자유는 인간이 자신의 보잘 것 없음을 알고 그 연약함을 사랑해야 다다를 수 있는 것이다.

"우리가 자신의 보잘것없음을 진실로 알기 위해서는 그 사실을 또한 사랑해야 한다. 그것이 좋은 것임을 깨닫지 못한다면 우리는 그것을 사랑할 수 없다. 또 그것을 받아들이지 못한다면 그것이 좋은 것임을 깨달을 수 없다." (토마스 머튼, <고독 속의 명상>, 53쪽)

요세미티 여행, 교만의 불 잠재우러

여행을 떠나기로 했다.

사람을 기쁘게 하고, 사람으로부터 사랑을 받으려는 교만의 불을 깊이 회개하고 난 뒤, 내 영혼 가운데서 인간과 이성에 뿌리를 박은 잘못된 열정의 불을 꺼뜨리고 순결한 성령의 불로만 타오르게 하기 위해 자연 속으로 가기를 원했다. 하나님을 찬양한다고 하면서 나는 얼마나 많은 인간적인 열정과 흥분을 동원했는가. 자랑하지 않고 침묵과 평화 속에서 잠잠히 여호와를 찬양하는 자연을 보고, 그 안에서 성령님을 통해 깊은 충만함과 조명을 받는 것이 좋겠다는 생각을 했다.

> "자연은 상상력과 감정을 고요하게 가라앉혀서 우리의 의지가 믿음 안에서 자유롭게 하나님을 찾도록 해 준다." (토마스 머튼, <고독 속의 명상>, 145쪽)

요세미티(*Yosemite*)와 킹스캐니언 & 세쿼이아 국립공원(*Kings Canyon & Sequoia National Park*)을 향했다.

요세미티 커리 빌리지(*Curry Village*)에 여장을 풀고 요세미티 폭포를 보러 갔다. 폭포가 떨어지는 저 꼭대기까지 바위를 타고 올라가기로 했다. 아들 영찬이가 앞장섰다.

> "내가 인도할 테니까 아빠 나만 따라와!"

아들의 눈빛이 의기양양하다. 크고 때로는 날카로운 바위들을 기어올라야 하는 위험천만한 오르막길이어서 아빠를 따라 오라고 했지만 아들은 막무가내다. 뭔가를 정복하는 것에 대해 큰 호기심을 가진 아들의 태도가 단호하여 그러라고 했다. 바위를 오르는 중간 중간 예상치 못한 아름답고 맑은 물웅덩이가 나타나기도 하고, 폭포 정상으로 올라갈수록 거대한 물줄기와 소리가 점점 가까워지며 오감을 깨운다. 그 오감은 소음으로 흐려져 있던 내 영혼의 기관(*organ*)까지 깨위 영혼의 모든 촉수를 여호와를 향하도록 만들었다.

기세등등하던 아들이 거대한 바위 앞에서 멈칫하더니 아빠에게 손을 내민다. 때로는 엉덩이를 밀어 올려주기도 하고, 때로는 내가 먼저 올라 아들의 손을 잡아끌었다. 아들은 정상에 오르는 것에 온갖 신경이 집중되어 있는 것 같았다. 이에 반해 아빠의 즐거움은 아들이 아빠를 의지하여 내민 손이었고, 거대한 바위를 살을 부비면서 함께 오르는 교제의 시간들이었다.

내 힘으로 세상을 살아보겠다고 기세등등했던 내 모습과 결국 나의 연약함을 깨닫고 주님을 갈망하던 내 모습이 겹쳐 떠올랐다.

바위 아래에서 올려달라면서 손을 내미는 아들의 연약함을 지켜보면서 우리 인간의 연약함을 기다리며, 그 절망을 기쁨으로 거두어주시는 하나님 아버지의 자비를 느꼈다.

하나님을 나에게로 끄는 가장 좋은 방법은 바로 나의 연약함인 것이다.

"버림받고 부서지고 가난한 한 인간의 가슴이 드리는 사랑을 당신께서는 가장 기뻐하시며, 그 사랑이 당신의 연민어린 시선을 끈다는 것을 당신의 크신 자비로 인하여 알았습니다. 오, 주님. 당신을 사랑하고 당신을 아버지라고 부르며 의지하는 이들에게 아주 가까이 계시는 것이 당신의 바람이며 위안이라는 것 또한 나는 알았습니다. 오, 주님. 당신을 끌어당긴 것은 다름 아닌 나의 비천함과 나약한 인간성입니다." (토마스 머튼, <고독 속의 명상>, 161쪽)

폭포 아래서, 자유함의 낙하

　폭포가 떨어지는 정상에 올랐다. 고개를 높이 들어 가루 얼음처럼 끝없이 밀려 떨어지는 물줄기 한 올 한 올을 눈여겨보았다. 끝이 안 보이는 높은 곳에서 주저함 없이 낙하하여 중간 바위에서 사정없이 깨어지고, 그 흩어진 물줄기는 또다시 단 한 번의 지체함도 없이 수직으로 하강하여 고요한 호수에 잠겼다.

　로마서 1장 19~20절의 말씀처럼 하나님께서 만드신 폭포 하나에도 하나님의 능력과 신성이 숨겨져 있다.

> "하나님을 알 만한 것이 그들 가운데 분명히 드러나 있기 때문입니다. 하나님께서 그들에게 그것을 명백히 보여 주셨습니다. 세상이 창조된 이후로 하나님의 보이지 않는 것들, 곧 그분의 영원하신 능력과 신성이 그분이 만드신 만물을 통해 명백히 보여 알게 됐으므로 그들은 변명할 수 없습니다." (로마서 1:19~20)

　자연 속에 감춰진 하나님의 이 비밀한 것들을 더욱 명확히 알기 위해서는 성령님의 가르치심이 반드시 필요하다. 사람의 마음속에는 하나님의 비밀한 것을 알 만한 능력이 성령의 도움 없이는 완전해질 수 없기 때문이다.

> "기록되기를 '눈으로 보지 못하고 귀로 듣지 못하고 사람의 마음에 떠오르지 않은 것들을 하나님께서는 자기를 사랑하는 사람들을 위해 예비해 주셨다'라고 한 것과 같습니다. 하나님께서는 성령

을 통해 이것을 우리에게 깨달아 알게 해 주셨습니다. 성령께서는 모든 것, 곧 하나님의 깊은 것들까지도 자세히 살피시는 분이십니다." (고린도전서 2:9~10)

일전에 TV를 통해 내가 알고 있는 한 음악가가 스페인의 산티아고 길을 한 달 동안 다녀온 것을 보았다. 산티아고길은 프랑스 남부에서 시작되어 피렌체 산맥을 넘어 스페인에 이르는 약 한 달간의 명상길인데 가톨릭뿐만 아니라 이제는 종파를 넘어 수많은 사람들이 구도를 위해 그곳을 찾고 있다. 그 음악가는 긴 시간 동안 많은 고생을 하며 명상을 하고 또 명상을 했던 그 여행을 돌아보며 "인간의 고독을 이해했고, 앞으로 인간을 더욱 잘 표현할 수 있는 음악활동을 하겠다"고 다짐하는 것을 보았다.

아무리 고행을 하고, 아무리 명상을 하더라도 성령님의 밝히심이 없다면 모든 것이 허사다. 그 음악가처럼 인간에서 시작해 인간에서 마치는 것이다. 하나님의 비밀한 것은 이성의 분석으로 도달하는 것이 아니라 우리의 영혼을 성령님께 전적으로 의탁할 때 얻어지는 것이기 때문이다. 성령님의 이러한 깨우치심은 우리의 영혼을 돌이켜 그분께 돌아서기만 하면 그 어느 누구에게라도 이뤄지는 아름답고 기쁜 선물이다.

폭포 아래에 앉아 즐겨 암송하는 시편 73편 말씀을 주님께 올려 드렸다.

"하늘에서 주 말고 내게 누가 있겠습니까? 땅에서도 내가 바라는 것은 주밖에 없습니다. 내 몸과 내 마음은 다 쇠약해졌지만 오직 하나님

께서 내 마음의 힘이요, 영원히 지속되는 내 몫입니다." (시편 73:25)

성령님이 나를 통치하시니 영혼 가운데서 성령님께서 폭포의 물줄기를 통해 내게 부드럽고 친절한 말씀으로 가르쳐 주신다. 그 주저함 없고 거침없는 물줄기의 낙하 모습을 통해 성령님께서는 '자유함'을 가르치신다. 주님께서 말씀하실 때에 온전히 순종하지 못하고 주저하는 나의 모습이 바로 자유하지 못한 모습이며, 그 자유하지 못한 모습의 원인이 깨끗하지 못한 심령에 있음을 밝혀 주신다.

> "깨끗한 심령만이 참으로 깨끗하고 분별 있는 것이다. 깨끗한 심령을 가진 사람은 망설이거나 눈먼 사람 같지 않다. 깨끗하지 못한 자는 서로 부딪히는 뜻 사이에 항상 갇혀 있기에 단순하고 명쾌한 결정을 내리지 못한다. 늘 근심하고 진정한 행복이 없다. 왜냐하면 내적 자유(interior freedom) 없이는 행복이란 불가능하기 때문이다." (토마스 머튼, <아무도 외로운 섬이 아니다>(No Man is an Island), 56쪽)

끝없는 사랑의 고백

폭포가 떨어져 만든 맑고 작은 호수 위에서 아들이 굵은 나뭇가지를 하나 주워 나에게 가져다준다.

> "아빠, 이거면 될 것 같은데… 윗부분을 조금 잘라서 십자가를 만들면 되겠는데."

십자가를 만들라고 주워온 나뭇가지다. 요세미티로 떠나오기 전에 "요세미티에 가서 십자가를 만들 나뭇가지를 주워오려고 해"라고 한 아빠의 말을 기억한 것이다.

나뭇가지를 보니 상당히 굵고 강한 남성의 근육처럼 느껴졌다. 아들에게는 "좋네"라고 했지만 마음속으로는 '십자가가 너무 강해 보인다'는 생각을 했다. 이 마음을 주님께서 들으시고 곧장 책망하시는 게 아닌가.

> "십자가를 닮고 사랑하고자 하는 네 마음은 이해한다만, 십자가마저 이러 저러 해야 한다고 판단하는 네 모습이 아름답지 않구나."

눈에 보이지 않는 하나님을 사랑하기 위해 눈에 보이는 형상들을 미워하기로 작정한 내 영혼이 자칫 눈에 보이는 것과 눈에 보이지 않는 하나님의 마음을 뒤바꿔 버리지 않도록 경계하고 또 경계해야 하겠다는 생각을 했다.

사랑하는 머튼의 고백이 나의 기도가 되어 폭포를 거슬러 하늘로 올라간다.

> "당신이 가난하신데 왜 내가 부유하기를 원해야 합니까.
> 거짓 예언자들을 들어 높이고 참된 예언자들에게 돌을 던진 이들의 자손들이 당신을 거부하여 십자가에 못 박았는데, 왜 내가 그들의 눈에 유명하고 강력하기를 갈망해야 합니까.
> 나를 삼켜버리는 희망, 즉 이 세상에서의 완전한 행복에 대한 희망은 좌절될 수밖에 없는 절망일 뿐인데도, 왜 내가 그러한 희망을

가슴 속에 품어야 합니까.

나의 희망은 사람의 눈이 한 번도 보지 못한 것에 대한 희망입니다.

그러므로 나로 하여금 눈에 보이는 보답을 신뢰하지 말게 하소서.

나의 희망은 사람의 가슴이 느낄 수 없는 것에 대한 것입니다.

그러므로 나로 하여금 내 가슴의 감정을 신뢰하지 말게 하소서.

나의 희망은 사람의 손이 한 번도 만져보지 못한 것에 대한 희망입니다.

나로 하여금 내 손가락으로 쥘 수 있는 것을 신뢰하지 말게 하소서.

죽음이 손아귀를 느슨하게 하면 나의 헛된 희망은 곧 사라질 것입니다.

나의 신뢰를 나 자신이 아니라 당신의 자비에 두게 하소서.

나의 희망을 건강이나 힘이나 능력이나 인간적 재산이 아니라 당신의 사랑에 두게 하소서.

내가 당신께 신뢰하면 모든 것이 내게 힘이 되고 건강이 되고 도움이 될 것입니다. 모든 것이 나를 하늘로 데려갈 것입니다. 내가 당신을 신뢰하지 않으면 모든 것은 나를 파괴할 것입니다." (토마스 머튼, <고독 속의 명상>, 47쪽)

하나님께서 밤에게 명령을 내려(욥기 38:12) 요세미티에 어둠이 찾아왔다. 저녁을 먹고 캐빈(*Cabin*) 앞에 선 나와 아내, 영찬이는 밤하늘을 올려다보고 입을 다물지 못했다. 주의 손가락으로 만드신 주의 하늘 위로 주께서 달아 놓으신 달과 별들이 주렁주렁 매달려 있었다 (시편 8:3). 수억 개의 촛불이 타고 있는 것도 같았고, 하늘 가득히 빛나는 구슬을 담아 놓은 것도 같았다. 별들이 함께 노래하고 모든 천사들이 기뻐 외치고 있었다 (욥기 38:7).

언어가 소멸되는 순간이었다. 하늘과 땅의 기초를 세우신 전능하신 주님께서 "너는 대장부처럼 허리를 동여매어라. 내가 네게 물을 테니 너는 대답하라"(욥기 40:7)고 하신다. 그러나 대답할 수가 없다. 인간의 언어로 하나님의 광대하심을 다 표현할 수 있다면 하나님은 언어에 종속되신 분이시지 참된 조물주가 아니시기 때문이다. 그 위대하심을 다 생각해낼 수도 없다. 만일 그분의 위대하심을 다 생각해낼 수 있다면 주님께서 내 생각의 틀보다 더 작다는 뜻이 될 것이기 때문이다.

잠을 청하기 위해 침대에 누웠다. 열어놓은 창문 밖으로 끝없이 찬란한 찬양의 별빛이 내 얼굴과 영혼 위로 쏟아진다.

침묵 속에서 믿음과 겸손의 자세로 그 별들을 지으신 하나님의 위대하심을 묵상했다. 하나님 앞에서 나는 말하는 자가 아니라 듣는 존재임이 또렷해진다. 나는 듣고 주님께서 말씀하신다. 나는 침묵 속에서 그분의 말씀을 듣는다. 가슴 벅찬 하나님 임재의 실존이 내 영혼 가운데로 파도처럼 밀려오면 나의 언어는 차라리 아둔한 장애물이된다. 신비로운 주님께서는 인간이 표현할 수 없는 방식으로, 언어가 묘사하기 힘든 방법으로, 내 이성이 예측하기 힘든 방법으로 주님 자신의 사랑 가득한 존재를 내 영혼 속에 밀어 넣으신다.

"하나님께서는 파도 속의 보석처럼 바다로부터 솟아올라, 언어가 썰물처럼 밀려나갈 때면 그분의 광휘가 우리 존재의 해변에 남아 빛난다." (토마스 머튼, <고독 속의 명상>, 111쪽)

하늘의 가치, 교만의 불 소멸시켜

주님의 영광과 아름다움이 내 영혼 속에 가득해지니 나의 영혼이 하나님 나라에 가까이 와 있음을 느낀다. 눈에 보이는 이 세상의 찰나적인 시간이 오히려 실체가 아닌 것으로 보이고, 눈에 보이지 않는 장차 내가 영원히 있게 될 하나님 나라가 온전한 실체로 보인다. 이 세상은 절대적인 하나님 나라의 가치와 즐거움에 비할 때 참으로 무익하고 허상처럼 보인다. 이 땅에서 나의 권리를 주장할 필요가 전혀 없으며, 실체인 그 나라가 오면 주님께서 모든 계산을 공평하고 정의롭게 하실 것이기에 온유하고 즐거운 마음으로 지구 위에서의 삶을 견디고 십자가를 지려한다.

이 시대의 선지자라고 일컬어졌던 토저도 이러한 신비롭고 값진 영적 경험을 잘 풀어썼다.

> "이제 우리들은 세상의 실체를 있는 그대로 알게 되고 무대 위에 서 있는 것처럼 이 땅 위에서의 짧은 한 시간이 곧 지나가게 될 것이라는 사실을 알게 된다. 장차 다가올 그 세계에 대한 그림이 우리 마음 속에 선명해지고, 이것은 우리의 관심과 헌신을 끌게 된다. 그러면 우리의 삶은 이 새로운 실체(reality)와 어울리게끔 변화를 겪게 되고 그 변화는 영속적이게 된다." (A. W. 토저, <하나님을 추구함>, 93쪽)

이 지점에서 내 교만의 불이 힘을 잃고 소실되는 것을 본다. 땅에 대한 미련을 가지고 있기에 그것이 교만의 불로 타올랐던 것이다. 내 영혼이 '영원' 속에서 눈을 뜨는 순간 교만의 불이 소진되기 시작한다.

"이 세상이나 세상에 있는 것들을 사랑하지 마십시오. 누구든지 세상을 사랑하면 아버지의 사랑이 그 사람 안에 있지 않습니다. 세상도 사라지고 세상의 정욕도 사라지지만 하나님의 뜻을 행하는 사람은 영원히 살 것입니다." (요한일서 2:15, 17)

영적으로 고통 받는 모든 인간의 저변에 바로 이 세상을 포기하지 못한 집착이, 영원을 사모하지 못하는 근시적인 가치관이 자리하고 있는 것이다. 세상을 기뻐하고, 세상으로부터 기쁨의 대상이 되고자 하는 그 뿌리 깊은 아담의 쓰레기를 뽑아내지 않고서 사람들은 자신들에게 왜 참된 안식이 없는지 의아해한다.

다음날 아들의 강력한 요청에 따라 래프팅을 한 뒤 거울호수(*Mirror Lake*)를 올랐고, 낭떠러지가 아찔한 41번 도로를 타고 프레스노(*Fresno*)로 나와 1박을 하고, 이튿날 세쿼이아 국립공원으로 향하는 180번 도로를 탔다.

세상에서 가장 큰 나무

세상에서 가장 큰 나무라는 '제너럴 셔먼 트리' 앞에 섰다. 2700년을 살아온 이 나무는 밑둥치 직경이 11미터에 이르고, 이 나무로 방 다섯 개짜리 목조 가옥을 80여 채 만들 수 있는 부피라고 한다. 제너럴 셔먼 트리에 버금가는 크기의 나무들이 일대에 즐비한데 제너럴 셔먼 트리라고 뽐내지 않고, 다른 나무들도 사람들의 주목을 받지 않는다고 전혀 주눅 들어 있지 않다. 각 나무는 하나님께서 지정해 주신 처소에 겸손히 뿌리를 내리고 오직 그들의 얼굴을 하나님을 향해 자라고 있다.

그 거대한 나무들이 빽빽하게 하늘을 덮었고, 조그맣게 열린 하늘 공간이 까마득하게 높은 곳에 뚫려있었다. 분무기로 뿌린 듯 세밀한 물 분자들이 햇살이 스며든 그 열린 공간 속을 자유롭게 날아다니고 있었고, 속박이라는 단어를 알지 못하는 작은 새들이 나무 끝자락을 흔들며 이동하고 있었다.

3천 년 가까이 하나님만을 찬양하며 살아온 셔먼 나무는 자신의 정체성이 창조주를 기쁘게 하는 것에 있음을 아는지 침묵을 양식으로 삼고 있었다.

셔먼 나무를 보고 돌아오는 길에 아들 영찬이가 길바닥에 떨어진 나뭇가지 두 개를 들고 나타났다. 두 가지를 서로 엇대어 십자가를 만들어 보이는데 마치 짓밟힌 예수 그리스도의 고통 받는 모습처럼 보였다. 예수님은 고개를 떨어뜨리고 있었고, 팔과 다리는 고통을 견디다 못해 굽고 수축되어 있었다.

십자가로 쓸 이 나뭇가지가 특히 감동을 줬던 것은 아메리칸 삼나무의 생장 특성 때문이었다. 세쿼이아 나무는 죽은 자신의 기둥 위로 새로운 세쿼이아 싹을 틔운다. 자신의 죽음을 통해 인류를 구원한 예수 그리스도의 사랑을 세쿼이아 나뭇가지의 속성 안에서 엿볼 수 있었다.

하나님께 정복된 삶

마지막 일정은 모로 록(*Moro Rock*)에 오르는 것이었다.

가파른 바위 절벽을 오르면서 힘세고 속도 빠른 바람에 휘청거리기도 했지만 아내와 영찬이까지 모두 정상에 올랐다.

한라산보다 두 배 이상 높은 봉우리들이 병풍처럼 눈앞에 펼쳐져 있었고, 세쿼이아 나무들이 초원처럼 산맥과 들판을 뒤덮고 있었다.

높은 산을 정복한 자에게 펼쳐지는 이 아름다운 장관은 정복한 자만이 누릴 수 있는 축복이라는 생각을 하다가 '하나님께 정복된 삶'을 갈망하게 되었다.

> "오직 정복된 자만이 진정한 축복을 알 수 있다. 한 사람이 누리는 축복의 정도는 하나님께서 그 사람을 어느 정도로 완벽하게 정복하셨는지에 달려 있다."
> (A. W. 토저, <하나님을 추구함>, 47쪽)

정복이라는 걸 생각할 때마다 괴테의 <파우스트>에 그려져 있던 한 그림이 생각난다. 지옥의 문이 떨어져 나가 있는 그림이었는데, 예수 그리스도께서 그의 사랑하는 백성들을 구출하기 위해 지옥으로 쳐들어오셔서 부숴버린 문이었다. 미묘한 신학적인 반론이 있을 수 있겠지만 나는 그 그림을 떠올릴 때마다 죽음 가운데 내버려져 방황하던 내 영혼 속으로 강권적으로 쳐들어오셔서 사랑의 불화살과 불마차로 정복하신 예수 그리스도의 신묘막측한 사랑의 비밀로 가득차 눈시울이 붉어진다.

> 주님, 내 영혼을 온전히 정복하셔서 내 삶이 당신의 목적 가운데 잠기게 하소서.

이제 더 이상 당신의 목적이 무엇인지 찾으려고 애쓰지 않겠습니다.
나에게 일어나는 이해할 수 없는 많은 일들을 소용없이 분석하지
않겠습니다.
나는 주님께서 나를 당신의 목적 가운데로 이끌고 가신다는 사실
을 확신합니다.
다 이해할 수 없으나 당신의 목적이 세상과 내 삶의 모든 배경 가
운데 놓여 있고 주님께서 거룩하게 우리를 그 목적과 하나 될 수
있도록 빚어 가신다는 사실을 믿습니다.
내가 만일 나의 계획을 갖고 있다면 이것은
주님과 연합하는 데 이르는 단순함과 고요하고 평안한 상태를 파
괴할 것을 압니다.
아멘.

세쿼이아 국립공원에서 가지고 온 십자가를 거실 한 가운데 걸었다.
십자가를 보면서 식탁에 앉아 영찬이는 예수님의 죽음이 떠오른다
고 했고, 아내는 예수님의 부활과 생명이, 나는 예수님의 사랑이 떠오
른다고 했다.
예수님의 사랑과 그 죽음과 부활의 생명이 주께서 부르시는 그날
까지 삶 속에 차고 넘치기를 기도했다.

2010년 8월 18일
탈봇에서

자유
—불타는 떨기나무

'신'의 초대

자기가 신이라고 말하고 다니는 한 사람을 집으로 초대했다. 요즘 너무 잘나가는 사람이어서 친분을 쌓고 싶었고, 신에 대해서라면 일가견이 있는 나이기에 대화를 통해 신에 대한 지식과 상식의 폭을 넓히는 것도 나쁘지 않겠다는 생각도 있었다. 혹시 이 사람이 정말 신이라면 밑져야 본전이 아니겠는가. 그가 신이라면 나의 정중한 초대를 기억하고 더 큰 상을 베풀어 줄 것이니까 말이지.

자기가 신이라고 말하고 다니는 이 사람은 나의 초대를 선뜻 받아들였다. 바쁜데다 정신세계가 이상한 사람 같아서 나의 초대를 거절할 줄 알았는데 뜻밖에도 오겠다는 대답을 심부름꾼을 통해 전해온 것이다. 그것도 '곧' 온다는 것.

명색이 유명인사이니 식사 준비도 그럴싸하게 해야 하는데 급히 오겠다고 한다. 집으로 전갈을 보내 있는 대로 식사 준비를 하라고 했다. 아내는 썩 내키지 않아 했고, 딸은 이번에 붙은 유명한 대학 오리엔테이션에 가서 집에 없었다. 아들은 신을 찾겠다면서 아시아로 떠난 먼 여행에서 아직 돌아오지 않았다.

초대해 놓고 보니 며칠 뒤에 있는 신학시험이 마음에 걸렸다. 어느 동료들보다 신에 대한 나의 지식은 자타가 공인할 정도로 뛰어나긴 하지만 이번 시험은 더 높은 지위로 올라가는 중요한 승진시험의 성격도 띠고 있어서 만반의 준비를 해야 하는데 신이라고 말하는 이 괴짜 선생이 급히 오겠다고 하니 괜히 초대를 했나 하는 마음도 들었다. 그래도 혹시 아는가. 이번 시험에 신에 대한 문제가 나오고, 이 괴짜 선생이 그 문제에 대한 독특한 힌트를 제공해 준다면 나름 의미가 있는 시간이 될 수도 있겠다는 생각을 했다.

스스로를 신이라고 부르는 이 괴짜 선생은 오후 2시의 작렬하는 태양빛 아래를 걸어 현관문으로 들어섰다. 처음에는 그 괴짜 선생이 아닌 줄 알았다. 첫 눈에 딱 그를 알아볼 정도로 그가 번지르르한 벤츠차에, 윤기 나는 겉옷을 입고 들어설 줄 알았는데, 그는 매일 우리 집 앞을 서성대며 폐품을 줍는 '이에수스(*ΙησΟυ*)'라는 이름의 거지처럼 볼품이 없어 보였다. 몇 달째 비가 오지 않아 건조하기 짝이 없는 캘리포니아의 떠도는 길거리 먼지가 고스란히 그가 신고 있는 샌들 사이로 삐져나온 발가락 사이에 검게 쌓여 있었다. 그가 대동해 온 몇 명의 동지들도 남루한 차림이긴 마찬가지였다.

급히 차렸지만 아내가 내어놓은 식사는 대단했는데, 그는 식사에는 별 관심이 없는 듯 보였다. 나를 쳐다보는 눈빛이 심상치 않다. 참 내성적인 사람이라는 생각이 들었다. 한 마디 한 마디 내뱉는 단어들을 어떤 성스러운 침묵이 감싸고 있는 것 같았다.

나는 루터의 '은혜론'을 이야기했고, 칼뱅의 '하나님의 주권'을, 카를 바르트의 '하나님의 말씀'을 논했다.

> 그런데 신이라고 자기를 일컫는 이 괴짜 선생은 껄끄럽게도 자꾸 '죄'를 이야기했다. 내가 얼마나 의롭게 살았는데 내 죄가 크다고 말하는 걸까. 이번에 무너진 아이티에도 봉사로 다녀온 뒤 많은 돈을 기탁했고, 내가 입양해 돕고 있는 제3세계의 아이들이 얼마나 많은데. 작년에는 정부로부터 인권상도 받은 몸인데 나를 두고 죄를 논하다니 엉뚱하다는 생각이 들었다. 성경으로만 보더라도 나는 수많은 구절들을 암송하고 금식과 철야도 많이 하는데 말이지. 이 작자가 나를 몰라도 너무 모르는구나.

이 작자가 나더러 "Come to me(나에게로 오라)"라고 말하고 있을 때, 어디에서인가 한 여자가 나타나더니 이 작자와 나의 진중한 대화를 방해했다.

> 관리인은 뭐 하고 있는 거지. 외부인의 출입도 통제 못하고. 이게 몇 번째야. 당장 해고해야지 안 되겠어. 빚보증을 잘못 서서 일가가 쫄딱 망하고 가족이 뿔뿔이 흩어져 끼니도 제때 못 챙겨 먹는 것을 거두어 일을 주었는데 이런 식으로 외간 여자 하나 출입을 통제 못하고 있으니 참 한심하군. 그 녀석의 근무 태만 때문에 집에 몇 번씩이나 도둑까지 들었잖아.
>
> 그를 채용하기 전에 조금 더 신중해야 했었어. 내 참. 다들 내게 와

이런 생각을 하고 있는데, 이 여자가 스스로를 신이라고 부르는 괴짜 선생의 발아래 엎드려 울기 시작했다. 자세히 보니 이 여자는 이 지역에서도 유명한 몸 파는 창녀가 아닌가. 오늘 재수가 더럽게 없군.

끌어내리려고 하는데, 이 여자가 이 작자를 '존귀하신 분'이라고 부르며 발에 입을 맞춘 뒤 가져온 큰 항아리를 깨뜨려 붓는 게 아닌가. 향수 향기가 온 집에 순식간에 퍼졌다. 오래 전 이집트를 갔을 때 파라오에게만 바쳐졌던 것이라고 해서 눈여겨보았던 그 향수 향기 같았다. 이 거지 같은 여자가 어떻게 이런 값비싼 향수를 가져와서 이 작자를 존귀하신 분이라고 부르며 쏟아 붓는 거지. 둘 다 미쳤군.

만일 이 작자가 신이라면 자기를 만지는 이 여자가 누구며 얼마나 큰 죄인인 줄 알았을 터인데 방금까지도 나에게 죄니 어쩌니 하던 양반이 이 여자의 더럽고 추악한 죄조차 알아차리지 못하고 있으니 분명 사이비 선생일 게야.

더 사랑하는 자

신이라고 불리는 이 작자가 갑자기 나를 쳐다본다.

이 작자의 눈빛은 왜 이렇게 늘 부담스러운 걸까. 그가 볼 때마다 내 가슴이 요동치는 것 같아. 독심술을 갖고 있어서 나의 생각을 읽고 있는 것 같은 느낌이다. 그런데 그가 바라보는 눈빛은 처음엔 부담스럽지만 알 수 없는 파워를 가지고 있는 것 같아. 거부하기가 어려워. 너무 뜨거워. 내 안에 감춰져 있는 어떤 강인한 사슬 같은 것을 달구는 것 같아.

이 작자가 마치 그 사슬을 끊어버릴 수 있는 능력을 가지고 있는 것 같이 느껴졌다. 그러나 한 조각 구름같이 일어나는 어떤 직감을 무시했다.

신이라고 자신을 일컫는 이 작자가 나에게 말을 건넨다.

"당신에게 할 말이 있소."

"이야기해 보십시오."

"만일 돈을 꾸어주는 사람에게 빚을 진 자가 둘이 있어 하나는 1만 달러를, 또 한 사람은 백만 달러를 빚졌는데, 갚을 길이 없어 돈을 꾸어 준 사람이 둘 다 빚을 없던 것으로 해 주었다면 누가 돈을 꿔 준 사람을 더 사랑하겠습니까."

그런 것을 질문이라고 하다니. 당연한 답 같지만 얼른 이 대화를 끝내고 싶어 건성으로 대답했다.

"제 생각에는 많이 탕감 받은 자입니다."

그는 내 대답이 끝나기도 무섭게 자세를 내 쪽으로 틀어 곧게 앉더니 나의 손을 잡고 떨리는 목소리로 말했다.

"네 판단이 옳다. 이 여자를 보느냐. 내가 네 집에 들어올 때 너는 내게 발 씻을 물도 주지 않았지만 이 여자는 눈물로 내 발을 적시고 그 머리털로 씻었다. 너는 내게 경계하는 악수로 맞았지만 이 여자는 내 발에 입 맞추기를 그치지 않았고, 귀한 향유를 부어 정성껏 나를 섬겼다."

그의 손을 뿌리쳤다. 갑자기 던지는 반말투도 거슬렸지만 이 더러운 창녀와 모든 이에게서 존경 받는 나를 비교하는 그의 삐뚤어진 시각이 예의 없고 한없이 무례하다고 생각했다. 이제는 그만 나가 달라고 했다. 아까운 시간을 쪼개 기껏 초대를 했는데 쓸데없는 짓을 했나보다.

그날 늦은 저녁 혼잡한 마음을 식히기 위해 발코니로 나왔는데 시원한 바람이 동쪽으로부터 불어왔다. 그 작자의 일이 자꾸만 마음에 떠올랐다. 그가 집을 나서면서 내게 던졌던 마지막 말이 동쪽으로부터 불어온 바람을 타고 내 가슴 속으로 들어와 마치 화학반응 같은 것을 일으킨다.

"저 여인의 많은 죄가 사하여졌다. 저 여인이 나를 더욱 사랑하기 때문이다. 자신의 깊은 바다 심연 같은 어두운 죄가 사하여졌다는 것을 나를 통해 더욱 깊이 깨닫는 자는 나를 더욱 사랑할 것이다."

다음날 관리인이 나오지 않았다. 늘 집 앞을 서성대던 이에수스라는 이름의 거지도 볼 수 없었다. 내가 초대했던 그 작자는 마치 거짓말처럼 어디론가 사라졌고 사람들은 한동안 그 사람의 행방에 대해 무성한 이야기를 만들어내다가 다시는 그를 기억하지 않게 되었다.

나는 우수한 성적으로 승진을 해 성경을 가르치는 최고의 자리까지 갔고, 많은 재물을 모았고, 많은 친구들과 교제했고, 어려운 사람들을 돕는 재단까지 만들었다. 내 안에 조금 문제가 있긴 했지만 내가 누린 복들에 비하면 그건 중요한 게 아니었다. 눈에 보이지 않는 은밀한 죄들이야 뭐 대수겠어. 예수의 이름으로 다 사해졌는데.

내가 세상을 떠나기 직전 누군가로부터 편지 한 통을 받았다. 사실 수신인과 발신인이 없는 그 익명으로부터의 편지는 매년 우편함에 도착했었지만 여러 광고물들과 함께 버려지기가 일쑤였다가 공교롭게 그때가 되어서야 뜯어본 것이었다. 뜯었다기보다도 편지 한 귀퉁이가 찢어져 그 사이로 내용물이 삐져나와 있기에 열어본 것이다. 그 편지 봉투에는 작고 얇은 십자가가 들어 있었고, 이런 글자가 새겨 있었다.

"To Simon, Come to me." (시몬아, 나에게로 오라.)

그것이 예수님의 마지막 초대였음을 이제야 깨닫는다. 내가 지금 있는 이곳은 너무나 뜨겁고 고통스러운 비명들이 영원히 지속되는 곳이다. 이곳을 빠져나갈 유일한 길은 내가 예수를 진실로 만났는지를 증명하는 것뿐인데, 아무리 기억을 되짚어보아도 그런 때가 없었던 것 같다.

수많은 말로 예수를 가르치고 귀신을 좇아내고 예수의 이름으로 많은 권능을 행하였지만 하나님의 심판대 앞에서 예수는 나를 모르는 사람이라고 딱 잘라 말했었다. 반면 그때 그 사람도 심판대 앞에서 보았는데, 그 여인은 예수를 보자마자 눈물로 예수에게 달려들어 사랑의 포옹을 하는 게 아닌가.

억울하고 답답하고 속상했다.

그러나 솔직히 고백하건대,

예수가 나를 모른다고 한 것처럼

나 역시 심판대 앞에서 예수를 알아보지 못했다.

이 공포와 절망으로 가득 찬 지옥의 불구덩이 속에서 울부짖으면서도 나는 아직도 예수가 누구인지 알지 못한다. 그것이 내가 여기와 있는 이유인 것 같다.

개학, '도전'과 '만족'의 충돌

그렇게 눈을 떴다.

2층 발코니에 대자리를 깔아놓고 누가복음 7장을 묵상하다가 잠시 낮잠에 빠져들었나 보다.

학교가 개강을 했다. 이번에 수강하는 과목은 헬라어1(*Greek1*), 신학1(*Theology1*), 영성2(*Spiritual Formation2*), 구약개론(*OT Survey*), 목회현장학습2(*Field Education2*)로 모두 5과목이다.

개강을 하고 1주일도 안 되어서 내 영혼에 내적 전쟁이 일어나면서 영혼이 사막화 되는 현상이 일어났다. 들어야 하는 과목들마다 읽고 공부해야 하는 분량이 말 그대로 살인적이다. 나는 캠퍼스라는 울타리 안에 영혼과 함께 금세 갇혀 버렸다.

이 공부를 잘 해내어야 한다는 의무감이 신기루처럼 내 영혼을 잠식했고, 성령님의 음성을 따라 하루를 살아가는 달콤함이 분주함과 소음에 묻혀 버렸다. 물기 없는 식물처럼 시들어버린 내 영혼은 급하게 브레이크를 밟았다.

> "하나님을 더욱 알고 맛보는 즐거움이 공부를 이끌어가는 유일한
> 동기가 되게 하소서."

삼위일체인 하나님을 깊이 알기 위해서라면 내 영혼은 그것이 무엇이든지 포기할 각오와 결단을 다시 해야 했다. 세상의 어떤 값진 것이라도, 아무리 급하고 중요한 것처럼 보이는 것도 하나님 안에 온전히 거하는 삶을 앞설 수 없다는 것을 다시 고백해야 했다.

내 능력 이상의 것을 바라지 않기로 했다. 세상은 '도전'이라는 말을 참 좋아하는 것 같은데, 영적인 비밀은 '만족'에 있다. 이 '만족'이라는 단어를 어딘가에 안주하는 부정적인 것으로 생각하는 것에 현대인들은 얼마나 길들여져 있는가. 그러나 하나님께서는 우리가 하나님께 나아갈 때에는 가장 도전적인 태도로 나아갈 것을 요구하시지만, 하나님의 일의 도구가 될 때에는 하나님이 주신 능력 안에서 '만족'할 것을 요구하신다.

> "우리가 하는 일의 가치는 우리가 우리 자신을 있는 그대로 받아
> 들이는 겸손함에 달려 있다. 우리가 어떠한 일에서 낭패를 겪는 이

유는 우리가 할 수 있는 것에 만족하지 않기 때문이다. 우리는 하나님께서 우리에게 요청하지도 않은 것을 무던히도 하려고 애쓴다. 왜냐하면 다른 사람에게 속한 성공을 자신도 맛보기를 원하기 때문이다. 우리는 결코 우리가 하는 일에서 성공한다는 것이 무엇인지 알 수 없을 것이다. 왜냐하면 우리는 우리 자신의 능력에 맞는 일을 수행하려고 하지 않기 때문이다. 우리 중에 누가 자신의 능력에 맞는 일을 하는 것이 만족하려고 하는가. 이러한 많은 사람들이 자신의 참된 소명을 잠잠히 기다리는 대신에 능력에 적합한 일 따위는 생계유지를 위한 하찮은 일 정도로 여긴다. 세상을 둘러보아라. 자신의 일에 성공하지 못했다고 아우성 대는 사람들로 얼마나 많이 가득 차 있는가를."

(토마스 머튼, <아무도 외로운 섬이 아니다>, 124쪽)

사도 바울도 우리가 산 제물로 우리의 삶을 하나님께 드릴 때 소명 안에서 겸손히 행할 것을 지적하고 있다.

"여러분은 마땅히 생각할 그 이상의 생각을 품지 말고 오직 하나님께서 각 사람에게 나눠 주신 믿음의 분량대로 분수에 맞게 생각하십시오." (로마서 12:3)

"주님, 주님 때문에 행복합니다."

행복을 고백했더니, '거룩하라'

주님 때문에 행복하다고 고백을 했는데, 주님께서는 내게 행복 대신 거룩할 것을 명하셨다. 거룩함은 하나님이 자신을 보여주시는 본질이다. 이사야가 하나님으로부터 소명을 위임 받을 때 나타나셨던 하나님은 온 성전에 충만한 거룩함이셨다.

> "그들은 서로를 향해 큰 소리로 노래했다. '거룩하시다. 거룩하시다. 만군의 여호와여. 그분의 영광이 온 땅에 가득 하시다.'" (이사야 6:3)

내가 나의 더러움에 떨고, 허물 가운데 주저하고 있을 때 하나님께서는 거룩한 불로 나의 거짓된 실존을 불태워버리신다.

> "스랍들 가운데 하나가 제단에서 불집게로 집어온 불붙은 숯을 손에 들고 내게 날아와서 그것을 내 입에 대고 말했다. '보아라. 이것이 네 입술에 닿았으니 네 죄는 사라졌고 네 허물은 덮어졌다.'" (이사야 6:6~7)

내 영혼이 주님의 거룩하심을 맛보게 되면 내 영혼은 자유함의 길로 나아간다.

> "그분이 말씀하셨다. '내가 누구를 보낼까? 누가 우리를 위해 갈까?' 그래서 내가 말했습니다. '제가 여기 있습니다. 저를 보내 주십시오!'" (이사야 6:8)

모세가 불타는 떨기나무 가운데서 여호와의 음성을 들었을 때에도 하나님은 거룩함으로 모세의 두려움을 소멸시키셨다.

> "하나님께서 '더 이상 가까이 다가오지 마라. 네가 서 있는 곳은 거룩한 땅이니 네 발에서 네 신을 벗어라'고 말씀하셨습니다." (출애굽기 3:5)

모세가 신을 벗은 이유는 하나님이 거룩하심을 깨달았기 때문이며, 우리를 만나주시는 하나님이 통치하시는 모든 땅, 심지어 신발에 묻어 있는 먼지 하나까지도 하나님의 거룩함 가운데 있다는 것을 알게 되었기 때문이다.

이는 영성에 있어서 매우 중요한 부분이다.

이 거룩함의 비밀을 알기 전까지는 삶의 상당 부분이 거룩하지 않은 영역 속에 휩싸여 내 영혼을 괴롭혔다. 하루 24시간을 살면서 얼마나 많은 일들을 우연히 일어나는 것으로 여기며 살았는가. 쓰레기를 버리거나 나뭇잎이 하나 떨어지거나 갑작스러운 더위가 몰려오거나 공부를 하는데 전화가 걸려오거나 책을 잃어버린다거나 누가 닭찜을 해서 가져온다거나 등 많은 것들이 하나님의 섭리 밖에 위치해 있었고, 특별한 일들만을 주님께로부터 오는 것이라고 여기고 기대하며 기다렸다. 그 결과가 얼마나 비참한 영적 메마름을 가져다주었는가. 이런 영적 태도는 참된 것도 아닐뿐더러 영적 성장에 한계선을 긋는다.

신발에 묻어 있는 먼지 하나에까지도 하나님의 섭리가 깃들어져 있다는 영적 비밀은 결국 우리의 매일의 삶을 새로움과 기쁨과 경이로 가득 차게 만든다. 끝없이 솟아나는 샘물처럼 시시각각이 새로운 의미로 다가온다. 고통과 아픔도 이러한 섭리 안에서 고통의 옷을 벗는다.

그래서 침묵이 소중하다. 우리는 먼저 듣는 자가 되어야 한다. 믿는 자는 먼저 듣지 않고서는 결코 주님의 뜻을 올바르게 행할 수 없는 것이다. 우리 자신의 일과 목소리가 넘치고 우리 삶을 장악하게 되면 우리는 결코 삶의 구석구석에 숨어 있는 하나님의 뜻과 섭리를 발견해내지 못할 것이다.

> "소음과 분주함을 사랑하는 자들은 다른 모든 것에 대해 인내하지 못한다. 이러한 자들은 숲과 산과 바다의 침묵(*silence*)을 끊임없이 망가뜨린다. 이들은 자기들이 보유한 어떤 날카로운 기계들을 동원해 침묵의 세계를 여러 방향으로 구멍 내기를 좋아한다. 왜냐하면 만일 조용한 세상이 되면 그 침묵이 그들의 공허함을 고소할 것이라는 두려움이 있기 때문이다. 신속하고 분주하게 움직여 다녀야 한다는 그들의 긴급한 태도는 마치 어떤 중요한 목적이 있기 때문이라면서 자연의 고요함을 무시한다. 굉음을 내며 날아오르는 비행기는 목적지, 소음 그리고 강하게 보이는 힘 따위 때문에 잠시 동안 구름과 하늘의 실체를 부인하는 듯 보인다. 그러나 비행기가 곧 사라지고 나도 하늘의 고요함은 여전히 남아 있다. 구름의 침묵은 그대로다. 실체로 받아들여야 하는 것은 세상 속의 이러한 침묵이요 고요다. 우리의 소음(*noise*), 비즈니스, 우리가 가진 목적(*purpose*)이나 이러한 것들에 대한 우리의 실체가 없는 수많은 이야기들은 환상(*illusion*)에 불과하다." (<아무도 외로운 섬이 아니다>, 257쪽)

주의 영이 있는 곳에 자유함

"어떻게 하면 거룩해질 수 있나요, 주님."

주님께서 말씀하신다.

"주의 영이 계신 곳에 자유함이 있다." (고린도후서 3:17)

우리 영혼 가운데 내적인 전쟁(*inner conflict*)이 있다면 그것은 영혼이 자유하지 못하다는 사인일 것이다. 우리는 성령님에게 이끌린 삶을 살고 싶어 하면서도 정작 성령님의 속성과 그가 일하시는 비밀에 대해 잘 알지 못한다.

"바람은 불고 싶은 대로 분다. 너는 그 소리를 듣지만 바람이 어디서 오는지, 어디로 가는지 알지 못한다. 성령으로 태어난 사람도 모두 이와 같다." (요한복음 3:8)

성령님은 바람과 같다. 헬라어로 성령은 프뉴마(*pneu'ma*)라고 하는데 '바람'(*wind*)라는 뜻을 동시에 갖고 있다. 성령님이 일하시는 방식이 이 바람과 유사하다. 우리는 우리의 영혼이 성령님의 속성처럼 되지 않으면 결코 성령님을 온전히 좇아 살아갈 수가 없다.

"하나님을 잡으려고 하고 붙들려고 하는 자는 하나님을 놓칠 것이다. 하나님은 바람과 같다. 하나님을 사랑하는 자는 바람이 어디에서 불어오는지, 또 어디로 가는지 모르는 것과 같은 태도로 하나님을 사랑해야 한다. 당신의 영혼은 성령님처럼 깨끗하고 자유롭기를 추구해야 한다. 그래야 주님이 가는 어느 곳이든 따라갈 수 있

다." (<아무도 외로운 섬이 아니다>, 238쪽)

성령님은 어디에나 계시지만 그곳에 계시다고 안주하는 순간 그곳에 또한 계시지 않으신다. 우리가 성령님의 온전한 품속에 머물게 되면 우리는 결코 우리가 어디에 있는지 알지 못할 것이다. 성령님은 우리를 품에 안으시고 이곳에서 일하시다가 우리가 인식하기도 전에 저곳으로 불어가시기 때문이다.

물러서는 것을 통해 다가오시는 주님

인간에게 수백만 년이라는 시간이 주어진다고 하더라도 우리는 결코 하나님을 다 이해할 수 없다. 하나님을 체험하고 하나님을 좀 더 알아갈수록 우리는 하나님께 사랑한다는 고백을 하면서 순종하는 것 외에는 교만의 고백이 될 수 있음을 인식하게 된다.

어느 날 나는 아침에 일어나 "순결하신 주님(pure God)"라고 고백을 했다가 큰 부끄러움을 느꼈다. 내가 주님의 순결하심에 대해 대체 얼마나 알고 "순결하신 주님"이라고 고백을 한단 말인가. 내 얕은 고백을 인내하시는 참 좋으신 하나님이시기에 감사할 따름이다.

헬라어에서 '얼코마이'라는 단어는 '가다'라는 뜻도 있고, '오다'라는 뜻도 있다. '얼코마이'를 묵상하면 하나님의 존재를 인간의 지각으로 모두 이해하려고 한다는 것이 참으로 어려워 보인다.

"하나님은 우리 마음에서 물러서는 것을 통해 다가오신다. 만일 우리가 하나님을 우리 자신의 생각으로 둘러칠 수 있는, 우리가 가늠할 수 있는 대상으로 생각한다면 절대로 하나님을 온전히 알 수 없다." (<아무도 외로운 섬이 아니다>, 239쪽)

그래서 내 생각을 버려야 한다. 내 머릿속에 청진기를 갖다 대면 엄청난 소음으로 가득 찬 도시가 있고, 진군하는 무시무시한 군대의 행렬 소리가 들릴 것이다. 생각의 속성은 consistency(일정함)인데 반해, 성령님의 속성은 inconsistency(변화무쌍함)이다. 자신의 생각에 고정되어 있으면 변화무쌍한 성령님께 순종하기가 무척 어렵게 된다. 사실 내 생각이라는 것의 대부분은 진단해보면 아담의 쓰레기이다. 내 생각과 계획이 어떤 인과관계를 만들어내고 내 삶의 성공과 진보에 나의 능력이 어느 정도라도 작용할 것이라는 생각은 가장 흔하고 실체가 없는 우리 내면의 환영(illusion)이다.

"주님, 당신은 내 영혼의 부르짖음을 들으셨습니다. 왜냐하면 내 영혼 안에서 부르짖는 건 바로 당신이시기 때문입니다. 용서하여 주소서. 나는 나의 침묵 속에서 당신의 임재를 불러일으키려고 노력했습니다. 그러나 그것은 거짓이었고 잘못된 것이었습니다. 오 주님, 당신이 당신의 침묵 속에서 나를 창조하셔야 합니다. 그 진리가 나를 자유롭게 할 것입니다. 아멘."

2010년 9월 5일
탈봇에서

상처
—욥의 비밀

미움으로 돌아선 세상

세상이 나를 미워하는 것 같다. 살인이라도 할 기세다. 오래전 내가 예수 그리스도의 참 인격을 만나지 못하고 입술로만 거짓 예수를 시인하고 다닐 때에도 세상이 나를 미워한 것은 마찬가지였다. 그러나 지금처럼 마치 적군으로서의 의미는 아니었다.

그 당시에는 그래도 세상이 내게 당근 같은 것을 주었다. 씩 눈웃음을 치면서 잘해보자는 화해의 신호도 보내곤 해서 나는 '아, 그래. 세상과 나 사이에는 함께 머리를 맞대고 밤을 지낼 수 있는 은밀한 화해의 공간 같은 것이 있는 거구나'라고 생각하기도 했다.

그때 세상이 나를 끌고 올라간 곳은 마태복음 5장 말씀이 금빛 비석에 새겨져 있는 높은 언덕 같은 곳이었다. 그 언덕에는 높고 번쩍이는 빌딩들이 앞을 다투어 하늘 높이 솟아올라 있었고, 사람들은 한 결같이 '행복'이라는 이름이 새겨진 동물가죽으로 옷을 해 입고 가면을 만들어 얼굴에 쓰고 다녔다. 세상은 그곳을 유토피아라고 장황하게 설명한 뒤 예수 그리스도가 주신 말씀이라며 비석에 새겨진 팔복을 가리켰다.

> "마음이 가난한 자는 복이 있나니 천국이 저희 것이요, 슬퍼하는 자는 복이 있나니 저들이 위로를 받을 것이요, 온유한 자는 복이 있나니 저들은 땅을 유업으로 받을 것이요…."

그때 나는 세상 앞에서 당당히 크리스천의 정체성을 보여주고 나도 하나의 멋진 가면을 쓰기 위해 결단을 했었다. '못할 것 없지. 그래 오늘부터 당장 이 계명을 실천할 거야. 마음이 가난해야 해. 애통해야 해. 온유한 마음을 가져야지….'

그런 식이었다. 죽은 예수를 영혼 가운데 관처럼 모셔두고 나는 스스로의 힘으로 세상과 때론 싸우거나 때론 세상을 정복하려고 애썼는데, 돌이켜보면 세상에 놀아난 것이었다. 계명은 결코 내 힘으로 지켜낼 수 없는 것이었다. 남는 것은 실망과 고통뿐이었다. 그런 상황에서도 되도록 세상을 탓하지 않으려고 감싸줬었다. 세상도 잘해보자고 내게 이것저것 챙겨준 것이 아닌가 라면서.

내가 어느 날 더는 물러설 수 없는 고통의 순간을 맞아 신음하였고, 그때 하늘로부터 벌어진 작은 틈을 통해 전능하신 하나님의 말씀이 육신이 되어 내 심령 가운데 들어와 살아 숨쉬기 시작한 후부터 그 세상이라는 것이 나를 대하는 태도는 몰라보게 달라졌다.

눈에서는 살기가 등등하고, 아침에 집을 나서면 밤새 간 듯한 날카로운 칼을 아예 보란 듯이 들고 내 뒤를 밟는 게 아닌가. 세상은 그날 부터 갑옷 같은 두터운 장비를 껴입고 나타났다. 말은 안 했지만 그건 생명을 건 선전포고였다.

나는 하루 종일 무장한 세상의 살의에 쫓기다 집에 들어왔고, 십자가 앞에서 주님께 물었다.

"주님, 세상이 나를 미워합니다. 세상이 나를 죽이려고 해요."

주님은 놀라는 기색 없이 아직 약하고 어린 종을 향해 말씀하신다.

"세상이 너를 미워하는 것을 이상하게 생각하지 마라. 만일 세상이 너를 미워하거든 너보다 먼저 나를 미워했다는 것을 알아라. 만일 네가 세상에 속해 있다면 세상이 너를 자기 것으로 여기고 사랑할 것이다. 그러나 너희는 세상에 속해 있지 않고 내가 세상에서 너를 택했기 때문에 세상이 너를 미워할 것이다." (요한복음 15:18~19, 요한일서 3:13)

세상에 있는 것들을 사랑치 말라

예수 나의 주님은 나에게 세상과의 한판 전쟁을 각오하라고 말씀하시면서 밤새 나를 그분의 가슴에 품고 사랑해 주셨다.

다음날 세상 가운데로 나가보니 무장한 세상이 가인을 통해 아벨을 죽였다는 소식이 바람을 타고 들려왔다. 아벨이 의로웠기 때문이라고 했다. 세상은 의로운 자들을 죽인다는 것을 온몸으로 느꼈다.

바람이 몰고 온 또 다른 내용은 나를 겁주기보다는 오히려 강하고 담대하게 만들었다. 그 내용은 내 영혼을 영원을 향하게 만들었다.

"이 세상이나 세상에 있는 것들을 사랑하지 말라. 누구든지 세상을 사랑하면 아버지의 사랑이 그 안에 있지 아니하니 이는 세상에 있는 모든 것이 육신의 정욕과 안목의 정욕과 이생의 자랑이니 다 아버지께로부터 온 것이 아니요 세상으로부터 온 것이라. 이 세상도, 그 정욕도 지나가되 오직 하나님의 뜻을 행하는 자는 영원히 거하느니라." (요한일서 2:15~17)

돌아오는데 조금 이상한 광경을 신기루처럼 보게 되었다.

그들도 주를 구주로 시인하고 주여 주여 하는 사람들이었는데, 목에 건 작은 십자가를 만지작거리며 사업이 번창하게 해 달라고 하는 사람도 있었고, 좋은 직장을 갖게 해 달라고 하는 사람도 있었고, 높은 지위에 올라가게 해 달라고 하는 사람도 있었다. 좋은 차를, 신종 전자제품을 간구하는 사람도 있었고, 때로는 크고 시설이 좋은 교회 건물을 선호한다고 공공연히 말하는 사람도 있었다. 교회에 쉴 공간이 없는 게 문제라며 투덜대는 모습도 보였다. 세상은 이런 사람들을 무척 좋아하는 표정이었다. 포기할 수 없는 게 많고, 십자가 외에 간구하는 게 많은 사람들일수록 세상이 쥐고 흔들기가 더욱 편하다는 세상의 병법을 이 사람들이 모르기를 바라는 표정이었다.

반대로 세상이 칼끝을 겨누고 있는 사람들이 있었는데, 그들은 사업이 잘되어도 못되어도 하나님의 영광을 나타내기만을 바라는 사람들이었다. 집이 불타고 땅이 갈라져 부모를 잃었는데도 '주여, 오시옵소서'를 외치고 있는 자들이었다. 그들은 아예 '좋은 것'이라는 표현을 눈에 보이는 세상의 것에 사용하기를 단호히 거부하고, 세상이 주는 것들을 경멸하는 데까지 나아가기를 즐겨하는 자들이었다. 세상은 이들을 앞에 두고 어쩔 줄 몰라 했다. 전의를 상실한 소대도 있었다. 세상은 주머니에서 세상병법을 꺼내들고 제1조 1항을 읽고 두려워 떨었다.

"자기를 부인하고 십자가를 지는 자는 우리가 결코 이길 수 없다!!!" (세상병법 1조 1항)

주의 옷자락이 만져지지 않는 시간들

가을의 채취가 물씬 풍기는 탈봇 교정에 앉아 나의 신랑 되시는 예수님을 생각했다. 머릿속은 참 신기한 곳이어서 조금만 시간적 여유가 있으면 온갖 생각이 쏟아내고 그 생각들이 뒤엉켜 달음박질한다. 그때마다 예수님을 생각한다. 예수님은 모든 생각들을 포승줄로 묶어 혼돈의 우주 같은 내 머릿속으로부터 추방시키는 놀라운 권위(*authority*)를 가지고 있다.

권위(*authority*)는 헬라어로 *exousia*(엑수시아)인데 'out of being'이라는 속뜻을 담고 있다. 예수님의 권위는 삼위일체라는 존재(*being*)로부터 흘러나와(*out of*) 나를 점령하는 것과 동시에 내 속에 있는 모든 세상적인 존재(*being*)를 나로부터 몰아내는(*out of*) 능력을 가지고 있다.

주님의 사랑스런 임재는 항상 내 영혼을 가득 채우는 것은 아니다. 많은 시간들, 많은 날들이 내게는 주님의 옷자락이 만져지지 않는 그런 메마른 시간들일 때가 있다. 이날도 그랬다.

떨어진 갈색 나뭇잎을 만지작거리며 눈부시도록 아름답고 달콤한 사랑의 속삭임으로 임재 하셨던 나의 신랑 예수를 갈망하고 또 갈망하는 시간을 보냈다. 시편 23편에 묘사되어 있는 사망의 음침한 골짜기 같은 시간들이기도 하다.

십자가의 성 요한은 <The Spiritual Canticle>에서 주님이 사라져버린 시간 속에서 주님을 향한 갈망으로 고통스러워하는 모습을 잘 표현하고 있다.

> "아가서에서 신부는 신랑을 수사슴이나 숫염소와 같다고 말하고 있다. 왜냐하면 신랑이 수사슴이나 숫염소처럼 재빨리 자신을 드러냈다가도 재빨리 자신을 숨겨버리기 때문이다. 신랑 되시는 그리스도는 신부를 기쁘게 하고 생기 있게 하기 위해 신령한 영혼에게 찾아오시기도 하지만, 그 신부의 영혼을 연단하고, 겸손하게 하고, 교훈하기 위해 떠나버리기도 하신다. (십자가의 존, <십자가의 존 저작 모음집>, 484쪽)

주님이 부재한 것 같은 이 시간은 주님이 임재 하셨을 때 느끼던 것과 같은 만족감이나 치유를 주지 않고, 오히려 상처를 주고(wound) 고통을 준다(afflict). 이러한 시간들을 겪으면서 우리는 그동안 길들여졌던 세상의 기호에 대해 마음을 주지 않게 되고, 하나님을 향한 지식으로 점점 가까워지게 되는 것이다.

이 주님 부재의 시간이 더욱 고통을 주는 것은 우리를 찾아오셨던 그리스도가 비교할 수 없을 정도로 아름답고 사랑스러운 신랑이었기 때문이며, 이 부재의 시간이 실제로 고통으로 느껴지지 않고 오히려 즐거움이 되는 까닭은 이 부재로부터 타오르는 불꽃이 생성되어 더러운 자아를 불태워버리고 오직 아름답고 사랑스러운 신랑만을 갈망하게끔 하기 때문이다. 십자가의 요한은 사랑으로 찾아오셨다가 수사슴처럼 사라져 버리는 예수 그리스도의 이 같은 속성을 '영적 사랑의 상처'(*spiritual wounds of love*)라고 표현하고 있다.

아가서에는 이처럼 찾아오셨다가 떠나버리신 신랑을 찾아 갈망하며 거리로 나간 여인의 이야기가 나온다.

> "밤마다 나는 내 침상에서 내 마음 깊이 사랑하는 그분을 찾습니다. 그러나 그분을 찾을 수 없네요. 이제 일어나 길거리로, 광장으로 나가봅니다. 내 마음 깊이 사랑하는 그분을 찾아봅니다. 하지만 그토록 그분을 찾아도 그는 보이지 않네요." (아가서 3:1~3)

우리는 예수님을 만난다. 그리고 예수님이 떠나시는 경험을 한다. 그 시간 동안 우리는 상처를 입는다. 그러나 그 상처는 불꽃을 만들어낸다. 그 불꽃이 미숙한 자아를 태운다. 영혼은 이제 어떤 변화를 겪는데, 그 변화를 십자가의 요한은 두 가지로 나타내고 있다.

> "이런 영적 여행은 하나님을 향해 영적으로 떠나는 것을 의미하는데 두 가지 형태로 나타난다. 첫째, 세상의 모든 것들로부터 떠나게 된다. 세상의 모든 것들이 배설물 같고 혐오스럽게 다가오기 때

문이다. 둘째, 자기 스스로부터 떠나게 된다. 하나님에 대한 사랑만으로 가득 차서 본성에 기초한 기호들, 수단들, 좋아하던 것들로부터 우리를 떼어놓아 자신에 대한 생각마저 망각하는 단계에 이르게 된다." (십자가의 존, <십자가의 존 저적 모음집>, 485쪽)

정오에 울리는 종, 영원 일깨워

교정에 앉아 떨어지는 갈색 낙엽을 바라보고 있는데 다시 오후 12시를 알리는 종소리가 로즈머드 심리대학원 앞 교차로에 걸린 종으로부터 울려왔다.

작은 소책자로 가지고 다니는 토마스 머튼의 <고독 속의 명상>을 펼쳐들고 읽어내려 갔다.

"종(Bell)은 우리를 일깨워준다. 하나님만이 선하시며 우리는 그분에게 속해 있을 뿐 이 세상을 위해 살고 있지 않음을 일깨워 준다. 모든 것은 지나가며 우리의 관심사들도 그다지 중요한 것이 아님을 상기시켜주기 위해 종은 우리의 근심 걱정을 깨뜨리며 울린다. 그 소리는 온갖 의무와 덧없는 걱정거리로 인해 우리가 그동안 잊어버린 우리의 자유에 대해 얘기해 주고, 우리가 하늘에 계신 하나님과 연결되어 있음을 알려 준다. 종은 말한다. 일상사는 중요하지 않다. 하나님 안에서 쉬며 기뻐하라. 왜냐하면 이 세상은 단지 다가올 세상의 상징이자 약속일 뿐이며, 덧없는 것들에 초연한 이들만이 영원한 약속의 실체를 소유할 수 있기 때문이다. 종은 이어

말한다. 우리는 '선한 사람이 되어라. 교회에 오너라'라고만 말하지 않았다. 우리는 '십계명을 지켜라'라고만 말하지도 않았다. 무엇보다도 '그리스도께서 부활하셨다'라고 말했다. 우리는 이렇게도 말했다. '우리와 함께 가자. 하나님은 선하시다. 구원은 어렵지 않다. 그분의 사랑으로 구원이 쉬워졌다!'" (토마스 머튼, <고독 속의 명상>, 84~86쪽)

이 글을 읽다 보니 아가서 2장 10절에서 "내 사랑이여. 일어나세요. 아름다운 내 사람이여, 나와 함께 가요"라며 신랑 되시는 예수님께서 우리의 영혼을 일으켜 세워 같이 갈 것을 명하시는 근거를 알 것 같다. 그분이 부활하셨기 때문이다. 부활하시지 않은 분이 함께 가자고 우리를 초청하실 리가 만무하기 때문이다.

"겨울은 지나갔으며 내리던 비도 그쳤고, 땅에는 꽃들이 피어나며 새들이 노래하는 때가 왔어요. 우리 땅에는 비둘기 우는 소리가 들려옵니다. 무화과나무는 푸른 열매를 맺었고 꽃을 피운 포도나무는 향기를 퍼뜨리니 내 사랑이여, 일어나 오세요. 내 사랑하는 그대여, 나와 같이 떠나요." (아가서 2:11~13)

십자가의 존이 '영적 사랑의 상처'라고 한 부분이 바로 아가서 2장 11절의 '겨울'이다. 신랑 되시는 예수 그리스도는 우리를 겸손하게 하셔서 우리가 아무 거리낌 없이 그분의 뜻을 따를 수 있도록 연단하기 위해 우리에게 '겨울'(부재의 시간)을 주셨다가 분명 다시 찾아오신다. 아무것도 우리를 하나님의 사랑에서 끊을 수 없기 때문이다.

"나는 확신합니다. 죽음이나 생명도, 천사들이나 악마들도, 현재 일이나 장래 일이나 어떤 능력도, 높음이나 깊음이나 다른 어떤 피조물도 그리스도 예수 우리 주 안에 있는 하나님의 사랑에서 우리를 끊을 수 없습니다." (로마서 8:38~39)

"너를 결코 버리지 않으리라"

결코 우리를 버리지 않으시겠다고 약속하신 하나님의 언약을 지난 주간에는 '발람'(민수기 22장)과 '에스더'의 이야기를 통해 하나님께서 상기시켜 주셨다.

복을 주시겠다고 약속하신 언약의 민족인 이스라엘이 멸절될 운명에 처해질 때마다 하나님께서는 수단과 방법을 가리지 않고 나서서 이스라엘을 지켜내셨다.

이스라엘에는 유월절, 오순절, 장막절 외에도 푸림(The Feast of Purim)이라는 절기가 있다. 페르시아 왕국 시절 하만의 악한 음모에 의해 이스라엘 민족이 모두 죽게 될 운명에 처한다. 이때 하나님께서는 에스더라는 이스라엘 소녀(왕비)를 통해 이스라엘 민족을 구하신다. 푸림은 이때를 기념하기 위해 제정된 절기이다. 에스더는 아브라함과 언약을 세우신 하나님께서 그 축복의 언약을 신실하게 지켜내시는 모습을 담아내고 있다. 모든 것이 사라질 비극적인 환경 속에서도 하나님께서는 반드시 피할 길을 내셔서 예수 그리스도를 통한 참된 구원의 길을 완성시키시는 것이다.

발람의 이야기도 같은 맥락에서 이해가 되었다. 모압 왕 발락에 의

해 이스라엘 민족이 약속의 땅을 앞에 두고 멸절될 운명에 처해 있었다. 발람이 이스라엘을 저주하면 이스라엘이 저주를 받게 될 것을 안 발락이 수하들을 시켜 발람을 회유하려 든다. 발람은 아침에 일어나 나귀에 안장을 얹고 모압의 지도자들을 따라 나선다. 그러나 하나님께서는 천사를 보내 나귀가 길에서 벗어나게 하시고, 급기야 나귀를 통해 발람에게 말하게 하신다. 나귀가 말을 하다니. 동화 같은 이야기가 민수기 22장에 나오는 것이다. 그러나 이 이야기는 나귀를 통해서라도 반드시 이스라엘을 지켜내시는 전능자 하나님의 이스라엘을 향한 신실한 사랑의 이야기인 것이다.

허친슨(Huchinson) 교수님의 구약개론 시간에 시험으로 나온 것인데, 시험을 풀면서 하나님의 나를 향한 변치 않는 사랑의 약속이 떠올라 눈물이 났다.

시험을 치고 나서 교정으로 걸어 나오는데, 그런 생각이 떠올랐다. 하나님께서 이 세상에 인간의 몸을 입고 오시지 않았다면 어떻게 되었을까 라는 생각. 나는 허리를 굽혀 땅에 흩어져 있는 한 줌의 흙을 만져보면서 내가 발을 딛고 서 있는 바로 이 지구 위로 하나님 자신이 걸어들어 오셨다는 사실에 큰 감동과 위로를 받았다.

"누구든지 나를 본 사람은 아버지를 본 것이다." (요한복음 14:9)

내가 겪는 영적인 어둠의 시간들, 주님이 내 음성을 듣지 않는 것 같이 느껴지는 상처의 시간들, 하나님을 추구하는 과정에서 내가 겪는 모든 음침한 골짜기들을 하나님께서 사람의 몸을 입고 친히 겪으셨다는 사실이 내게 큰 은혜가 되었다. 십자가를 지시기 전날 아버지로부터 버림받은 것 같은 그 절망의 시간들을 예수님은 잘 알고 계실 것이다.

카를 바르트가 하나님의 말씀의 비밀을 '예수 그리스도'에게 고정시킨 것은 충분히 이해하고도 남을 만하다. 예수 그리스도가 빠진 기독교는 전혀 아무것도 아니며, 또한 예수 그리스도가 빠진 영적 생활이 전혀 실효가 없음을 카를 바르트는 잘 알고 있었을 것이다.

예수 그리스도의 체험은 얼마나 귀하고 달콤한가.

> "이는 금보다, 순금보다 더 귀하고 벌집에서 뚝뚝 떨어지는 꿀보다 더 답니다." (시편 19:10)

이 귀한 예수 그리스도를 체험하고서도 영적 여정은 끝나지 않을 것임을 안다. 모세가 40년의 궁정 생활에서 나와 40년이라는 긴 세월 동안 광야에서 겸손을 배운 것처럼 영적 여정도 주님 앞에 서는 날까지 계속 될 것이다.

에덴동산의 이브는 아무런 죄도 없었고, 완전하신 하나님을 100퍼센트 체험하고 맛보는 영적인 고차원의 위치에 있었지만, 하나님처럼 될 수 있다는 교만에 굴복하여 영적 어둠의 시간을 겪었다. 아담과 이브는 에덴에서 쫓겨난 그 시간들이 얼마나 고통스러웠을까. 타락한 피조물이라는 불완전한 상황 속에서도 예수 그리스도의 은혜로 내가 맛보는 주님의 체험이 이처럼 달콤하고, 혹 그분이 부재한 것처럼 느껴질 때는 주님의 그 빛남만큼 상실감도 큰 데, 아담과 이브는 완전한 하나님을 순도 100퍼센트의 감각으로 온전히 체험을 한 뒤에 그분과의 온전한 관계를 잃어버렸으니 그 상실감은 이루 말할 수 없었을 것이다.

상처가 이끌고 가는 자리, 'Nothing'에서 'Yearning'

<영적 사랑의 상처>가 이끌고 가는 곳은 어디인가. 바로 'Nothing' (아무것도 아니라는 생각)이라는 자리이다. 내가 아내에게 무례하게 할 때는 내 안에 '나는 Something(스스로 가치 있다는 생각)이다'라는 생각이 있을 때였다. 학교에서 수업이나 관계들이 나를 짓누를 때도 내 안에는 '나는 Something이다'라는 생각이 있었다. 누군가를 미워하거나 전화를 일부러 받지 않거나, 전화를 하라고 성령님이 시키는 데도 하지 않거나, 아내가 누군가에게 식사를 초대하자고 하는데도 그러지 말자고 할 때에도 내 속에 '나는 Something이다'라는 생각이 있었다. 내가 아직 'Something'이라는 생각이 있는 동안에는 하나님께서 나를 다루시는 <영적 사랑의 상처>의 시간도 이어질 것이다. 그 시간을 통해 나는 모세처럼 겸손해질 것이고, 내 판단과 내 기호에서 완전히 벗어나 나 자신을 완전히 잊어버리는 'Nothing'의 자리로 인도될 것이다. 그때서야 하나님께서는 나를 그분의 뜻에 따라 온전히, 그리고 가장 아름답게 사용하실 것이다. 나도 그때서야 온전하신 나의 주님을 더욱 친밀하고 깊이 맛보고, 그 사랑으로 내 이웃을 더욱 사랑하게 될 것이다.

욥이 쓰라린 <영적 사랑의 상처>의 시간을 겪고 난 뒤 주님을 향한 온전한 사랑을 고백한 것이 같은 맥락이라고 믿는다.

> "그분이 왼쪽에서 일하고 계실 때도 그분을 뵙지 못하고 그분이 오른쪽으로 돌이키시니 도무지 만나 뵐 수 없구나. 그러나 그분은 내가 가는 길을 아시나니 그분이 나를 시험하시고 나면 내가 정금

같이 나아올 것이다." (욥기 23:9~10)

"내가 주에 대해 지금까지 내 귀로만 들었는데 이제 내 눈으로 주를 보게 되었습니다." (욥기 42:5)

바로 이것이 우리가 *Nothing*(절망)의 자리에 이르게 되어 하나님을 향한 참된 *Yearning*(갈망)의 영혼을 갖게 되는 비밀이다.

십자가를 따르는 것은 영문 밖으로 예수 그리스도와 함께 십자가를 지고 추방당하는 고통이 뒤따르지만 이 영적 여정은 인생을 살면서 가장 가치 있는 선택이기에 결코 물러서지 않을 것이다.

"조만간 우리가 그리스도를 따른다면 우리는 모든 것을 얻기 위해 모든 것을 걸어야만 한다. 우리는 보이지 않는 것에 내기를 하여, 우리가 보고 맛보고 느낄 수 있는 모든 것을 걸어 모험을 해야 한다. 그러나 덧없는 세상보다 더 불확실한 것은 아무것도 없기 때문에 그 모험에는 그만한 가치가 있다는 것을 우리는 안다." (토마스 머튼, <고독 속의 명상>, 40쪽)

"이 세상의 형체가 사라지고 있기 때문입니다." (고린도전서 7:31)

아멘.

2010년 9월 25일
탈봇에서

은혜
―동쪽으로 간 염소

영혼, 성령의 조명을 받다

크리스의 짧은 콧수염이 백열등 스탠드 불빛에 이슬을 머금은 풀잎처럼 반짝거린다. 2평 남짓한 기도실을 밝혀주는 유일한 불빛이다. 그 주황색 불빛이 크리스의 얼굴 반쪽을 그림자로 덮은 터라 그의 얼굴은 마치 루벤스의 성화처럼 깊고 거룩해 보였다.

크리스와 두 번째 만나는 시간이다.

나는 크리스에 대해 아는 것이 거의 전무했지만, 그를 만나러 오는 길 내내 내 영혼은 두 손을 모으고 그의 입으로 나오는 모든 대답이 은총으로 적셔지도록, 그에게 바치는 나의 모든 고백이 겸손으로 가득 차도록 기도했었다.

우리는 마가복음 10장 46절부터 52절까지의 말씀을 함께 읽은 뒤, 맹인 바디매오가 믿음을 통해 눈을 뜨게 되는 이야기를 통해 하나님께서 나의 영혼에 어떤 음성을 들려주고 계신지를 듣기로 했다.

긴 침묵이 흘렀다. 하나님과 나 사이를 좁혀주는 아름다운 침묵이 귀하게 느껴졌다.

침묵이 깊어지자 활자로 박힌 성경 말씀이 마치 기도가 향처럼 보좌로 올라가듯 조명의 세례를 받아 꿈틀대더니 내 영혼 중심에 계신 하나님의 지성소로 스며들었다. 말씀이 영혼 깊은 곳에 닿아 하나님의 존귀하신 영광의 빛과 대면하는 순간이 왔다. 감당하기 힘들 정도의 기쁨과 감격이 물댄 동산(사 59:11)처럼 영혼 밑바닥으로부터 채워져 올라왔고, 눈시울이 붉어졌다.

"이 말씀을 묵상하면서 하나님께서 월터(Walter)에게 주시는 음성이 무엇인지 말씀해 주시겠습니까."

크리스가 나의 영어 이름을 부르며 침묵을 갈랐다. 그의 낮고 굵은 목소리는 파이프오르간의 울림처럼 신비로웠다.

"예수님을 만난 맹인이 주변 사람들의 만류에도 불구하고 '다윗의 자손이여 나를 불쌍히 여기소서' (막 11:48)라고 소리치는 장면이 와 닿습니다."
"왜 그렇습니까."

나는 시편 139편 23~24절을 인용하면서 대답했다.

"저는 제 인생의 유일한 목적을 하나님께만 둔 이후로 가장 순결한 신부의 모습으로 주님 앞에 서고자 하는 갈망으로 매일 24시간을 보내게 되었습니다. 그러나 내 안에 아직도 순결하지 못한 모습이 남아 있는 것을 볼 때면 순간 죄책감이 엄습해오기도 하지만 저는 두려움 없이 다윗처럼 고백하며 주님 앞에 계속해서 나아가기를 멈추지 않았습니다. '하나님이여 나를 살피사 내 마음을 아시며 나를 시험하사 내 뜻을 아옵소서. 내게 무슨 악한 행위가 있나 보시고 나를 영원한 길로 인도 하소서'라고 말입니다."

"24시간 동안 하나님만을 갈망한다면 월터의 생활에 어떤 변화가 일어날 것 같습니까. 그리고 24시간 동안 하나님만을 갈망한다면 마음속의 유혹과 악한 것들이 다 사라질 것이라고 생각합니까?"

질문하는 크리스의 눈빛은 마치 "나는 가장 높은 경청을 당신에게 쏟고 있답니다"라고 말하고 있는 듯했다.

"하나님의 은혜와 사랑이 가장 고귀하고 달콤한 것(시편 19:10)임을 알고 난 뒤부터 저는 제 짧은 인생이(욥기 14:5) 낭비 없이 하나님만을 추구하기에도 부족함을 절실히 깨닫게 되었습니다. 물론 24시간 하나님을 갈망하고 그의 임재 속에 거하기를 힘쓰더라도 여전히 유혹이 밀려오고, 또 그 유혹에 넘어지기도 했습니다. 이런 유혹이 없어지지 않을 것임을 압니다. 그러나 이제 더 이상 유혹이 나를 정죄하지 못하게 되었습니다(로마서 8:1). 저는 넘어져도 다시 십자가의 은혜를 바라보면서 곧장 예수 그리스도의 품으로 다시 들어가는 자유함을 누리게 되었습니다(고린도후서 5:17)."

"월터. 하나님 앞에 순결한 모습으로 서고자 하는 당신의 모습이 참 아름답습니다. 저는 많은 사람들을 만났는데, 그들 중 많은 사람들이 하나님께 더욱 온전한 모습으로 서기 위해 애쓰다가 오히려 하나님에게서 멀어졌습니다. 월터는 어떻습니까."

"예전에는 넘어지면 뒤를 돌아보았고(누가복음 9:62), 내 힘을 의지했고, 예수님 외에 다른 어떤 것을 추가하려고 애쓰는 바람에 하나님이 뒷전으로 밀려나는 불행한 일들이 많았습니다. 하지만, 이제 깨닫습니다. 지혜롭다고 여기고, 안다고 여기는 모든 교만을 버리고, 넘어질 때마다 오직 나의 구원은 하나님의 능력에서만 나온다는 고백으로 하나님 앞에 굳게 서기를 갈망했습니다(고린도전서 3:18). 하나님께서는 바디매오처럼 연약한 모습으로 하나님께만 의지하는 나의 영혼을 정말로 불쌍히 여겨주셔서 나도 모르는 사이에 내 영혼이 더욱 믿음 가운데 강건해지도록 인도하셨습니다(고린도후서 12:9)."

1시간 동안의 만남이 끝났다. 크리스의 기도를 받은 뒤 영성센터를 나섰다. 오후 7시가 조금 지났을 뿐인데도 시월은 해가 짧아져 사위가 벌써 어둑해져 있었다. 영혼을 가득 채운 하나님의 충만함을 이기지 못해 나는 그대로 차에 오르지 않고 주차장 한 모퉁이로 걸어가 가만히 섰다.

영성수업(*Spiritual Formation*)의 일환으로 영성 멘토와 다섯 번에 걸쳐 만남을 갖는 스피리추얼 디렉션(*Spiritual Direction*) 시간을 통해 하나님께서 나를 더욱 깊게 만나주시는 것이 무척 감사했다.

광야로 끌려간 염소처럼

비가 걷힌 뒤 별빛이 더욱 맑게 바이올라 교정을 비추고 있었다. 지난 여름 이스라엘의 광야에서 올려다본 별빛이 겹쳐 떠올랐다. 내가 사막과 광야를 비옥한 자본의 터전보다 더 갈망하고 사모하는 까닭은 사막이 궁핍과 주님에 대한 절대적 의탁을 상징하기 때문만은 아니다.

사막은 더 이상 나의 죄를 기억하지 않겠다는 하나님의 극진하신 사랑과 은혜를 상징하는 곳이기도 하기 때문이다. 내가 죄를 지을 때, 내가 연약하여 넘어질 때, 또 그 죄가 나를 정죄하려고 할 때마다 십자가를 기억하는 것은 물론 구약시대 때 사막에서 벌어졌던 중요한 은혜의 한 사건을 떠올리지 않을 수 없다. 정말 강력한 상징이다.

나는 한 마리의 염소(goat)를 줄에 메어 쥐고 있는 한 남자로 돌아가 있다. 이날은 속죄제를 드리는 날(Day of Atonement)이다. 방금 전 대제사장은 제비로 뽑은 한 염소를 도살해 그 피를 제단에 뿌렸다. 여호와께 드려진 염소다. 이 염소는 개인과 백성의 죄를 뒤집어쓰고 그 속죄를 위해 대신 드려진 염소다.

대제사장은 내게 이르기를 "이 제사가 매년 한 번 드려지나 앞으로 다윗의 자손 가운데 메시아가 나타나면 그가 죽으심으로 인류의 모든 죄를 단번에, 그리고 영원히 속죄해 더 이상 이 같은 제사가 필요하지 않을 것"이라고 말해주었다.

대제사장은 제비를 통해 뽑혀진 또 다른 이 염소의 머리 위에 손을 얹고 백성의 모든 죄를 이 염소에게 전가한다고 선언했다. 염소는 아사셀(Azazel)을 위해 드려진 염소라고도 했고, 죄를 도말하는 염소라는 의미로 스케이프고트(*scapegoat*)라고 불리기도 했다 (레위기 16:8). 나의 임무는 죄가 전가된 이 염소를 끌고 도성에서 가장 먼 곳까지 가는 것이다. 그리고 가장 험난하고 잔인한 절벽 끝에 이르러 이 염소를 떨어뜨려 죽이는 것이다.

이 일은 내게 있어서 처음 맡은 일이다. 사실 최근 나는 영혼 깊이 숨겨진 죄가 너무나도 고통스럽게 나를 괴롭혀 이 일을 무리하게 자처한 터였다. 염소를 이끌고 사막으로 가 조용히 나를 돌아보는 기회를 갖는다면 내 안의 죄의식이 어느 정도 누그러뜨려지지 않을까하는 기대심이 있었다.

내가 너무 멀리까지 온 것일까. 절벽은 언제쯤 나타날 것인가. 해는 벌써 저물어 무수한 별빛만이 나와 염소를 비추고 있다. 외롭고 추운 밤이다. 슬픈 밤이다. 이렇게 먼 사막까지 나왔지만 내 영혼의 죄는 더욱 나를 괴롭히고 있다. 나는 어떻게 내 영혼을 치유하고 신을 온전한 모습으로 섬길 수 있을까.

큰 바위에 피곤한 몸을 기대었다. 그러다 멈칫했다. 이 염소는 아사셀을 위해 드려진 염소라고도 하지 않았던가. 아사셀은 사막의 바위지역을 상징하는 뜻도 있다고 들은 적이 있다. 타락한 천사의 우두머리인 아사셀이 팔다리가 묶인 채 하나님의 준엄한 심판을 기다리는 장소가 사막의 이 바위 밑이라고 하지 않았던가.

나는 혹시라도 내가 기대려고 한 이 바위 아래에 정말 타락한 천사, 아사셀이 포승에 묶여 있지나 않을까 하고 조심스럽게 바위 아래를 들여다보았다.

피투성이가 된 야훼

바위 밑에는 정말 놀라운 환상이 나를 기다리고 있었다. 포승에 묶인 것은 아사셀이 아닌 흠모할 만한 것이 아무것도 없어 보이는 사람의 아들이었다. 그는 자신을 '두 번째 아담'(Second Adam)이라고 말했다. 포승에 묶인 두 번째 아담을 보는 순간, 내 영혼은 번개라도 맞은 듯 큰 충격에 휩싸였다. 그의 눈물은 가장 순결한 사랑으로 흘러내렸고, 그가 흘리는 피는 그동안 내가 고통스럽게 품어왔던 모든 죄와 중요하게 생각했던 모든 가치들을 단번에 가벼운 깃털처럼 여기게 만들었다.

그는 또한 자신을 밝혔다.

"나는 야훼(Yahweh)니라." (요한복음 8:58)

모든 소망과 능력이 되시는 야훼가 바로 두 번째 아담이라는 것을 알게 되자마자 나는 포승에 묶인 그분이 다름 아닌 죽음과 죄를 정복하러 오신 이, 예수 그리스도임을 알게 되었다.

"내가 동이 서에서 먼 것같이 나를 믿는 자들의 죄과를 그들로부터 멀리 옮길 것이다."(시 103:12)

예수 그리스도와의 만남은 내가 왜 죄를 전가 받은 염소를 이끌고 동에서 서로 가고 있는지를 깨닫게 했으며, 그분이 영원히 우리의 죄를 다시는 기억하지 않고 용서해주시다는 사실을 알게 했다.

더욱 놀라운 일은 나도 모르는 사이에 내 영혼의 모든 무거운 짐이 가벼워진 것이다. 얼마나 오랜 시간 동안 영혼의 결박을 해결하기 위해 나는 고통스럽게 애쓰고 노력했던가. 그런데 이날 예수 그리스도를 만나고, 그분 안에 내 소망을 두는 순간 그분이 직접 내 영혼의 결박을 풀어주셨다.

눈물을 흘리며 다시 하늘을 올려다보았다. 별빛이 내게 말했다.

"예수 그리스도가 이 어둠을 정복하셨도다. 예수 그리스도가 죽음을 정복하셨도다."

별빛은 태초부터 지금까지 동일한 노래를 매일 밤마다 부르며 예수 그리스도를 송축하고 있었다. 나는 왜 그동안 별빛을 바라보면서도 그들이 무엇을 노래하고 있는지 몰랐을까. 밤마다 벌어지는 별빛의 향연은 오직 예수 그리스도의 이미 성취된 승리를 노래하고 있었다.

다음날 일찍 일어나 가벼운 발걸음으로 염소를 이끌고 서쪽으로 또 서쪽으로 걸었다. 그리고 만난 깎아지른 듯한 절벽. 나는 그 절벽 끝에 염소를 세운 뒤 절벽 아래로 떨어뜨렸다.

그 염소가 떨어지며 절벽의 온갖 솟아난 뾰족한 부위마다 부딪혀 찢기며 죽어가는 것을 내려다보았다.

오, 나를 위해 찢기며, 피 흘리며 십자가에서 죽으신 예수 그리스도의 귀한 사랑을 내려다보았다.

다윗은 몇 점? 그리고 나는?

구약학 시간에 맹렬히 수업에 참여하는 한 여성분이 있다. 지난 시간에 허친슨 교수님이 학생들에게 사울, 다윗, 솔로몬 왕에게 각각 10점 만점으로 점수를 준다면 몇 점을 줄 수 있겠느냐고 물었을 때 그 여성분은 다윗에게 아주 낮은 점수를 줬었다.

허친슨 교수님이 그 이유를 물었다. 그 여성분은 아주 맹렬한 목소리로 대답했다.

"다윗은 비록 좋은 일을 많이 했지만 그것은 가정 밖에서의 성공이었습니다. 다윗은 불륜을 저지르지 않았습니까. 또한 다윗은 아들 압살롬에게 반역을 당하지 않았습니까. 가정에 성공하지 못한 지도자가 어떻게 좋은 점수를 받을 수 있겠습니까."

허친슨 교수님이 대답했다.

"물론 가정에서 잘하는 것이 소홀하다고 할 수는 없습니다. 또한 다윗이 자녀교육이나 여러 가정적인 결함을 드러냈다는 것을 괜찮다고 말하고 싶은 것도 아닙니다. 하지만 하나님께서는 성경을 통해 다윗을 모든 왕들의 본으로 삼고 계신다는 것을 주목해야 합니다. 후대의 왕들 중 하나님이 보시기에 선하게 통치했던 왕들을 하나님께서는 '다윗의 길로 행했다'는 표현으로 평가하고 있지 않습니까. 하나님께서는 다윗을 보실 때 그의 잘하고 잘 못하고를 보시지 않으셨습니다. 하나님께서 다윗을 하나님의 마음에 합한 자라고 기뻐하신 것은 하나님을 경외하는 마음으로 겸손히 행했던 까닭입니다. 밧세바를 범하고 난 뒤 나단 선지자가 찾아와 그 죄를 지적했을 때 보인 다윗의 태도를 보십시오. 그는 그의 죄를 고백하면서 하나님께 눈물로 회개한 겸손한 사람이었습니다."

이성이 믿음을 앞서게 될 때 우리 인생을 침노해 들어와 주인 노릇을 하는 것은 사단이다. 이성은 모든 것을 아는 채 하면서 인간의 가치를 높이려하지만, 믿음은 알 수 없는 가운데서도 주님이 모든 것을 선하게 인도하심을 인정하고 감사와 온전한 순종을 드린다.

지난 3일에 있었던 영성수업 리트릿 시간에 사랑하는 급우들이 내가 발표한 '내 인생의 이야기'(*Life Map*)를 듣고 난 뒤, 나를 둘러싸고 기도하며 축복해주었던 은혜가 아직도 감동으로 남아있다.

하나님께서는 코트니(*Courtney*) 등 급우들의 입술을 통해 "나에게 너는 얼마나 귀한지 아느냐(*You are so precious*)"라고 말씀해주셨다.

그때 내 안의 한 구석에서 이성이 머리를 치켜세우며 소리치고 있었다. "하나님, 나는 그렇게 귀한 존재가 아니랍니다. 나는 가난합니다. 나는 잘할 줄 아는 게 아무것도 없습니다. 나는 뛰어난 설교로 수많은 사람들을 주께 돌아오도록 한 적도 없는 걸요. 나는 아직도 죄에 걸려 넘어질 때가 많습니다…"

그러자 하나님께서 내게 속삭이셨다.

"내가 너를 귀하게 보는 것은 너의 유용성(*usefulness*) 때문이 아니란다. 네가 나를 위해서 엄청난 일을 아무리 많이 하더라도 나는 아무 관심이 없단다. 내가 너를 귀하게 여기는 까닭은 네 안에서 너를 통해 내가 직접 이끌어가고 있는 나의 일(God's work) 때문이란다. 절대로 잊지 말아라. 남을 쳐다보지도 말아라. 내가 죽기까지 나를 버렸던 것은 다른 이도 아닌 바로 너와 더욱 깊은 사랑을 나누는 관계가 되기 위해서니라. 높음이나 깊음이나 다른 어떤 피조물이라도 너를 나의 사랑에서 끊을 수 없느니라."

내 안의 믿음이 하나님을 대적하여 일어나는 이성을 결박해 포승으로 묶고 난 뒤 하나님께 소리치며 나온다.

"하나님. 당신은 내 삶의 유일한 주인이십니다. 내 삶의 어떤 작은 하나도 당신의 통치를 받지 않는 것이 있다면 성령의 능력으로 통치하여 주옵소서. 주님을 향한 갈망 이외에는 어떠한 갈망도 갖지 않기를 원합니다. 눈에 보이지 않는 주님을 따를 수 있다면 눈에 보이는 모든 갈망을 포기하겠습니다."

주님께 내 의지까지 담아 순복을 약속하고 세상으로 나오니 세상은 물질과 거짓 평화와 쾌락 같은 것들로 가득 차 있었다.

하나님을 아는 지식

TV에서는 "당신은 좀 더 누려야 할 권리가 있습니다"라고 말하고 있었고, 긍정의 힘을 외치던 사람들은 스스로 목숨을 끊어가고 있었다. 더 맛있는 것을 찾아 이곳저곳을 쉴 새 없이 기웃거리고, 스포츠 경기에 열광하고, 불륜 드라마를 보느라 예배시간을 조정하고 있었다. 가장 안타까웠던 것은 죄에 대해 아무런 반응이 없는 크리스천들이었다. 피리를 불어도 춤추지 않는 사람들처럼 크리스천들은 하나님께서 죄를 얼마나 싫어하시는지 별 관심이 없었다. 일주일 내내 누구를 미워하고 용서하지 못하고, 화내고, 연봉을 좇아 하나님을 짓밟고, 무언가에 취해 휘청거리다가 주일날 아무렇지도 않게 교회에 와서는 몇 번의 눈물어린 찬양과 얄팍한 결단을 내리고선 교회 문을 나서며 다시 휘청거리는 삶에 자신을 던져 넣었다. 어떤 교회에는 '탁아소를 운영합니다. 자매들은 안심하고 직장으로 나가십시오'라고 광고하고 있었다. 물질은 교회의 근본까지 침투해 들어온 느낌이었다.

하나님을 아는 지식은 하나님이 우리를 죽기까지 사랑하심을 믿는 것과 함께 하나님께서 얼마나 죄를 미워하시는지 깨닫는 것을 동시에 포함하고 있다.

하나님을 깊이 아는 크리스천은 당연히 죄를 미워하게 된다. 죄는 자기의 힘으로 극복해나가는 것이 아니라 미워하는 대상이다. 마음으로 흘러드는 여러 가지 죄를 만나게 될 때마다 참된 크리스천은 그 죄를 너무나 미워한 나머지 만져보려고도, 가까이 하려고도 하지 않게 된다. 죄는 학교교육으로도, 윤리교육으로도, 우월한 집단의식으로도, 신분으로도, 엄청난 결단으로도, 교회에 나오는 것으로도, 성경을 읽는 것으로도 해결되지 않는다. 죄와 죽음을 정복하신 예수 그리스도와 깊은 관계 속으로 들어가면서 그분을 너무나 사랑한 나머지 죄를 미워하게 될 때 죄는 그림자로 인생을 공격하던 환영의 세력

(*power of illusion*)을 잃고 빛 속에서 소멸되는 것이다.

신약성경을 잃을 때마다 신약은 종말론적 세계관으로 가득 차 있음을 알게 된다. 신약이 손가락을 가지고 있다면 아마 '영원한 나라' 지점을 끊임없이 가리키고 있을 것이다. 밭에서 밭일을 하다가 주님이 재림을 하셔서 한 사람은 남겨지고 한 사람은 데려가지는 긴박한 종말의 시대에 우리가 서 있음을 깊이 인식하게 된다.

그래서 나는 내 인생을 그런 종말론적 시대 속에 세우고 오늘 오실지, 아니면 내일 오실지 모르나 반드시 곧 오실 예수님을 기다리는 신부의 갈망으로 하루하루를 살아가기로 한 것이다. 그랬더니 내 삶이 너무나 단순하게 변해갔다. 내 삶을 내가 주장하는 것이 어리석은 것이니 삶에 일어나는 모든 환경들을 주님께 맡겨드렸다. 내가 지금 서 있는 자리, 내가 지금 만나고 있는 사람, 내가 지금 하고 있는 일들이 '예수의 생명이 흘러가도록' 하나님께서 나를 위치시켜 놓은 것임을 믿고 겸손히 행해야 함을 알게 되었다.

> "오 여호와여, 내 마지막을 보여 주소서. 내가 얼마나 더 살지 보여주소서. 내 인생이 얼마나 덧없는지 알려 주소서. 주께서 내 삶을 한 뼘만큼 짧게 하셨고 내 일생이 주가 보시기에 아무것도 아니니 제 아무리 높은 자리에 있어도 사람이란 헛될 뿐입니다. 사람이란 저마다 이리저리 다니지만 그림자에 불과하고 별것도 아닌 일에 법석을 떨며 누가 갖게 될지 모르는 재물을 차곡차곡 쌓아 둡니다. 하지만 주여, 내가 무엇을 기다리겠습니까? 내 소망은 주께 있습니다." (시편 39:4~7)

예수 그리스도는 곧 오실 것이면서도 또한 간절히 찾는 자에게 지금 와 계신다.

"보라. 내가 문 앞에 서서 두드리니 누구든지 내 음성을 듣고 문을 열면 내가 들어가서 그와 함께 먹고 그는 나와 함께 먹을 것이다."
(요한계시록 3:20)

2010년 10월 13일
탈봇에서

해방
─골고다 오른 나무

율법의 끝은 사망

낙엽이 어디서부터 왔는지 모를 세찬 바람에 휩쓸려 눈보라처럼 쏟아져 내리던 며칠 전 교정. 참 다행이었다. 앞이 분간이 안 될 정도로 낙엽이 쏟아져 내린 덕분에 뜨겁게 흘러내리던 내 눈물을 감출 수 있었다.

발단은 '아빕월'에서 시작되었다. 어떤 글을 읽고 있었는데 이스라엘이 절기로 지키고 있는 '아빕월'에 관한 내용이었다. '아빕월'은 양력 7월 하순 정도에 지켜지는데, 이날이 되면 유대인들은 아무런 일도 하지 않는다. 가게는 문을 닫고, 소란하던 행사의 불빛과 소리는 자취를 감춘다. 어떤 도시는 때론 죽은 시체마냥 버려진다.

원래 바빌로니아가 예루살렘으로 쳐들어와 성전을 무너뜨린 비극적 사건이 계기가 되어 지키기 시작한 절기인데, 지금은 이른바 저주의 날이 되었다.

로마 병거에 의해 주후 70년 두 번째 이스라엘 성전이 파괴된 날도 바로 아법월이었다. 60년 후 바르코크바(*Bar Koziba*)에 의해 유대인 반란이 일어나 수많은 유대인들이 죽음을 겪게 된 것도, 1290년 유대인들이 영국에서 추방된 날도, 1492년에 유대인들이 스페인에서 추방된 날도, 1차 세계대전이 일어난 것도, 그로인해 유대인들의 학살이 시작된 날도 모두 아법월이었다. 가히 저주의 절기라고 할만하다.

우연일까. 우연이라고 하기에는 마음이 시원치가 않다. 그런데 이 사건들을 해석해낼 수 있는 실마리가 되는 사건이 그 이전 가데스바네아(신 1장)에서 일어났었다. 바로 아모리 족속이 살고 있는 땅을 살펴본 12정탐꾼이 돌아와 그 중 10명이 악한(*evil*) 보고를 한 날이 바로 아법월이기 때문이다.

하나님께서 보시기에 이 보고는 하나님의 영광을 가리는 보고였다. 그 결과는 광야에서 38년간 방황하다가 약속의 땅에 발을 들여놓지도 못한 채 죽음을 맞는 참혹한 것이었다. (신명기 2:14)

그런데 내 마음을 찢는 글이 눈에 띄었다. 어느 성경단체에서 쓴 글이었는데, 이스라엘이 이 아법월의 저주에서 해방될 수 있는 길은 '토라'(모세오경)로 돌아가는 것이라고 목소리를 높이고 있었다.

단체는 이렇게 적고 있었다.

"이스라엘이 주 하나님의 말씀을 잘 듣고, 이 율법책에 기록된 명령과 규례를 지키고, 마음을 다하고 정성을 다하여 주 당신들의 하나님께로 돌아오면, 복을 받게 될 것이다."

이 부분을 읽으면서 마음에 고통이 심해지다 마치 피를 흘리듯 아팠다. 이 단체는 더욱 무시무시한 이야기를 덧붙이고 있었다. 다름 아닌 율법으로 돌아가자는 것이었다.

"오늘 내가 당신들에게 내리는 이 명령은, 당신들이 실천하기 어려운 것도 아니고, 당신들의 능력이 미치지 못하는 것도 아니다. 다 지켜 행할 수 있다."

율법을 지킬 수 있다는 이들의 말에 예수님이 얼마나 안타까워하실까 라는 생각이 들었다. 은혜를 무효로 돌리는 것이기 때문이다. 마음을 진정시키고, 하나님의 위로를 구했다. 하나님께서 천사를 보내주셔서 가데스바네아 사건의 의미를 거울처럼 밝혀주셨다.

믿음의 보고를 했던 두 명은 '여호수아'와 '갈렙'이었다. 여호수아는 예수님을, 갈렙은 '개'라는 뜻으로 이방인을 상징한다. 이에 반해 악한 보고를 했던 10명의 '10'이라는 숫자는 율법을 뜻한다.

들여다보면 가데스바네아의 사건에는 예수 그리스도의 보혈의 피가 끓어 넘치고 있다. 예수 그리스도께서 오셔서 모든 율법의 마침이 되신 신약시대의 구도가 고스란히 사건 이면에 감춰져 있다. 율법 아래 있는 것은 하나님의 상속자가 되지 못한다.

"아브라함이나 그 후손에게 세상의 상속자가 되리라고 하신 언약은 율법으로 말미암은 것이 아니요 오직 믿음의 의로 말미암은 것이니라. 만일 율법에 속한 자들이 상속자면 믿음은 헛것이 되고 약속은 파기되었느니라. 율법은 진노를 이루게 하나니 율법이 없는 곳에는 범법도 없느니라." (로마서 4:13~15)

율법 아래에 있어서 온갖 저주와 죽음에 직면한 인간을 구속하기 위해 예수님께서 오셨지만 교만한 이스라엘은 스스로의 능력으로 구원에 이를 수 있다고 머리를 치켜들고 예수님을 받아들이지 않았다. 그 결과 예수님은 우리와 같은 이방인의 친구가 되셨고, 이스라엘이 시기하기까지 오직 믿음으로 예수를 주로 시인하는 자들에게는 누구에게나 구원자가 되셨다.

이것이 가데스바네아 사건이 품고 있는 중요한 의미일 것이다. 이스라엘은 율법을 지키지 못해 아법월의 저주를 받은 것이 아니라, 율법을 그들 자신의 능력과 지혜로 지켜낼 수 있다는 교만으로 예수님의 구원의 은혜를 믿음으로 받아들이지 못해 저주 아래 놓이게 된 것이기에 이스라엘에게 있어서 유일한 해결책은 예수님을 받아들이는 것뿐인 것이다.

은혜 알고 돌이킨 나무, '얼곤'

열어놓은 차창 사이로 낙엽들이 흩어져 차 안으로 들어왔다. 무성한 잎들이 둥지를 튼 키 큰 나무들이 바람을 따라 이리저리 춤을 추며 주의 이름을 송축하고 있었다. 땅끝에서부터 불어온 바람이 색깔이 변해가는 잎사귀들 사이를 자유롭게 오고가면서 이제 둥지를 떠날 때라고 부드러운 음성으로 속삭이고 있었다. 이 땅에서의 소명을 다한 나뭇잎들은 그동안 하나님께서 자연을 향한 진노를 인내해주시고, 대신 때를 따라 비를 내려주시고, 영양을 공급해주시고, 햇빛을 보내어주셨던 한량없는 자비를 기억했고, "영화로운 주여, 영광의 주여, 주의 이름을 송축합니다"라고 가장 아름다운 목소리를 내며 나무로부터 멀어지고 있었다.

나뭇잎들이 떠나면 나무들은 나뭇잎들과 함께 했던 아름다운 사랑과 진리와 은혜의 시간들에 대한 이야기를 내게 들려주었다. 그중에서도 가장 아름다웠던 이야기는 나무들의 조상 들 중 2천 여 년 전 이스라엘 골고다 언덕을 올랐던 특별한 한 나무에 관한 이야기였다. 그 나무의 이름은 '얼곤'(*ergon: deed*(행위)라는 뜻의 헬라어)이었다고 전해져 내려온다고 했다.

> "그날 나무의 조상 '얼곤'은 십자가 모양으로 만들어져 예수라고 불리는 아름다운 한 청년의 어깨에 얹혀 골고다 언덕을 올랐다고 합니다. 얼곤은 예수라는 청년의 따뜻한 살갗에 자신의 껍질이 닿자마자 그분이 나무를 포함한 모든 피조물을 지으신 하나님의 아들이라는 사실을 단번에 알아차렸습니다."

바이올라 교정의 나무들은 나무라면 어떤 나무든지 창조주를 알아볼 수 있다고 내게 말했다. 나는 '양들은 목자의 음성을 듣는다'는 요한복음 10장 4절의 말씀이 떠올랐다. 나무들은 창조주에 대한 인식이 너무 자연스러워 보였다. 사실 나무들은 싹이 터서 자라고 그 잎사귀가 마를 때까지 단 한 순간도 창조주가 그네들 곁을 떠난 적이 없었고, 그 나무들은 끝없이 그 풍성하고 넉넉한 창조주의 사랑의 보살핌을 찬양한다고 했다. 교정의 나무들은 입을 모아 골고다 언덕을 올랐던 '얼곤'의 증언을 내게 계속 들려주었다.

"예수는 비록 채찍에 맞아 살점이 뜯기고 피투성이가 되었지만, 십자가 '얼곤'을 담대히 짊어지고 골고다를 올랐습니다. 그 전 그리고 그 후로도 그렇게 당당히 십자가를 지고 올랐던 사람은 없었습니다. 마치 예수는 십자가를 지기 위해 태어난 사람 같았습니다. 비겁한 모습은 단 한 점도 없었습니다. 큰 대못에 손과 발이 박힐 때에도 고통 가운데 울부짖었지만 예수는 자신의 몸을 모든 의지를 다하여 죽음 속으로 던져 넣으셨다고 합니다. 참, 그런데 '얼곤'이 전해준 증언 가운데 가장 생생하게 살아 전해져 내려오는 이야기가 있습니다."

"그게 무엇인가요?" 내가 되물었다. 이 물음은 교정의 모든 나무들을 진동시켰고, 그때부터 교정의 나무들은 마치 합창을 하듯 다음의 이야기를 입을 모아 또박또박 내뱉었다.

"'다 이루었다'라는 말씀으로 숨을 거두신 예수 그리스도는 하나님 곁으로 올라가시면서 '얼곤'에게 이런 말씀을 하셨습니다. '내가 모든 율법과 행위의 마침이 되었다. 결코 행위로 하나님 앞에 단 한순간도 설 수 없는 인류의 죄를 죄 없는 내가 대신 지고 죽었고, 죄 없는 나의 참된 의가 인류에게 전가되어 인류는 나를 믿기만 하면 나의 의를 주장할 수 있게 되었다. 행위는 이제 죽음을 맞이하였다. 사단이 정복된 것이다. 이것이 복된 소식이다. 나를 믿기만 하여라. 그리하면 내가 지존하신 하나님 앞에서 나로 인해 나의 의로움을 입게 된 인류를 위해 친히 변호하고 증언하리라.'"

예수 그리스도가 우리들을 위해 성취하신 은혜를 다시 생각하니 가슴이 뜨거워지고 탁한 피가 맑아지며 눈이 밝아지고 귀가 시원해지며 영혼이 정결한 생명수에 씻긴 듯 투명해진다. 나무들의 아름다운 자태를 바라보고 있자니 몇 해 전, 크리스 해리스 목사님께서 내게 기도해주시면서 예언으로 해주신 말씀이 떠올라 나무들에게 들려주었다.

> "너희는 기쁨으로 나아가며 평안히 인도함을 받을 것이요 산들과 언덕들이 너희 앞에서 노래를 발하고 들의 모든 나무가 손뼉을 칠 것이며 잣나무는 가시나무를 대신하여 나며 화석류는 찔레를 대신하여 날 것이며 이것이 여호와의 기념이 되며 영영한 표징이 되어 끊어지지 아니하리라." (이사야 55:12~13)

교정의 나무들이 기쁨으로 여호와를 찬양하는 모습을 보니 참으로 그 모습이 여호와의 기념이 되고 영원한 표징이 되는 것 같았다.

이에 교정의 나무들은 한 가지 인간들을 향한 안타까운 사실이 있다며 내게 토로했다. 나무들이 안타까워했던 것은 '안식이 없는 인간의 삶'이었다.

> "오호라 너희 모든 목마른 자들아 물로 나아오라 돈 없는 자도 오라 너희는 와서 사 먹되 돈 없이, 값없이 와서 포도주와 젖을 사라 너희가 어찌하여 양식이 아닌 것을 위하여 은을 달아 주며 배부르게 하지 못할 것을 위하여 수고하느냐 내게 듣고 들을지어다 그리하면 너희가 좋은 것을 먹을 것이며 너희 자신들이 기름진 것으로

즐거움을 얻으리라 너희는 귀를 기울이고 내게로 나아와 들으라 그리하면 너희의 영혼이 살리라 내가 너희를 위하여 영원한 언약을 맺으리니 곧 다윗에게 허락한 확실한 은혜이니." (이사야 55:1~3)

새롭게 난 살아 있는 길, 은혜

이 말씀이 내게 고귀한, 말할 수 없는 은혜가 되었다. 이 말씀을 통해 하나님께서 내 눈과 영혼을 밝히시고 새로운 길, 곧 하나님께서 믿는 자에게 진실로 의도하셨으나 나의 무지로 인해 그동안 깊이 성찰하지 못했던 길을 보여주셨다. 이 말씀을 통해 내 눈이 씻음을 받고 난 후 성경을 보는데, 성경이 참으로 밝히 보이고, 구절구절마다 문단문단마다 상징적으로 혹은 분명하게 드러나 있는 예수 그리스도의 은혜(Grace)가 가슴을 벅차게 만들었다. 말씀은 몸을 가진 예수 그리스도처럼 한 인격으로 내게 다가왔고, 말씀을 먹는 것은 진정 꿀보다 달콤했다.

교정의 나무들은 그들이 창조주 안에서 누리는 안식을 '하나님을 향한 온전한 의탁'이라고 표현했다. 나무들은 실제로 그들의 생장을 위해 아무것도 하지 않았다. 100퍼센트 온전히 하나님께서 그들의 생장을 인도하시도록 나무들은 그저 하나님의 역사하심 안에 자신들을 내맡기고 있었다. 그들 눈에는 인간의 삶이 너무나 대비가 되어 보였나 보다.

"사람들은 안식에 들어가는 데 무척 힘들어하는 것 같습니다. 심지어 예수 그리스도를 믿는 사람들조차도 참된 안식을 누리지 못하는 것을 봅니다. 우리 조상 '얼곤'이 예수 그리스도에게서 들은 음성, 곧 이제는 행위가 죽음을 맞이했다는 것이 분명한데도 사람들은 끝없이 행위로 하나님 앞에 나아가려고 노력하는 것 같습니다. 사단이라는 세력이 사람들의 영혼에 대고 인간의 능력과 행위의 가치를 고무시키기 위해 안간힘을 쓰고 있는데, 거기에 쉽게 넘어가는 것 같습니다. 이로 인해 사람들은 끝없이 죄책감에 사로잡혀 있고, 그 죄책감을 채우기 위해 또다시 은혜 위에 뭔가를 더하려고 노력하는 것 같습니다. 인간들은 우리 자연을 다스리는 권세, 즉 우리 나무들이 누리고 있는 은혜와는 비교도 되지 않을 만큼 월등한 은혜를 받았으면서도 인간들의 표정은 왜 그렇게 억눌려 있고, 쫓기듯 말하고 움직이고 헛된 것을 향해 달려가는 걸까요."

때로는 나무들이 하나님의 지혜의 경륜을 밝혀줄 때가 있다. 하나님을 알 만한 것이 그네들 속에 숨겨져 있기 때문이다. (로마서 1:19~20) 그네들이 깨닫게 해주는 예수 그리스도의 은혜를 말씀을 통해 묵상하니 우리의 탁월한 교사인 성령님께서 다시 눈을 밝혀주신다.

앞서 이사야 55장 1~3절에서 하나님께서는 예수 그리스도를 구주로 영접하는 자에게는 하나님께서 다윗과 맺은 언약을 동일하게 우리에게도 확실히 보증해주신다고 말씀하고 있다. 하나님께서 다윗과 맺은 언약이 무엇인지 궁금하여 하나님께서 나단 선지자를 통해 다윗에게 맺어주신 언약부분을 읽어보았다. 사무엘하 7장의 말씀들. 나와도 확실하게 맺으신 언약이라는 믿음으로 그 구절을 읽으니 "은혜로다, 은혜로다" 내 영혼이 올무에서 해방된 새처럼 주님 앞에서 기뼈 뛰논다.

> "네가 가는 모든 곳에서 내가 너와 함께 있어 네 모든 원수를 네 앞에서 멸하였은즉 땅에서 위대한 자들의 이름 같이 네 이름을 위대하게 만들어 주리라."(9절)
>
> "너를 모든 원수에게서 벗어나 편히 쉬게 하리라 여호와가 또 네게 이르노니 여호와가 너를 위하여 집을 짓고 네 수한이 차서 네 조상들과 함께 누울 때에 내가 네 몸에서 날 네 씨를 네 뒤에 세워 그의 나라를 견고하게 하리라. 그는 내 이름을 위하여 집을 건축할 것이요 나는 그의 나라 왕위를 영원히 견고하게 하리라 나는 그에게 아버지가 되고 그는 내게 아들이 되리니 그가 만일 죄를 범하면 내가 사람의 매와 인생의 채찍으로 징계하려니와 내가 네 앞에서 물러나게 한 사울에게서 내 은총을 빼앗은 것처럼 그에게서 빼앗지는 아니하리라 네 집과 네 나라가 내 앞에서 영원히 보전되고 네 왕위가 견고하리라 하셨다 하라." (11~16절)

하나님께서는 결코 내게 주신 은혜를 거두어가시지 않으실 것이라고 약속하고 계신다. 다윗은 이 언약을 받은 뒤에도 밧세바와 간음을 하는 등 윤리적인 부족함을 드러냈지만 하나님께서는 결코 다윗과 맺은 언약을 무효로 돌리시지 않으셨다. 다윗의 행위를 보고 다윗과 언약을 맺으신 것이 아니라는 뜻이다.

바로 다윗은 예수 그리스도를 의지했기 때문이다. 다윗이라는 이름의 뜻은 사랑받는 자, 즉 'Beloved'(agapetos, 헬라어)이다. 신약에는 Beloved라는 표현이 예수께서 공생애 사역을 시작하시기 직전 세례 요한에게서 세례를 받고 물 위로 나오실 때 하나님께서 하신 말씀 속에 처음 나온다.

"하늘로부터 소리가 있어 말씀하시되 이는 내 사랑하는 아들이요 내 기뻐하는 자라 하시니라." (마태복음 3:17)

헬라어 성경에서 마태복음 3장 17절을 찾아보니 '아가페토스'(*agapetos*)라는 단어가 선명하게 나와 있다. 영어성경에서 *Beloved*라는 단어를 읽는 것과는 또 다른 감동이 밀려온다. 하나님은 예수님에 대한 가장 정확하고 가장 분명한 정체성을 '*Beloved Son*'(*후이오스 아가페토스*)이라고 밝히신 것이다. 마귀도 그걸 알았나보다. 이어지는 4장에서 마귀가 예수님을 광야에서 시험하실 때 마귀는 계속해서 '아가페토스'(사랑하는)라는 단어를 빼고 예수님을 유혹한다.

"에이 후이오스 에이 톤 테오…"(만일 하나님의 아들이어든…)

사단이 나를 공격할 때도 그렇다. 한 치의 어긋남도 없이 예수님에게 했던 똑같은 방법으로 나를 공격해왔다. 사단은 나로 하여금 하나님의 '사랑 받는 자'라는 생각에서 멀어지도록 모든 공격을 총동원했다.

교회도 열심히 다니게 하고, 기도도 열심히 하게 하고, 성경도 많이 읽게 하고, 가난한 사람들도 많이 도와주게 하고, 사회 정의에도 많은 관심을 갖게 하는 등 온갖 종교적인 그럴듯한 모양들을 이룩하도록 부채질하면서 정작 내가 "하나님으로부터 조건 없는 사랑을 받게 된 자"라는 생각을 하지 못하도록 막았다.

'Beloved'의 헬라어인 '아가페토스'는 아가페(agape)에서 나온 말인데, 예수님의 조건 없는 사랑을 뜻한다. 여기서 중요한 부분은 '**조건 없는**'이라는 부분이다. 만일 "정말로 아무런 조건이 없는 것이냐"라고 물으신다면 그것은 '사단이 주는 간계'인 것이다. 정말로 조건이 아무것도 없는 것이다.

Beloved라는 뜻을 가진 다윗 역시 하나님으로부터 조건 없는 사랑을 받았다. 의롭다 인정함을 받은 뒤에 다른 여자와 동침을 하고, 용맹스러운 장군을 전장에서 죽게 만드는 살인자가 되기도 했지만 하나님은 다윗과 맺은 **조건 없는** 사랑의 언약 때문에 결단코 다윗을 버리지 않으셨다.

나 역시 예수 그리스도께서 나의 모든 죄를 짊어지시고 죽으신 것 때문에 이제는 결코 정죄함이 없게 되었지만 (로마서 8:1), 다윗처럼 아직도 넘어질 때가 많다. 탐심이 들 때도 있고, 마음으로 간음하는 죄를 범하기도 하고, 마음으로 형제를 죽이는 살인자가 되기도 한다. 그때마다 사단이 내 앞에 서서 나를 똑바로 보고 이렇게 말한다.

"너는 죄를 지었어. 그런 추악한 죄를 예수를 믿고도 저지르다니. 쯧쯧. 이런 죄를 짓고도 하나님이 너를 여전히 사랑할 거라고 생각한다면 오산이지. 죄를 지었으니 대가를 치러야 하지 않겠니. 부끄러운 줄 알아라. 오늘부터 좀 더 열심히 성경을 보도록 해. 너는 사람들을 좀 더 사랑하지 않아서 이렇게 됐을 수도 있으니 남을 돕는 일도 좀 더 열심히 하도록 해. 오, 그래. 그거 좋겠다. 월드비전이나 컴패션 같은 거 있잖아. 그런 것쯤은 가입해서 한두 명 이상씩 돕도록 해. 음… 그리고, 기도 시간도 늘여. 겨우 몇 십분 앉아

서 기도랍시고 하니까 이렇게 죄를 짓는 거야. 하루에 적어도 몇 시간씩 기도하면 나아질 거야. 내게 고마워해. 네가 이렇게 애쓰고 노력하는 것을 하나님도 아실 거야. 아시고 너를 이해해주시고 다시 받아주실 거야."

은혜 가로막는 '죄책감'

예전에도 잘도 속아 넘어갔다. 참 그럴싸한 사단의 찬란한 논리전개. 사단의 목소리에 넘어가면 제일 먼저 일어나는 징후가 바로 '죄책감'(*guilty*)이다. 나는 기자로 일하던 때가 있어 그리스도인들의 수많은 간증을 읽어볼 기회가 있었다. 그 모든 간증문에 공통으로 등장하는 것이 바로 '죄책감'이었다. 예수님을 영접하고 나서도 이 죄책감 때문에 얼마나 많은 그리스도인들이 누가복음 15장의 탕자처럼 아버지의 집으로 돌아오지 못하고 방황하고 또 방황하는가.

그러나 오늘날 분명히 하나님께서 말씀하신다.

"너희의 죄와 불법을 내가 다시는 기억하지 아니하리라. 이것들을 사하였은즉 다시 죄를 위하여 제사 드릴 것이 없느니라." (히브리서 10:17~18)

할렐루야. 사단이 내가 지은 죄를 가지고 자꾸 죄책감이 들게 하고, 그로 인해 내가 더욱 죄 가운데 살아가도록 유혹할 때마다 나는 사단에게 꾸짖으며 선포한다.

"내가 죄를 지었거든 어린 양에게 가보라. 그가 내 모든 죄를 다 지고 가셨다. 그 어린 양이 나의 모든 과거의 죄와 현재의 죄와 앞으로 내가 짓게 될 모든 죄를 다 지고 가셨다. 나는 의롭다는 법적인 지위를 얻었으니 사단아! 네가 나와 아무런 상관이 없다. 꺼져라. 그림자 같은 무상한 존재여."

오늘은 온누리신문 미주판 마감을 로스앤젤레스에서 한 뒤, 가족과 함께 게티미술관(*Getty Museum*)으로 나들이를 갔다. 오후 5시30분쯤 모노레일을 타고 게티미술관으로 올라가는데 벌써 붉은 주황색 석양이 산타모니카 해변 너머로 넓은 휘장을 치며 쓰러지고 있었다.

석양이 아름다운 이유는 예수의 아름다운 보혈이 온 하늘을 덮으며 "세상아, 내 피가 너희를 깨끗케 했다. 내 피가 너희를 정결케 했다"라고 외치는 것 같아서다. 아내와 아들 영찬과 함께 미술관 앞 아리따운 정원 앞에 서서 석양을 바라보았다.

며칠 전 9번째 생일을 맞은 영찬이가 내게 물었던 말이 떠올랐다.

"아빠. 하나님은 영원 전부터 계시고, 영원까지 계시니까 매일이 생일이겠네, 그치."

갑자기 그런 말을 하는 터에 깜짝 놀랐다. 내 입에서는 "하나님은 영원하시니까 생일이라는 것이 없으신 분이시란다"라는 대답이 나올 뻔했는데 그러질 않았다. 앞뒤 없이 서두른 교정이 영찬이의 영적인 사고를 뒷걸음치게 할까봐 두려웠기도 했지만, 한편으로는 날마다 새로운 날을 이루어 가시는 하나님이시니 매일이 하나님의 생일이라는 말도 가히 틀린 말은 아니라는 생각 때문이었다.

아들이 하나님에 대한 이야기를 던질 때마다 무엇보다 하나님의 '은혜'를 깊이 알기를 소망한다. 무서운 하나님, 다가서기 힘든 하나님, 죄를 지으면 벌을 주시는 하나님이 아니라, 너무 사랑하셔서 죽기까지 사랑하시고, 모든 죄를 기억조차 안 하시며, 다가서는 모든 이들의 잔을 넘치도록 채워주시는 은혜의 하나님이심을 아들 영찬이가 체험하며 자라기를 간절히 바란다. 무엇보다 그 '은혜'를 가르치는 것이 "주의 교훈과 훈계로 양육하라" (엡 6:4)는 아비 된 자로서의 가장 큰 소명이 아닐까 생각해본다. 왜냐하면 그 예수 그리스도의 '은혜'만이 율법에 종노릇하고 있는 세상을 이기고 승리하는 유일한 양의 문이기 때문이다.

노을이 거의 쓰러질 때까지

아들의 손을 굳게 잡았고, 아내의 미소를 마음에 담았다.

하나님께 내 모든 '행위'를 다시 한 번 내려놓으며 게티미술관을 내려왔다.

"내가 일하고자 하면 하나님께서는 결코 일하지 않으시고, 내가 내 모든 행위를 내려놓으면 그때 하나님께서 일하시고 영광 받으신다."

2010년 10월 30일
탈봇에서

희망
―공짜 포도주와 젖

은혜로다

　하루를 마감할 시간이 되면 아내와 아들 영찬, 그리고 나는 성경책을 챙겨들고 모인다. 얼마 전 그날 저녁에도 우리는 한자리에 앉아 시편 1편을 감사함으로 열었다. 한 절씩 돌아가면서 읽은 뒤 원하는 사람이 기도를 하고 마치는 이 시간은 겨우 10분 안에 끝나는 짧은 시간이지만 말씀은 살아 움직이는 능력이 되어 (히브리서 4:12) 하루를 마감하는 영혼을 풍요로운 강처럼 씻어낸다.

　식구들이 모두 잠든 후 새벽 2시경까지 성경을 읽고, 헬라어성경과 비교하면서 연구도 하고, 깨달은 바를 묵상과 찬양으로 하나님께 드린 후 나도 잠자리에 들 준비를 했다.

　창밖에는 새벽 2시가 되어 잔디밭에 물을 주는 스프링클러 소리가 '쏴~' 하고 들리는 것 같았는데, 고개를 내밀고 밖을 보니 시원스레 가을비가 내리고 있었다. 얼음처럼 차가운 공기가 열어놓은 베란다 창으로 스며들어와 잔뜩 열이 오른 내 피부를 기분 좋게 식혀주었다.

아래 1층 땅에 터를 잡고 싱싱하게 자라나고 있는 식물의 넓은 잎사귀 위로 빗방울이 '후두둑' 떨어지는 소리가 청년의 심장 고동소리처럼 힘차고 희망으로 가득 차 있다.

제법 굵은 빗방울에도 아랑곳없이 네온 가로등 불빛에 비친 작고 여린 색깔 꽃도 비를 즐거이 맞으며 흔들거리고 있었다. 아무리 작은 꽃도 꺾거나 상하지 않게 하는 빗방울의 오묘한 낙하의 무게 앞에서 모든 자연을 향해 사랑과 자비를 베푸시는 하나님의 섬세하고 전능하신 모습이 비쳤다.

늘 그렇듯 잠자리에 들기 전 말씀 한 구절을 외웠다. 이날은 요한계시록 마지막 절을 입에 달았다.

"주 예수의 은혜가 모든 자들에게 있을지어다. 아멘." (*The grace of the Lord Jesus be with God's people. Amen.* 요한계시록 22:21)

차가워진 이불 속으로 몸을 밀어 넣고 조금 있으니 몸이 따뜻해져 왔다. 잠이 들어 의식이 없어질 때까지 계시록 말씀을 계속해서 외웠다. 눈꺼풀이 조금씩 감긴다.

"그래… 은혜구나… 성경의 마지막은 예수님과 은혜로 끝나고 있구나…"

눈꺼풀이 더욱 감겼다.

"모든 자에게… 모든 자에게 하시는 말씀이구나… 나를 향한 말씀이구나…"

눈꺼풀이 거의 다 잠기고 의식은 마지막 꼬리만을 살포시 흔들며 사라지고 있었다.

"예수님께서 내게 은혜를 주시는구나… 평안하다… 평안하다…"

이렇게 잠든 그날 꿈은 매우 특별해 아침에 깨고 나서도 잊히질 않아 아내에게 이야기를 해주었다. 내가 걸어가야 할 어떤 길을 가르쳐주는 소중한 메시지 같은 것이었다.

풍요로운 은혜의 생명수

내가 서 있던 곳은 수정 같이 맑은 생명수 강이 흐르는 곳이었는데, 그곳은 잠시 동안의 어두움과 잠시 동안의 빛을 통과한 뒤 그 빛마저 사라지는 순간을 맞았다. 그런데 빛이 사라지면 어두워질 줄 알았는데, 빛보다 더 찬란한 어떤 존재가 나타나자 그 세계는 형언할 수 없을 정도로 밝아졌고, 이전의 모든 빛마저 그분 앞에 무릎을 꿇었다.

얼굴을 기억할 수 없는 그분은 분명 예수 그리스도의 형상으로 직감되었는데, 나는 넘치는 기쁨으로 달려가 나의 두 손을 주님께 내밀었다.

그런데 이게 웬일인가. 나의 오른손과 왼손이 모두 뭉그러져 있었다. 나병환자처럼. 나는 갑자기 두려워졌다. 방금까지도 멀쩡한 몸으로 서 있었는데 왜 갑자기 내 손이 나병환자처럼 변해버린 것일까. 손가락이 하나도 없었다. 심연에서 잡아 올린 오래된 어류의 지느러미처럼 단조로운 곡선으로 변해버린 양손이 내 시야에 선명하게 들어왔다.

꿈속에서 나는 그것이 꿈이기를 울부짖었다.

"이건 꿈일 거야. 이럴 리가 없어. 내가 나병환자가 되다니. 내 인
생은 이제 어떻게 되는 것인가."

정말 두려웠다. 두려움에 사로잡힌 나는 순간 내 앞에 서신 예수님
을 까맣게 잊어버리고 있었다. 비록 꿈속이었지만 지금 생각해보면
참으로 부끄러운 일이었다. 그러나 그렇게 두려움에 휩싸여 갈피를
못 잡고 있는 나를 향해 예수님께서 그분의 손을 내밀어 나의 뭉그러
진 손을 잡아주셨다.

그때 거짓말처럼 내 손이 회복되었다. 그 기쁨과 환희는 꿈을 깬
아직까지도 남아 있을 정도로 높고 강력한 것이었다. 나는 아무 말도
하지 못하고 그렇게 예수님 앞에 서 있었다. 한참 후에 예수님께서
말씀을 하셨다.

"하나님의 나라는 먹는 것과 마시는 것이 아니요 오직 성령 안에
있는 의(righteousness)와 평강(peace)과 희락(joy)이니라." (로마서 14:17)

그렇게 꿈에서 깼고 아내에게 꿈 이야기를 했는데, 하루 종일 그
꿈을 생각하다가 나는 꿈에서 예수님께서 하신 말씀이 다름 아닌 잠
들기 전 외웠던 예수님을 통한 '은혜'(*grace*)에 관한 말씀임을 깨닫
게 되었다.

그날 이후로 '은혜'라는 단어는 지금까지 내가 알고 있던 은혜와는
전혀 다른 의미와 능력으로 영혼 속에 채워지기 시작했다. '은혜'는

예수 그리스도를 정면으로 향하고 있었고, 신명기 28장 이후로 우리를 죽음으로 인도하였던 시퍼런 율법의 사슬로부터 참된 자유를 선언하였다.

> "율법은 믿음에서 난 것이 아니니 율법을 행하는 자는 그 가운데서 살리라 하였느니라. 그리스도께서 우리를 위하여 저주를 받은 바 되사 율법의 저주에서 우리를 속량하셨으니 기록된바 나무에 달린 자마다 저주 아래에 있는 자라 하였음이라." (갈라디아서 3:12~13)

참으로 이상한 일이었다. 복음서를 읽고, 서신서를 읽고, 심지어 구약을 읽을 때에도 성령님께서는 예수 그리스도를 통해 의의 완성을 이루신 하나님의 '은혜'의 강물을 끝없이 보여주시는 것이 아닌가. 내 영혼은 홍수에 강물이 주체할 수 없을 정도로 불어나는 것 같은 충만함으로 뜨거워졌고 큰 자유함을 경험하게 되었다. 에스겔 47장에 나오는 강물이 내 속에 넘쳤다.

> "다시 천척을 측량하시니 물이 내가 건너지 못할 강이 된지라 그 물이 가득하여 헤엄칠 만한 물이요 사람이 능히 건너지 못할 강이더라." (에스겔 47:5)

은혜로 돌아선 글쓰기

사실 그날 이후로 나의 글도 '은혜'에 더욱 젖게 되었다. 알아차린 독자도 있을지 모르나 지난번 글 <후이오스 아가페토스>는 그 전환점이 된 글이다. 글을 쓴다는 것은 두렵고 떨리는 일인지라 '은혜'를 바라보면서도 주님 안에서 신학적으로도 균형을 잃지 않도록, 또한 정직하고 거짓이 없기를 기도하며 썼다. 그러나 무엇보다도 하나님께서 하시고자 하는 말씀이 나를 통해 흘러가야 한다는 생각이 강했다.

나보다도 더욱 하나님을 아는 지식과 경험이 풍부한 선배들이 저렇게 많은 가운데 글을 쓰는 것이라 더욱 두렵고 떨리는 마음이 늘 있다. 부족한 점이 어찌 없을까. 그러나 자라나는 어린 아이를 지켜보는 심정으로 늘 사랑어린 격려를 아끼지 않으시는 박종길 목사님, 원장로님, 집사님 등 많은 분들의 사랑은 항상 잊을 수가 없다.

'은혜'에 충만히 잠겨 아내에게 여러 가지로 이야기를 했는데, 아내가 하는 말이 "은혜를 이야기 한다는 것은 그것이 맞는 말임에도 불구하고 쉽게 저항에 부딪힐 수 있다"는 색깔의 대답을 했는데, 그 말이 참으로 맞는 말이었다.

은혜로 전환한 글을 쓰고 난 뒤 메일 한 통을 받았는데, 그 메일이 나를 갑작스런 낙담으로 이끌고 간 것이다. 그분이 그동안 내 삶에 주신 사랑과 은혜가 너무나 컸기에 그 메일은 더욱 나를 낙망으로 이끌고 갔다.

"신학을 공부하고 있는 중이니 글은 나중에 쓰는 것이 낫지 않을까요. 먼저 채워지고 나야 나올 수 있는 것이 아닐까요. 사랑하는 마음에 조심스럽게 씁니다."

낙망한 나는 그날 저녁 주님께 무릎을 꿇었다.

"주님. 저는 주님의 뜻이라는 확신을 가지고 글을 쓰기 시작했는
데, 오늘 이러한 메일을 받았습니다. 제게 소중한 분이 보낸 메일
입니다. 제가 정말 글을 쓰지 않기를 주님께서도 원하시는 건가요.
그렇다면 쓰지 않겠습니다."

아픈 마음으로 주님께 간구하였더니 주께서 말씀으로 인도하여 주
시는 순간이 왔다.

"사랑 안에 두려움이 없고 온전한 사랑이 두려움을 내쫓나니 두려
움에는 형벌이 있음이라 두려워하는 자는 사랑 안에서 온전히 이
루지 못하였느니라." (요한일서 4:18)

이 말씀이 나를 회복시키기 시작했다. 그러나 내 영혼에 이런 질문
이 계속 있었다.

"주님, 메일에서 쓴 것처럼 내가 더욱 채워져야 쓸 수 있는 것이
맞는 말이 아닐까요?"

그러자 주님께서 대답해주셨다.

"채우는 이도 나요, 비우는 이도 나이니라. 너의 능력으로 하려고 하면 두려움이 엄습할 것이다. 그러나 성령을 힘입어 나아가는 자는 결코 두려워할 필요가 없다. 너희 안에는 이제 성령이 계셔서 모든 것을 가르쳐주시고 모든 할 말을 알려주실 것이다. 오히려 더욱 연약해져라. 오히려 더욱 부족해져라. 내가 세상의 연약한 것을 택해 내 영광을 드러내리라."

그러시면서 말씀을 보여주신다.

"나에게 이르시기를 내 은혜가 네게 족하도다 이는 내 능력이 약한 데서 온전하여짐이라 하신지라 그러므로 도리어 크게 기뻐함으로 나의 여러 약한 것들에 대하여 자랑하리니 이는 그리스도의 능력이 내게 머물게 하려 함이라. 그러므로 내가 그리스도를 위하여 약한 것과 능욕과 궁핍과 박해와 곤고를 기뻐하노니 이는 내가 약한 그 때에 강함이라." (고린도후서 12:9~10)

그렇게 날이 밝았는데 입술에서 찬양이 흘러나왔다. 알지도 못하는 가락을 입으로 흥얼거리며 하루를 은혜 가운데 축복해주실 하나님의 사랑을 노래했다.

"그래. 내 시선이 나를 향할 때에는 모든 것이 절망으로 치닫다가 내 시선이 나를 떠나 오직 피 흘리신 어린양 예수 그리스도께 고정될 때에는 어찌 이토록 기쁘고 희망으로 가득 찬단 말인가."

용기 주시는 하나님, '은혜를 추구하라'

거울을 보며 그렇게 중얼거렸다.

허친슨 교수님의 구약학 수업이 있어서 학교를 향했다. 발걸음도 가볍게. 감사하게도 하나님께서는 수업시간을 통해서도 위로를 주셨다. 이날은 남유다와 북이스라엘의 역사를 살펴보는 시간이었다. 특히 교수님은 이날 열왕기상 18~19장을 평소와 달리 한 절 한 절 읽어나가시면서 아합에 대해, 이세벨에 대해, 엘리야에 대해 이야기를 했다.

기억에 남는 것 중 하나는 엘리야가 갈멜산에서 바알의 선지자들을 하나님의 살아계신 능력을 힘입어 물리치는 승리의 개가를 올린 뒤 도망가는 장면이었다. 우상 신들의 거짓을 밝힌 엘리야는 사악한 이세벨이 이제 심판을 받아 곧 죽거나 화를 당할 것이라고 기대했을 것이다. 그러나 갈멜산 승리 이후에도 이세벨은 살기등등하여 사신을 보내 엘리야를 죽일 것이라고 선언했다.

하나님의 능력보다 이세벨의 살해협박의 목소리가 더욱 무서워진 엘리야는 유다에 속한 브엘세바까지 도망하여 절망 가운데 죽기를 청한다. 엘리야가 도망 친 갈멜에서 브엘세바까지의 거리는 샌프란시스코에서 샌디에이고까지 거리에 해당할 정도로 먼 거리로 보이는데 엘리야가 느낀 두려움과 절망의 깊이를 엿보게 한다. 로뎀나무 아래에 앉아 죽기를 원하는 엘리야를 보라.

"죽기를 원하니 여호와여 지금 내 생명을 거두시옵소서 나는 내 조상들보다 낫지 못하나이다." (열왕기상 19:4)

그런 절망에 빠진 엘리야를 향해 하나님께서는 천사를 보내 떡과 물로 위로해주시는데 엘리야는 두려움에서 헤어나지 못하고 사십 주야를 더 광야로 도망가 호렙산에 숨게 된다. 여호와께서 엘리야에게 물으신다. 두려움에 빠진 아담에게, 가인에게 묻듯이.

"엘리야야 네가 어찌하여 여기 있느냐." (열왕기상 19:9)

엘리야가 대답한다.

"이스라엘 자손이 주의 언약을 버리고 주의 제단을 헐며 칼로 주의 선지자들을 죽였습니다. 오직 나만 남았습니다. 그들이 내 생명을 찾아 빼앗으려 합니다." (열왕기상 19:10)

그러나 하나님께서는 엘리야를 끝까지 책망하지 않으시고 그와 함께하셔서 악인의 멸망을 실행시키셨다. 하나님의 뜻이라는 응답과 확신을 받고 주님의 일을 한 크리스천들 중에 얼마나 많은 사람들이 영적 승리에 뒤따르는 영적 어두움의 시간을 많이 겪게 되는지 허친슨 교수는 강조했다.

나만 그런 것이 아니라는 생각에 위로가 되었고, 아무리 많은 능력과 이적을 행하는 주의 사람들도 하나님과 성도들의 위로와 격려가 필요하다는 교수님의 말씀에 주 안에서 형제 된 자들을 더욱 격려하고 위로하는 일을 게을리하지 말아야겠다는 생각을 했다.

수업을 마치는데 허친슨 교수님이 나를 부르셨다. 사실 나는 2주 전부터 영어로만 된 얇은 두께의 성경책을 갖고 싶어서 서점을 기웃거렸었다. 그런데 이날 허친슨 교수님이 나를 불러 세우시더니 뜯지도 않은 새 성경책 하나를 내미셨다.

> "어떤 선배가 차명권에게 주는 선물이라며 전해달라고 했습니다.
> 누군지는 안 밝혔는데 여기 성경이 있습니다."

교수님이 내민 성경은 크기, 색깔, 두께 등 내가 생각하고 있던 성경책과 똑같은 것이었다. 누가 보냈는지 알지 못하지만 하나님께서 천사를 통해 내게 또 다른 위로를 주셨다는 생각을 했다.

'은혜'가 삶을 넘치도록 채울 것이다

이날 저녁 영성 상담시간(*Spiritual Direction*) 시간에 크리스와 만나 '은혜'와 관련해 지난 며칠간 일어난 일들을 함께 나누며 기도했는데, 크리스는 이와 같은 말로 격려를 해 주었다.

> "마틴 로이드 존스 목사님께서 이런 말씀을 하셨습니다. '이 세대에 설교자들은 박해를 받을 것인데, 그것은 '은혜'에 대한 메시지를 전할 때이다'라고요. 용기를 잃지 말고 하나님의 음성에 순종해 나가시길 바랍니다."

지난 주일에는 교회 식당에서 사랑하는 한 집사님과 이야기를 나누었는데, 나의 나눔을 듣고 있던 그 집사님은 하나님의 사랑으로 충만하여 눈에 눈물이 글썽할 정도였다.

"집사님, 저는 어제 시편 23편을 묵상했는데 얼마나 큰 은혜를 받았는지 모릅니다. 여호와는 나의 목자시고 나는 그의 양이기에 내가 할 일은 오직 목자의 음성을 듣는 것밖에 없음을 깊이 알고 은혜가 되었습니다. 그가 나를 푸른 초장에 누이시고 쉴 만한 물가로 인도하신다고 하셨는데, 푸른 초장과 물가는 양이 먹고 마시는 양식이지 않습니까. 이사야 55장에서 목마른 자들을 향해 돈 없이, 값없이 와서 포도주와 젖을 사라는 하나님의 은혜로운 음성이 들리는 것만 같습니다. 사람은 누군가에게 주고 나면 힘이 소진하고 부족해지는데, 예수님께서는 우리가 예수님으로부터 먹고 마시면 더욱 기뻐하시고 영광을 받으시는 분이시기에 아름답습니다."

"차 전도사님, 하나님의 은혜가 느껴지면서 가슴이 얼마나 뜨거워지는지 모르겠습니다. 정말 예수님은 얼마나 귀하고 좋으신 분이신지 저는 도무지 앉아 있을 수도 없을 지경입니다. 그 귀하신 예수님을 사람들에게 보여주고 싶고, 알려주고 싶어서 죽을 지경입니다."

"그 말씀을 들으니 집사님은 참으로 사마리아 여인 같다는 생각이 듭니다. 예수님을 만난 사마리아 여인은 물동이를 던져버리고 자기의 마을로 돌아가 전도자가 되지 않았습니까. 예수님을 전심으로 만난 사람은 가만히 있을 수가 없게 됩니다. 집사님도 더욱 예수님을 알아갈수록 물동이를 던지게 되실 겁니다. 얼마나 아름답습니까."

집사님의 눈에서 금방이라도 눈물이 쏟아질 것 같았다.

"저는 사람들을 사랑하기도 하지만 하나님을 만나고 예수님과 교
제하는 시간이 너무 너무 달콤해서 하루 종일 하나님과만 만나는
것을 즐거워하고 그 시간을 소중하게 여깁니다."

집사님의 이야기를 듣고 있는데, 하나님에 대한 사랑이 넘쳐 흘러
가는 것이 보이는 것만 같았다.

"집사님, 시편 23편에서 주께서는 왜 굳이 원수의 목전에서 잔치
의 상을 베푸시는지 저는 늘 궁금했습니다. 그런데 어제 묵상 중에
그것은 예수 그리스도의 발 앞에 모든 원수와 사단이 무릎을 꿇는
모습이라는 생각이 들었습니다. 그 다음 구절에 나오는 '내 머리에
기름 부으셨으니'는 바로 메시야, 곧 예수 그리스도를 상징하는
것 같습니다. 이렇게 세상을 정복하신 예수님의 길에 우리가 서 있
을 때 어떤 일이 일어나는지 아십니까. 바로 '내 잔이 넘치나이다'
입니다. *Flow*(흐른다)도 아니고 *Over-Flow*(흘러넘친다)입니다. 하나님
께서는 예수님을 갈망하는 집사님의 삶을, 사업을, 영혼을 그냥 채
워주시는 것이 아니라 '차고 넘치도록' 채워주실 것입니다."

나는 최근 내가 사랑하는 어느 목사님의 메시지에서 듣고, 직접 찾
아서 확증한 사실을 이야기 했다. 창세기 5장의 아담의 족보에 나와
있는 예수 그리스도의 복음에 대한 이야기였다.

"창세기 5장은 단순히 노아까지 이르는 아담의 계보가 아니라 창세 때부터 이미 예정하신 예수님에 대한 이야기가 숨어 있습니다. 족보에 나온 각 인물을 히브리어로 풀어서 나열해 보면 이렇습니다. 아담은 *Man*, 셋은 *Appointed*, 에노스는 *Mortal*, 게난은 *Sorrow*, 마할랄렐은 *The Blessed God*, 야렛은 *Shall come down*, 에녹은 *Teaching*, 므두셀라는 *His death shall bring*, 라멕은 *Powerful*, 노아는 *Rest*입니다. 그 의미를 붙여서 해석해보면 '슬픔 가운데 죽을 수밖에 없도록 운명 지어진 인간을 위해 복의 근원 되시는 하나님께서 이 땅 가운데 내려오셔서 죽으시고 인간에게 참된 안식을 가져다 주셨다'입니다. 바로 예수 그리스도를 일컫는 것이 아니겠습니까."

또다시 은혜를 고백한 집사님은 '참된 안식'을 이야기했고, 예수 그리스도 안에 있는 참된 안식이 바로 우리가 걸어 들어가야 할 목적지라는 것을 함께 나누었다.

은혜는 곧 안식

최근 개척을 하신 나의 사랑하는 한 목사님은 교회의 목회방향을 정리한 파워포인트를 보내오셨는데, 기도하는 마음으로 읽고 큰 은혜가 되었다. 특히 '안식'을 교회교육의 중요부분으로 넣고 계신 것을 보고 최종 목적이 '예수 그리스도' 안에 있음을 더욱 깊이 볼 수 있었다. 미국으로 떠나는 내 손에 마르바 던이 지은 <안식>이라는 책을 쥐어 주셨던 생각이 나면서 미소가 번졌다.

내년 봄학기 수강신청을 마쳤다. 히브리어를 속히 배우기를 원하게 되었는데 앞당겨 내년 가을 학기 때부터 수강을 해야겠다. 헬라어를 통해 조금씩 더 알아가는 하나님의 깊이 있는 경륜이 나를 더욱 겸허하게 만드는데, 히브리어를 통해 구약을 더욱 보고자 하는 마음이 헬라어를 배우면서 더욱 강해졌다. 아쉬운 대로 히브리어 서적을 꺼내놓고 자습에 들어갔다. 성경의 이름 하나, 숫자 하나, 지명 하나, 그 모든 것들에 올올이 박혀 있는 예수 그리스도의 아름다움의 보화를 다 캐내어 맛보고 싶다.

아내의 이름을 재미 삼아 헬라어로 풀어봤다. 목숨 수, 은혜 은. 곧 '조에(*Joe*) 카리스(*Karis*)'이다. 아내에게 "네 이름이 조에 카리스"라고 하니, 아내는 "나는 믿지 않는 가정에서 태어났지만 예수님을 믿을 수밖에 없는 이름을 가지고 태어난 것 같다"면서 '조에 카리스', 즉 '예수 그리스도의 은혜로서 영원한 생명을 주신' 하나님께 감사를 드렸다.

글을 마무리하면서 아브라함을 다시 한 번 묵상하며 하나님께 영광을 돌린다.

"너희가 그리스도의 것이면 곧 아브라함의 자손이요 약속대로 유업을 이를 자니라." (갈라디아서 3;29)

아브라함에게 주어진 약속이 무엇이며, 아브라함의 자손으로서 우리가 이을 유업이 무엇인가.

"내가 너로 심히 번성하게 하리니 내가 네게서 민족들이 나게 하
며 왕들이 네게로부터 나오리라. 내가 내 언약을 너와 너 및 네 대
대 후손 사이에 세워서 영원한 언약을 삼고 너와 네 후손의 하나
님이 되리라. 내가 너와 네 후손에게 네가 거류하는 이 땅 곧 가나
안 온 땅을 주어 영원한 기업이 되게 하고 나는 그들의 하나님이
되리라." (창세기 17:6~8)

이 복된 약속은 하나님께서 '아브람'(높은 아비)의 이름을 '아브라
함'(열국의 아비)이라고 바꾸어 주심으로써 확증되었는데, '아브람'이
라는 이름에서 추가된 히브리어 철자가 중요한 의미를 던져준다. 히
브리어 알파벳의 다섯 번째인 헤(ה)이다. 헤(ה)는 '창문'이라는 의미가
있는데, 성경에서는 '은혜'를 상징한다.

곧 우리의 존재가 그리스도를 통해서, 곧 '은혜'가 주어짐을 통해
서 구원에 이르게 된 것을 나타낸다. 할렐루야. 은혜는 값없이 주어진
것이기에 우리가 율법과 행위로 은혜를 사려고 할 때는 은혜가 은혜
로서의 의미를 잃어버리고 죄에게 종노릇하는 어둠과 우울 속에 갇
혀버린다. 믿음으로 하나님 나라의 모든 비밀과 아름다움이 전적으로
우리의 것이 되었다. 값없이 누리게 된 이 은혜를 진정 기쁨과 은혜
로 누릴 때 예수 그리스도께서 영광을 받으시고 흡족해 하신다.

우리는 이제 법적으로 그의 아들이 되었기 때문이다. 아들의 권리
를 끊을 자, 막을 자 아무도 없으리.

2010년 11월 16일
탈봇에서

기쁨
—기적의 알파와 오메가

날 새롭게 한 창조주 예수님

"천지를 창조하신 분이 예수님"이라고 했더니 평소 알고 지내는 탈봇의 어느 분이 "천지를 창조하신 분은 하나님이시지 않은가"라고 반문해왔다. 물론 하나님께서 천지를 창조하셨지만, "예수님이 천지를 창조하셨다"는 표현 역시 틀린 것이 아니다.

그런 생각은 내 스스로의 논리로 추론한 것이 아니다. 우리들이 잘 발견할 수 있도록 하나님께서 요한복음 1장 1~3절에 그 내용을 떡하니 친절하게 기록해 놓으셨다. 할렐루야.

> "그가 태초에 하나님과 함께 계셨고, 만물이 그로 말미암아 지은
> 바 되었으니 지은 것이 하나도 그가 없이는 된 것이 없느니라."
> (요한복음 1장 2~3절)

예수님이 천지를 창조하실 때 하나님과 함께 일하셨다는 사실을 의외로 많은 크리스천들이 잊어버리고 사는 것을 종종 본다. 그들에게 예수님은 연극 무대의 7막 7장쯤에 가서야 짧게 등장하고 사라지는 그런 배역의 주인공인 것처럼 여겨지는 것이다. 그러나 예수님은 이 세상 무대의 1막1장부터 장엄하게 등장하는 위대한 주인공이시다.

예수님이 정말 태초에 천지를 창조하셨는지 확증하기 위해 창세기 1장 1절을 살폈다.

"태초에 하나님이 천지를 창조하시니라." (창 1:1)

눈을 씻고 봐도 예수님이 천지를 창조했다는 표현을 찾을 수가 없다. 영어 번역을 보아도 그렇다.

"In the beginning God created the heavens and the earth."

영문번역에도 *Jesus*는 없다. 그러나 히브리어 원문을 보면 놀랍게도 *Jesus*가 있다. 원문에는 '*알레프 타브*'라는 히브리어가 "창조하다"의 주어로 등장하는데, 이 단어는 영어성경으로 번역되지 않았고, 그 결과로 한글성경으로도 번역 되지 않았다. 그러나 성경 원문에는 창조 주체로 '알레프 타브'를 분명하게 기록해 놓고 있다.

히브리어의 이 '알레프 타브'는 헬라어로 치면 '알파와 오메가'라는 뜻으로 히브리어 22개 알파벳의 처음과 끝을 나타낸다. 곧 '알파와 오메가'는 성경에서 예수님을 뜻한다.

성경의 마지막 책인 요한계시록에서 그 사실을 더욱 분명하게 볼 수 있다. 예수님께서는 다시 속히 이 땅 가운데 재림하실 것이라고 말씀하시면서 자신을 '알파와 오메가'로 묘사하고 계신다.

"나는 알파와 오메가요 처음과 마지막이요 시작과 마침이라." (요한계시록 22:13)

성경 66권의 처음과 마지막 장이 모두 예수님의 이야기로 강조되어 있다는 사실이 내게 엄청난 믿음과 기쁨을 주었다. 성경의 중심에는 예수님이 좌정하고 계신 것이다. 하나님께서 우리를 구속하시기 위해 허락하신 최후이자 유일한 방법, 곧 예수 그리스도의 죽음과 부활을 성경은 처음부터 끝까지 흔들림 없이 기록해 나가고 있는 것이다.

축복의 근원으로 살아가기

지난 학기 해석학 시간에 벤신 교수님이 성경을 두 단어로 요약해 보겠다면서 칠판에 썼던 큰 글씨가 떠오른다.

"Jesus Wins!"(예수님이 승리하신다!)

이러한 예수님은 얼마나 아름다운가. 이 세상의 어떤 것이 예수님의 아름다움에 비길 수 있을 것인가. 교정은 찬바람 불어대고 낙엽은 땅바닥을 뒹구는데도 교정을 걸어가는 나의 발걸음은 사슴처럼 뛰고, 영혼은 숲의 새와 같이 흥얼거린다. 내 영혼을 가득 채운 이 기쁨의 이유가 '예수'라는 사실이 너무나 내 영혼을 안전하게 만든다. 그 이름은 불변하는 진리이기 때문이다. '예수' 이름이 내 영혼을 충만하게 만드는 것을 보면 '진리가 너희를 자유케 하리라' (요한복음 8:23)는 말씀이 역시 사실인 것이다.

영성수업을 마치고 나오는데 알고 지내는 한 분이 나무 아래 벤치에 앉아 점심을 드시고 계셨다. 성령께서 내 발걸음을 그쪽으로 이끄시는 힘을 느껴 그분이 계신 곳으로 가서 인사를 드렸다.

그런데 인사를 안 받으신다. 혹시 내가 인사하는 것을 못 들으셨나 해서 다시 인사를 드렸는데 이제는 나의 얼굴을 보고서도 무시하는 것이 아닌가. 순간 지지난 학기 때 한 사건이 떠올랐다. 그분과 같은 수업을 들었는데 큰 프로젝트 숙제가 있었다. 나 역시 그 프로젝트를 준비하느라 자료를 하나하나 모아가고 있었는데, 그분이 내게 다가와서 자료를 공유하자고 하셨다. 나는 흔쾌히 응했고 내가 가지고 있는 자료들을 모이는 대로 그분께 메일로 드렸다. 그런데 불행하게도 그분은 내가 자료를 다 주지 않고 숨기는 게 있다고 계속 의심을 하셨다. 그 의심은 끝내 학기가 끝날 때까지 해소되지 않았다. 다 주었다고 아무리 이야기를 해도 소용이 없었다. 그 의심이 미움으로 변한 것일까. 오랜만에 만나 반가워 다가갔는데 그 외면이 차갑다.

할 수 없어 뒤돌아서는데 내 영혼이 더욱 기쁨으로 가득 채워지는 것을 발견했다. 나는 예수님께 물었다.

"예수님, 이렇게 애매하게 미움을 받았는데 어떻게 제 마음에 기쁨이 넘칠 수 있는 거죠?"

그날 저녁에 집에 돌아와 묵상을 하는데 나를 교육하시는 성령님께서 성경을 통해 그 이유를 밝혀주셨다.

그 이유는 예수님을 모심으로 인해 내가 축복의 근원이 되었기 때문이다. 나뿐만이 아니다. 예수님을 구주로 모신 그리스도인들이라면 누구든지 축복의 근원으로 살아갈 권리를 가지고 있는 것이다. 예수님을 통해 맺은 새 언약 때문이다.

성령님께서 욥을 먼저 보여주셨다. 욥이 "내가 주께 대하여 귀로 듣기만 하였사오나 이제는 눈으로 주를 뵈옵나이다" (욥기 42:5)라고 하나님께 나아갔을 때 놀라운 일이 벌어졌다. 욥기에 지속적으로 등장하는 "중재자가 있느냐"라는 질문을 통해 이때 욥이 귀가 아닌 눈으로 본 것은 하나님과 인간의 중재자가 되신 예수님이었을 것이라는 깨달음이 들었다.

욥이 예수님을 통해 이처럼 하나님께 나아가자 욥은 완전한 축복의 근원으로서의 삶을 살게 된다. 욥이 환란 가운데 있을 때 찾아와 그의 믿음을 흔들었던 세 명의 친구, 즉 엘리바스(경험), 빌닷(전통), 소발(장점)은 하나님의 명령에 따라 욥에게 가서 번제를 드렸고, 세 명의 친구는 오직 욥의 기도를 통해 하나님께 받아들여졌다. 할렐루야.

예수님 안에 있는 나 역시 욥과 같은 축복의 삶이 주어졌다. 나를 비웃고 비난하고 미워하는 엘리바스, 빌닷, 소발과 같은 사람들이 내게 있을지라도 나는 영향 받지 않는다. 오히려 축복의 근원인 내 기도를 통해 그들의 삶에도 축복이 흘러갈 것이다. 여기서 중요한 것은 내가 축복의 근원이 된 것은 내 자랑 때문이 아니라 예수님의 완전한 의(*righteousness*)를 내가 입었기 때문이다.

욥이 친구들을 위해 기도할 때 여호와께서 욥의 곤경을 돌이키시고 여호와께서 욥에게 이전 모든 소유보다 갑절이나 주시고 백사십 년을 더 살며 손자 4대를 보는 축복을 누린 것이다.

다음으로 아브라함을 보여 주셨다.

하나님의 은혜로 축복의 언약 가운데 살아가게 된 아브람은 99세에 '후손을 주겠다'는 하나님의 약속을 믿는다. 그것이 하나님께 의로 여겨져 아브라함이라는 이름으로 개명하게 되고 하나님은 "하늘을 우러러 뭇별을 셀 수 있나 보라 네 자손이 이와 같으리라"고 하시며 축복의 언약을 재확인하신다.

사실 그 이전에 등장하는 사건, 즉 아브람이 멜기세덱으로부터 축복을 받는 장면 역시 중요하다. 멜기세덱은 예수님을 상징하기 때문이다. 아브라함 역시 하나님으로부터 누리게 된 축복의 중심에 예수님이 계신 것이다.

이러한 아브라함은 이후 네게브 땅으로 이주하는데, 여기서 아브라함은 어처구니없는 불신앙을 드러낸다. 그랄 왕 아비멜렉에게 자신의 아내를 누이라고 속이는 사건이 벌어진다. 누가 보아도 아브라함의 허물이다. 그러나 놀라운 일이 이어진다. 하나님께서 그 사태의 책임자인 아브라함을 책망하지 않으시고 오히려 아비멜렉의 꿈에 나타나 아비멜렉을 경고하시는 것이 아닌가.

> "이제 그 사람의 아내를 돌려보내라 그는 선지자라 그가 너를 위하여 기도하리니 네가 살려니와 네가 돌려보내지 아니하면 너와 네게 속한 자가 다 반드시 죽을 줄 알지니라." (창세기 20:7)

혼쭐이 난 아비멜렉 왕은 사라를 돌려보내주는 것은 물론 양과 소도

주고, 아브라함이 원하는 대로 땅을 정해 거주하라고 호의를 베푼다.

더 나아가 아브라함이 기도하자 아비멜렉의 가문에 내려졌던 저주가 풀린다. 불신앙과 허물을 저질렀던 아브라함일지라도 그가 기도하자 아비멜렉에게 축복이 흘러간 것이다.

믿는 자는 모두 아브라함의 후예

아브라함에게 주어진 이 같은 절대적 축복의 근원은 아브라함만의 것이 아니다. 동시에 나의 것이다. 예수님을 믿음으로 모신 나 역시 아브라함과 똑같은 절대적인 축복의 근원이 되었다. 내가 그리스도의 소유가 되었기 때문이다. 이것이 교회의 정체성이기도 하다.

> "너희가 그리스도의 것이면 곧 아브라함의 자손이요 약속대로 유업을 이을 자니라." (갈라디아서 3:29)

교정에서 만난 그분이 나를 미워하는 마음이 느껴졌으나 내 영혼이 요동하지 않고 더욱 기쁨으로 가득 찬 것은 내가 그리스도의 것이 되었기에 아브라함의 자손이요, 아브라함처럼 나의 기도와 나의 축복을 통해 하나님의 축복이 흘러가는 놀라운 권세가 내게 주어졌기 때문이다. 할렐루야.

그분이 나를 미워했으나 나는 내가 받은 축복의 권리를 동원해 전심으로 그분을 축복했다. 마음으로 기도했고, 입술을 열어 "예수님이 베푸신 축복과 은혜가 아무개 목사님에게 넘치도록 흘러가기를 축복합니다"라고 선포했다.

가슴 터질 것 같은 예수님 이야기

그런 일이 있은 뒤 며칠이 지나 우리 가족은 어느 순모임에 초청을 받아 가게 되었다. 추수감사절기(*Thanksgiving*)를 맞기도 했고, 2학기 마지막 순모임이기도 해서 뜻 깊은 자리라고 했다. 우리를 초청한 집사님 내외는 예수님을 섬기는 마음과 헌신이 얼마나 아름다운지 모른다. 평소 그 아름다움을 마음에 담고 있었는데 그 귀한 자리에 초대를 해주셔서 너무나 감사했다. 우리 교회에는 이처럼 예수님을 닮은 분들이 참으로 많은데 이를 허락하신 하나님께 감사와 영광을 돌린다.

그 댁에 들어가는데 문 앞에 푯대가 서 있고, 쓰여 있는 글자가 눈에 확 들어왔다.

"*Nest*"(보금자리, 안식, 피난처)

이날 아침 가나 혼인잔치에서 예수님께서 보여주신 첫 번째 기적, 즉 물을 포도주로 만드신 기적을 묵상했는데, 가나(*Cana*)의 헬라어 뜻이 "*Nest*"이기에 푯대를 보고 무척 놀랐다. 하나님의 손길이 느껴졌다.

순원들이 각자 준비해온 음식으로 식사를 했고, 찬양을 올려 드렸고, 한 해 동안 각자에게 베풀어주신 하나님의 은혜를 세어가며 감사하는 시간을 가졌다. 그리고 마지막으로 내 순서가 되었다.

당초 이 모임에 참석해 식사만 하면 된다고 하셨는데, 와보니 내게 간증이나 메시지를 부탁하시는 게 아닌가. 예전 같으면 망설였을진대 집사님의 그 부탁이 이제는 나를 더욱 기쁘게 했다. 예수님 때문이다.

"집사님, 참 감사합니다. 예수님을 이야기할 수 있는 자리라면 저는 얼마든지 말할 준비가 되어 있습니다. 기회를 주셔서 감사합니다."

그렇게 돌아온 내 순서에서 하나님께서는 요한복음 2장 가나의 혼인잔치에 나타난 예수님의 말씀으로 성도들을 격려하기 원하시는 것을 느꼈다.

"자연을 창조하신 예수님께서 물을 단번에 포도주로 바꾸십니다. 자연법칙으로 보면 시간이 걸리고, 불가능한 일도 예수님이 원하시면 자연법칙을 역행해 그분의 능력을 보여주십니다. 요한복음 5장에서도 그런 일이 벌어집니다. 예수님께서 파도가 치는 바다 한 가운데에 있는 배에 타시자마자(immediately) 그 배는 목적지에 도달합니다. 세상은 연일 어려운 환경으로 가득 차 있는 듯 보입니다. 하나님의 축복을 누리기 위해 너무나도 풀어야 할 숙제가 많은 것 같고, 해결하고 습득하고 조정해야 할 많은 방법론들이 우리의 관심을 끌고 있습니다. 그러나 축복의 근원은 예수 그리스도이십니다. 예수님을 바라보십시오 예수님을 인생의 배에 모셔 들이십시오 그리하면 나의 노력과 상관없이 예수님은 우리를 그분의 가장 선하신 목적지로 우리를 도달하게 하실 것입니다. 세상이 다 무너지고, 나라들이 다 무너져도 예수 그리스도만을 바라보는 자는 결코 무너지지 않을 것입니다."

예수님을 이야기하면 가슴이 터져 나갈 것 같다. 너무나 아름다우신 이름, 예수 그리스도. 그 이름은 말씀이 육신이 된 것처럼 살아 있는 인격이어서 내가 예수님을 생각하고, 예수님을 이야기하고, 예수님을 들을 때는 씨앗 비유에서 보듯 내 영혼 가운데 축복과 안식의 씨가 뿌려져 스스로 큰 나무로 자라는 것처럼 하나님의 나라가 내 영혼 가운데, 이웃 가운데, 나라 가운데 자라는 것을 느낀다. 할렐루야.

집에 돌아와 아내와 이야기를 하는데, 아내가 방금 다녀온 순모임 이야기를 했다.

> "오늘 여보가 집사님 댁에서 나누는 것을 들으면서 그 나눔이 실제적으로는 여보의 첫 설교라는 생각이 들었어요. 우리가 새 출발을 했던 결혼식 때 주례 말씀이 또한 가나의 혼인잔치였는데, 비록 작은 모임이었지만 오늘 여보의 첫 설교가 가나의 혼인잔치였다는 게 하나님의 은혜인 것 같아요."

> "들어보니 정말 그러네. 하하. 엠마오로 내려가는 두 제자들이 예수님을 이야기하면서 마음이 뜨거워졌던 것처럼 오늘 예수님을 이야기하면서 내 마음이 뜨거워졌고, 예수님의 은혜를 이야기할 때 예수님께서 내 눈을 가리고 있던 베일을 벗겨주시는 것을 느껴. 평생 예수님의 은혜를 열방 가운데 전하면서 살고 싶어."

다음날 학교를 갔는데, 참으로 놀라운 일이 또 일어났다. 나를 미움으로 대했던 그 목사님께서 나를 보시더니 과일 하나를 건네는 것이 아닌가. 하시는 말씀은 이랬다.

"그날 전도사님의 인사를 무시하고 집으로 돌아갔는데 하나님께서 자꾸만 내 마음을 아프게 하시더니 내 마음에 어리석은 모습들을 보여주셨습니다…."

나는 아무것도 한 것 없이 예수님의 이름으로 그분을 축복한 것뿐인데, 그 이후 하나님께서 그분의 마음을 만지신 것이다. 할렐루야. 예수님의 이름 안에 모든 능력과 비밀이 담겨 있다. '상대방을 변화시키는 7가지 방법'이나 '설득의 기술'이나 '성공하는 리더들의 습관' 같은 책을 보거나 적용한 것이 아니다. 그런 것들은 예수님의 절대적인 은혜와 축복에 기대기보다는 인간의 어떠한 방법론을 사용하려거나 예수님의 은혜 위에 뭔가를 첨가하려는 위험천만한 일이 아닐 수 없다.

겁 없는 그리스도인

북한이 해안포를 쏴서 한반도에 긴장감이 연일 높다. 사람들은 북한의 움직임을 알고자, 중국의 의중을 알고자, 러시아와 미국의 반응을 알고자 불안한 마음으로 신문과 인터넷에 올라오는 정보들을 찾고 해석하고, 그것을 바탕으로 자신도 잘 알지 못하는 그럴싸한 정세분석을 다른 사람에게 전파한다.

그러나 공의로움에서 멀어진 나라를 무너뜨리고 정복하는 것은 하나님이 하시는 일이다. 하나님께서 그 거룩한 손길을 펴시면 우리가 잠을 자고 아침에 일어날 때 그 나라는 무너져 있을 것이다. 중요한 것은 우리가 온전히 예수님을 바라보는 것이다. 우리의 삶 안으로, 우리의 배 안으로, 우리나라의 방주 안으로 예수님을 모셔드리면 축복 주시기를 간절히 원하시는 예수님의 그 아름다운 은혜가 우리 민족을 두려움에서 벗어나 번영의 길로 인도할 것이다.

> "복 있는 사람은… 오직 여호와의 율법을 즐거워하여 그의 율법을 주야로 묵상하는도다… 그가 하는 모든 일이 다 형통하리로다."
> (시편 1편)

여호와의 율법을 주야로 묵상한다는 것은 히브리어로 *하가(hagah)*로서 본질적으로 예수님과 그분의 우리를 향해 하신 일들을 묵상한다는 것이다. 그런 사람은 무슨 일을 하든지(*whatever he does*) 번영한다(*prosper*)고 하나님께서 약속해주시고 계신다. 할렐루야.

그러한 축복을 누리지 못하도록 사탄은 우리의 자격을 걸고넘어진다.

> "너는 그러한 축복을 누릴 자격이 없어. 넌 아직 부족해. 좀 더 잘,
> 좀 더 많이, 좀 더, 좀 더…"

'좀 더'가 필요하다면 예수님이 헛되이 죽으신 것이다. 예수님을 믿음으로 우리에게는 완전한 의가 주어졌고, 완전한 승리와 누림이 보장되었다. 우리는 이제 피고의 입장에서 자비를 구걸하는 신세가 아니라 원고와 승리자의 입장에서 저주의 앞잡이인 사탄에게 영원한 형벌을 선고하는 위치로 바뀐 것이다. 이 승리자의 위치를 우리에게 주시기 위해 예수님께서 피를 흘리셨다.

그것은 은혜로 우리에게 주어진 것이기에 믿음으로 받으면 된다.

그리고 이 완전한 의로움은 말 그대로 완벽하고 돌이킬 수 없는 자격이다. 믿음으로 한 번 예수님의 자녀가 되면 그 후로는 아무리 나쁜 일을 하더라도, 어떠한 비도덕적인 일을 하더라도 예수님이 이룩하시어 우리가 믿음으로 입은 이 완전한 의로움은 결코 빼앗기지 않는다 (은혜가 결국 참된 행실의 열매를 맺게 한다).

사탄은 우리가 죽을 때까지 우리를 향해 "자격 없음"이라고 유혹할 것이다. 그러나 그 유혹을 뿌리치고 담대하게 우리의 사랑하는 아바 아버지에게 겁 없이 달려가는 그리스도인이 되어야 한다.

아바 아버지에게로 달려가면 그곳에서 나를 기다리고 계신 예수님은 언제나 밝고 웃음이 가득하시며 나를 위해 춤을 추시고 노래를 부르신다. 그 예수님 품에 안기면 나도 예수님을 따라 '조이풀(*joyful*) 조이풀(*joyful*)'이다.

> "너의 하나님 여호와가 너의 가운데에 계시니 그는 구원을 베푸실 전능자이시라 그가 너로 말미암아 기쁨을 이기지 못하시며 너를 잠잠히 사랑하시며 너로 말미암아 즐거이 부르며 기뻐하시리라." (스바냐 3:17)

내 삶이 기쁨으로 가득 채워지는 유일한 길, "*Look to Jesus!!!*"

2010년 11월 30일
탈봇에서

영광
—비상의 비밀

비 오는 아침 산책길

가을학기가 어제 끝났다. 헬라어와 신학1 기말고사를 치르고 나오는데 시원스레 내리는 겨울비가 방학을 알리고 있었다.

오늘 아침 아들을 라풀루마(*La Pluma*) 초등학교에 데려다주고 돌아와 가랑비 사이로 안개가 옅게 낀 아파트를 한 바퀴 거닐었다. 하얀 꽃을 흐드러지게 피우며 여름의 열정을 과시했던 집 앞 나뭇잎도 어느새 석양처럼 붉게 물들어 연이어 낙하했고, 물기를 잔뜩 머금은 채 무리지어 산책로를 띠처럼 장식해 놓고 있었다. 겨울은 모든 창조물을 겸손하게 만드는 신비한 힘이 있는지 겨울비 속 겨울 아파트는 메시아를 기다리는 겨울 베들레헴의 새벽처럼 조용하고 엄숙하게 느껴졌다.

"안녕하세요!"

옆 아파트에 살고 있는 장 전도사의 얼굴이 옅은 안개를 헤치고 시야에 들어왔다. 차분하면서도 밝은 미소를 느낄 수 있었는데, 뭔가 깊은 생각에서 갑자가 빠져나온 듯 상기된 기색이 함께 묻어났다.

"아이구, 반갑습니다. 장 전도사님. 어디를 다녀오시는 길이세요?"
"우편물을 확인하고 오는 길입니다."

장 전도사가 오른손에 쥐고 있는 우편물 사이로 낯익은 디자인이 새겨진 우편물이 나의 눈길을 끌었다. 미주장신대를 나와 인근 작은 교회에서 중고등부 전임사역을 하고 있는 장 전도사는 보기 드물게 성정이 맑은 사람이다. 높은 나뭇잎에 맺혀 있던 굵은 빗물이 장 전도사의 빛나는 갈색 가죽점퍼 위에 떨어져 흩어졌다.

"사모님은 LA까지 매일 안전운행하고 계신지요?"

큰 올리브 나무 아래에 서서 나는 장 전도사의 입술을 통해 하나님께서 중고차를 한 대 더 주셨다는 이야기, 자전거를 구입한 이야기, 직장에 잘 정착하고 있는 사모의 이야기 등을 들으며 미소 짓고 있었다. 그렇게 삶에 새겨진 은혜의 흔적을 나누고 돌아서는데 장 전도사가 방금 전 낯익은 우편물의 정체를 밝히는 소식을 말하며 내 발걸음을 다시 끌었다.

"차 전도사님, 이번에 탈봇신학교 입학허가가 떨어졌습니다. 지금으로서는 언어과정부터 해야 하지만… 1월에 토플시험이 있습니다."

장 전도사의 탈봇신학교 입학 소식이 귀로 들어오자 내 마음에 큰 기쁨이 더욱 넘치기 시작했다. 하나님께서 장 전도사의 삶을 축복해 주시는 손길이 내 영을 뚫고 비주얼하게 흘러들어왔다. 나는 입술을 크게 열어 장 전도사를 축복했다.

"너무나 잘됐습니다. 너무나 아름다운 일입니다. 하나님께서 장 전도사님의 삶을 살피시고, 인도하시고, 이렇게 축복하십니다. 하나님께서 인도하시는 이 길 위에 하나님의 충만한 공급이 함께 하실 것입니다."

축복권을 누리다, '나로 인해 축복받는구나'

사실 이 축복의 말을 하면서 내 내면에는 또 다른 고백, 즉 아브라함의 후손으로서 내 영으로부터 자연스럽게 흘러나오는 고백이 있었다.

"장 전도사님이 나로 인해 축복을 받는구나. 나의 기도를 통해 축복을 받는구나. 예수님께서 내게 맡기신 축복의 권세로 인해 장 전도사님이 축복을 받는구나. 탈봇신학교 학업 위에 기름 부으심이 있을지어다. 예수님의 은혜가 더욱 충만히 넘칠지어다. 샬롬의 왕, 예수님을 통해 그가 더욱 건강하고, 평안하고, 즐거움으로 인도될지어다."

나로 인해 장 전도사가 축복을 받는다는 생각은 하나님께서 기뻐하시는 생각임이 분명하다. 이런 믿음의 기초는 내가 아브라함의 후

예라는 변하지 않는 사실에 있다.

> "아브라함이 하나님을 믿으매 그것을 그에게 의로 정하셨다 함과
> 같으니라. 그런즉 믿음으로 말미암은 자들은 아브라함의 자손인
> 줄 알지어다." (갈라디아서 3:6)

이 말씀처럼 나는 예수님을 내 구주로 믿기에 아브라함의 자손이
되었다. 이것이 명확한 성경의 증거다. 아브라함의 자손은 아브라함
과 함께 복을 받는 자격을 부여받는다.

> "그러므로 믿음으로 말미암은 자는 믿음이 있는 아브라함과 함께
> 복을 받느니라." (갈라디아서 3:9)

이처럼 나는 믿음으로 아브라함과 함께 복을 받게 되었는데, 창세
기에서는 그 아브라함의 복을 아름답고 놀랍도록 기록해두고 있다.

> "내가 너로 큰 민족을 이루고 네게 복을 주어 네 이름을 창대하게
> 하리니 너는 복이 될지라 너를 축복하는 자에게는 내가 복을 내리
> 고 너를 저주하는 자에게는 내가 저주하리니 땅의 모든 족속이 너
> 로 말미암아 복을 얻을 것이라 하신지라." (창세기 12:2~3)

할렐루야. 하나님께서 내게 주신 권세는 이처럼 엄청나고 충격적
인 권세다. 내가 축복하는 자를 하나님께서 축복해 주신다는 권세의
약속이다. 이러한 너무나 분명한 하나님의 말씀에 따라 나는 내가 만

나는 모든 사람을 축복하는 기쁨을 얻게 되었다. 많은 축복을 받고 있는 사람을 만날 때면 나의 축복을 통해 그가 축복을 받았음을 선포한다. 더불어 내가 그에게 선포하는 축복을 통해 그가 더욱 축복을 받을 것을 믿게 된다.

축복 멘트는 다양하게 끝나지만 요한3서 1장 2절의 말씀도 내가 즐겨 인용하는 축복구절이다.

"사랑하는 자여 네 영혼이 잘됨 같이 네가 모든 일에 잘되고 건강한 삶을 누리기를 기원하노라." (요한3서 1:2)

축복과 관련해 학기 중에 탈봇신학교의 어떤 분이 내게 다가와 건넸던 말이 떠오른다.

"차 전도사님, 제가 듣고 있는 수업을 이번에 수강하지 않아서 안타깝습니다. 이번에 그 수업을 맡고 계신 교수님께서 집에 큰일이 나고 본인의 건강이 악화되어서 수업을 제대로 하지 않고서도 학점을 쉽게 받을 수 있게 되었습니다. 행운이죠."

그 말을 들으면서 더욱 안타까웠던 것은 오히려 나였다. 왜냐하면 내가 가는 곳에는 예수님이 베푸신 은혜와 축복이 넘치기를 바라기 때문이다. 나는 내가 수강신청한 수업의 교수님이 내가 그 수업을 신청하고 그 수업을 축복함으로 인해 더욱 건강할 것을 믿는다. 내가 듣는 수업의 교수님이 나의 축복으로 인해 모든 질병에서 치유될 것을 믿는다. 나와 함께 그 수업을 듣는 많은 학생들이 지혜와 영적성

숙과 건강과 물질의 축복을 받을 것을 믿는다.

이번 학기에 들은 신학과목은 홀로만(Holloman) 교수님이 가르쳤는데, 노령에도 불구하고 마지막 수업까지 그가 건강한 모습으로 가르친 것은 큰 축복이었다. 이 수업을 축복했고, 그리하여 교수님과 학생들이 모두 충만한 축복을 받았다. 헬라어수업도 마찬가지였다. 다들 탈봇신학교의 헬라어수업이 고강도라고 부담을 줬지만 나는 매 수업마다 게리(Gary) 교수님의 이 헬라어수업을 축복하며 들어갔다. 내가 한 이 축복으로 인해 게리 교수님 역시 끝까지 건강한 모습으로 훌륭한 가르침을 주었고, 학생들도 힘든 시간에도 불구하고 열정적으로 수업에 동반하는 축복을 누렸다. 하나님께서는 축복하는 자를 기뻐하심이 분명하다. 이번 헬라어과목에서 평균 99점으로 최고점을 받은 것은 나의 노력이 아니라 예수 그리스도의 이름으로 수업을 축복하며 나아가는 모습을 하나님께서 기뻐하셨기 때문이라고 믿는다.

나의 입술로부터 나오는 축복 속에서 기뻐하시고 춤추시는 예수 그리스도의 모습을 본다. 어떻게 하면 그 예수님께 영광을 돌릴 수 있을까. 그것이 최근 내 삶의 끈질긴 열정의 한 단면이다.

예수님을 춤추게 하는 길

오늘 이번 학기 마지막 영성상담(Spiritual Direction)에서 나의 파트너인 크리스(Chris)는 지난 한 학기 동안 영성상담 시간과 관련해 하나님께서 내 삶에 베풀어주신 것들을 최종적으로 나누는 시간을 갖자고 했다. 나는 5분 동안 침묵한 뒤 성령님이 인도하시는 바에 따라 3가지를 나누었다. 그 중 마지막 것은 예수님께 영광을 돌리는 삶에 관한 것이었다.

예수님께 영광을 돌리는 삶과 관련해 나는 최근 어느 전도사를 양육하기 시작한 일대일 사건을 이야기했다.

"크리스! 나는 최근 한 전도사와 일대일을 하게 되었어요. 나는 무척 수줍음이 많고 내성적인 성격이어서 일대일을 되도록 하지 않았었는데 이번 학기에 하나님께서 내 마음속에 예수 그리스도의 아름다움을 각인시킨 뒤로는 예수님을 이야기하는 자리라면 되도록 달려가고자 하는 마음이 강해졌어요. 그래서 일대일을 시작하게 되었지요. 우리는 지난 몇 주간 예수 그리스도를 이야기하는 일대일 시간을 가졌어요. 그런데 놀라운 사실을 몸으로 체험하게 되었어요. 그것은 우리가 예수님을 이야기하고, 예수님에 대해 기억하고, 예수님을 연구하고, 예수님을 노래할 때 예수님께서 말할 수 없이 기뻐하고 계신다는 사실을 매우 깊이 체험하게 되었어요. 일대일을 마치고 돌아오는 길에 예수님께서 나에게 뭐라고 속삭이셨는지 알아요? '나를 기억하고 나를 이야기하는 것이 내게 영광을 돌리는 길이다'라고 말씀하셨는데, 그 말을 듣고 제 영혼이 불타오르는 것 같았어요."

"월터(나의 영어 이름), 하나님께 영광을 돌린다는 것에 대해 더욱 구체적으로 이야기를 한다면 어떤 이야기를 할 수 있을까요?"

크리스의 표정에서 크리스 역시 예수님의 은혜와 영광의 맛이 얼마나 달콤한지 알고 있음을 느낄 수 있었다. 표정에서 진지하고 블랙홀처럼 어떤 곳으로 빨려 들어가는 흡인력을 느꼈다.

> "예수님께서는 사람들에게 영생을 주시려고 이 땅에 오셨잖아요 (요한복음 17:2). 영생이란 무엇입니까. 영생은 바로 유일하신 참 하나님과 그가 보내신 자 예수 그리스도를 아는 것이라고 성경은 말하고 있잖아요 (요한복음 17:3). 더불어 예수님은 이처럼 우리가 예수 그리스도를 알고, 이야기하고, 체험하고, 선포하고, 기억하고, 즐거워하고, 증거하고 할 때 영광을 받으시고, 그가 영광을 받으시면 그것이 결국 하나님이 영광을 받으시는 것이라고 가르치고 계시잖아요 (요한복음 17:4)."

요한복음 17장에 나오는 '영광의 도표'를 요약하면 이랬다.

[우리가 예수님을 아는 것 ⇒ 예수님이 영광 받으심 ⇒ 하나님이 영광 받으심]

그런데 예수님이 그의 공생애 가운데 가장 높게 영광을 받으신 순간이 있었다. 바로 십자가에서 돌아가시는 그 순간이었다. 요한복음 12장 28절이 그 사실을 잘 적고 있다.

> "아버지여, 아버지의 이름을 영광스럽게 하옵소서 하시니 이에 하늘에서 소리가 나서 이르되 내가 이미 영광스럽게 하였고 또다시 영광스럽게 하리라 하시니" (요한복음 12:28)

십자가에서의 죽으심이 예수님이 가장 영광 받으신 시점인 이유는 예수님께서 이 땅에 오신 목적, 즉 영생을 주시기 위한 일이 완성되는 자리였기 때문이요, 우리에게 은혜로써 값없이 주시는 완전한 의(*perfect righteousness*)가 이루어지는 자리였기 때문이었다.

아들 영찬이는 자신만의 통장이 하나 있다. 어느 집사님이 최근 과자를 사먹으라며 100불을 주셨는데, 내가 그 돈을 달라고 했더니 종이로 간이통장을 만든 뒤 100불을 기입하고서 사인을 하라고 들이미는 게 아닌가.

그 후 어느 날 영찬이가 이런 말을 했다.

"통장에 있는 100불로 내가 좋아하는 책을 살 거니까 통장에 있는 돈 건드리면 안 돼. 아빠."

그날 나는 아들로부터 영광을 받지 못했다.

그 후 또 다른 날이었다. 그날 아들은 책에 관해 이야기를 하던 중 앞서의 것과 차별되는 이야기를 나에게 했다.

"아빠, 내가 책을 좋아하니까 내가 사고 싶은 책은 다 사줘야 해. 알겠지? 아빠는 돈이 많으니까 다 사줄 수 있잖아. 그치?"

아빠가 돈이 많다는 건 사실이 아니었지만 이날 아들이 나에게 한 말은 내게 영광이 되었다. 아들이 아버지를 영광스럽게 하는 길은 아버지에게 무엇인가를 해 주는 것이 아니라 아버지를 알고, 아버지가 주고자 하는 모든 것을 믿음으로 받아가는 데 있음을 그날 알게 되었다.

침략 당하기

모든 것에서 풍성하신 예수님은 더욱 그러하시다.

우리가 행위로 예수님께 뭔가를 해드리려고 노력하면 예수님은 영광을 받지 못하신다. 그러나 우리가 믿음으로 예수님을 알고, 예수님이 이루신 모든 것들을 요청하고, 선포하고, 기대하고, 받아 누리면 예수님은 쇠약해지시지 않고 오히려 영광을 받으신다.

배고픔을 안고 사마리아 여인을 만난 예수님의 이야기는 좋은 표본이다. 사마리아 여인이 결국 예수님이 그리스도시라는 사실을 안 뒤 물동이를 버려두고 동네 사람들에게 알리기 위해 뛰어갔을 때 예수님은 배고픔이 사라지고 더욱 강건해지셨다. 더욱 영광을 받으셨다. 먹을 것을 구해 온 제자들이 잡수실 것을 청하자 예수님은 더욱 보배로운 양식을 먹었다고 하시며 제자들에게 이렇게 대답했다.

> "나의 양식은 나를 보내신 이의 뜻을 행하며 그의 일을 온전히 이루는 이것이니라." (요한복음 4:34)

열두 해를 혈루병을 앓던 여인이 예수님의 뒤로 와서 그의 옷자락에 손을 대었을 때도 예수님은 영광을 받으셨다. 예수님은 혈루병 여인이 옷자락을 만짐으로 인해 예수님 자신으로부터 능력이 나가는 것을 느끼는 순간 기쁘고 충만해지셨다. 영광을 받으셨다. 그리고서 예수님은 그 여인을 돌아보시고 축복하셨다.

> "딸아 네 믿음이 너를 구원하였으니 평안히 가라 하시니라." (누가
> 복음 8:48)

복음서에서 유일하게 '딸'이라고 부르신 장면이기도 하다. 예수님
은 어린 아이처럼 우리들이 예수님께로 돌진해 들어오기를 바라고
계신다. 예수님 안에 삶의 모든 해답이 있음을 믿고, 예수님 자신만이
참된 생명임을 믿고 예수님께로 침노해 들어오기를 바라고 계신다.
예수님께 달려가서 예수님을 '아바 아버지'라 부르고 예수님으로부
터 모든 능력을 요청하는 것을 두려워할 필요가 없다. 오히려 그렇게
할 때 예수님께서 영광 받으신다.

예수님 놓치면 모든 것 잃는다

예수님을 놓치면 모든 것을 잃는 것이 된다.

> "내가 너희 중에서 예수 그리스도와 그가 십자가에 못 박히신 것 외
> 에는 아무것도 알지 아니하기로 작정하였음이라." (고린도전서 2:2)

예수님은 정말 모든 것이다. 나는 일대일 두 번째 시간에 양육 받
는 이 전도사와 함께 선포하고 결단했다.

"우리 삶의 단 하나의 영역에서도 예수님의 주권이 선포되지 않는 영역이 없도록 합시다. 제아무리 세계적인 문제, 국제적인 사건들이 일어날지라도 예수님만이 참된 생명과 구원의 길이라는 사실을 망각하지 맙시다. 모든 통치를 예수님께 맡기고 믿음으로 완전한 의를 받읍시다."

운동을 하고 건강식을 먹어야 건강해지는 것이 아니다. 군사력이 강해야 전쟁에서 이길 수 있는 것이 아니다. 교육을 많이 받아야 영향력 있는 백성이 되는 것이 아니다. 돈이 많아야 성공하는 삶을 사는 것이 아니다. 우리는 초등학문이 가르쳐준 모든 세상 지혜로부터 물러서서 예수 그리스도의 이름이 얼마나 파워풀한 능력인지를 강력한 믿음으로 선포하고 나가야하는 시점에 서 있는 것이다.

예수님이 우리를 건강하게 하고, 예수님이 우리를 전쟁에서 보호해주시고, 예수님이 우리를 세상 한가운데 세워주시고, 예수님이 우리에게 진정한 성공을 보장해주신다.

참포도나무 비유(요한복음 15장)처럼 예수님께 딱 달라붙어서 예수님의 모든 선하고 아름다운 수액을 남김없이 요청하고 공급 받을 때, 바로 우리의 삶에 모든 경건치 않은 낡은 잎들이 자연스럽게 떨어져나가고 생기 있는 잎들과 풍성한 열매들이 저절로 맺히게 될 것이다. 할렐루야.

2010년 12월 17일
탈봇에서

차명권

기자 출신으로 37세에 도미, 캘리포니아 바이올라대학교 탈봇신학대학원에서 유학 중에 연재하고 있는 <차명권의 영혼의 창>의 글들을 모은 것이다. <영혼의 창>은 미주복음방송을 통해 낭독되고 있다.

작가의 글 중심에는 놀라운 예수님의 사랑이 자리하고 있다. 또한 사람의 아픔에 대한 위로와 따뜻한 애정이 묻어난다. 하나님의 사랑을 깊이 깨달은 작가는 놀라운 은혜 속에서 점점 더 하나님과 깊은 사랑의 관계로 들어가는 축복과 영광의 길을 세밀하고 아름답게 그리고 있다. 꿈을 갈망하고, 어둠 속에서 길을 찾는 뜨거운 영혼을 소유한 젊은이들에게 인생을 향한 하나님의 마음을 잔잔하고 때론 열정적인 목소리로 들려준다. 인습적이고 종교적인 틀에 갇혀 외롭고 고민스러운 시간을 보내는 이가 있다면 이 글이 사랑과 은혜로 격려와 치유를 선사하는 소망의 선물이 될 것이다.

미국이라는 낯선 환경에서 유학하면서 경험하는 하나님과의 깊고 아름다운 사랑과 축복의 이야기는 물론 이스라엘과 프랑스, 이집트, 아이티 등 세계 여러 곳을 여행하면서 체험한 유학생활에서의 경험이 깊은 묵상으로 풍성해지면서 영원을 향한 순수하고 기쁨으로 가득 찬 여정으로 독자들을 인도한다.

전 세계 많은 독자들이 메일로 받아보고 있고, 많은 구독자들이 자신의 삶을 은혜와 사랑 가운데 새롭게 돌이켜보는 소중한 기회를 갖게 되었다고 답신을 보내오고 있다.
홀로 국토를 종단하면서 체험한 영성수필 『길 위에 서다』외에 『하나님의 임재 앞에서』등을 썼다. 서울대학교, 고려대학교 언론대학원을 졸업했다. 현재 캘리포니아 주 라 미라다 시에 위치한 탈봇신학교에서 신학을 공부하고 있다.

캘리포니아
예수

초 판 인 쇄 | 2011년 6월 3일
초 판 발 행 | 2011년 6월 3일

지 은 이 | 차명권
펴 낸 이 | 채종준
펴 낸 곳 | 한국학술정보㈜
주　　소 | 경기도 파주시 교하읍 문발리 파주출판문화정보산업단지 513-5
전　　화 | 031) 908-3181(대표)
팩　　스 | 031) 908-3189
홈페이지 | http://ebook.kstudy.com
E - m a i l | 출판사업부　publish@kstudy.com
등　　록 | 제일산-115호(2000. 6. 19)

ISBN　978-89-268-2282-1 03230 (Paper Book)
　　　　978-89-268-2283-8 08230 (e-Book)